LLYFR POCED

HANES CYMRU

J. GRAHAM JONES

CAERDYDD
GWASG PRIFYSGOL CYMRU
1994

Mae cofnod catalogio'r llyfr hwn ar gael gan y Llyfrgell Brydeinig

ISBN 0–7083–1255–1

Cysodwyd yn Lloegr gan Create Publishing Services Ltd., Caerfaddon
Argraffwyd yng Nghymru gan Wasg Dinefwr, Llandybïe.

Cynnwys

Cydnabyddiaethau

Hoffai'r awdur a'r cyhoeddwyr ddiolch i ddeiliaid hawlfreintiau a roddodd eu caniatâd caredig i atgynhyrchu lluniau fel a ganlyn:

Pentre Ifan (t. 2) a Chapel Soar-y-Mynydd (t. 86) trwy ganiatâd Bwrdd Croeso Cymru

Map o Gymru ym 1267 (t. 29), Cymru ym 1284 (t. 35), a Siroedd Cymru ar ôl y Deddfau Uno (t. 53), o *Edward I* a *Tudor Wales*, T. Herbert a G. E. Jones (golygyddion) trwy ganiatâd y Brifysgol Agored yng Nghymru

Castell Caernarfon (t. 38) trwy ganiatâd Cadw: Henebion Hanesyddol Cymru. Hawlfraint y Goron.

Senedd-dy Machynlleth (t. 46). Hawlfraint y Goron. Atgynhyrchwyd trwy ganiatâd Rheolwr Llyfrfa Ei Mawrhydi a Chomisiwn Brenhinol Henebion yng Nghymru.

Gwydir (t. 69) trwy garedigrwydd Comisiwn Brenhinol Henebion yng Nghymru

Wyneb-ddalen Beibl 1588 (t. 60), William Williams Pantycelyn (t. 90), Iolo Morganwg (t. 94), y gweithfeydd haearn Cyfarthfa (t. 110), gwrthryfel y Siartwyr (t. 118), Coleg Prifysgol Cymru, Aberystwyth (t. 129), yr Orsedd (t. 135), Owen M. Edwards (t. 146), Saunders Lewis *et al.* (t. 154), Cymdeithas yr Iaith Gymraeg (t.182) trwy ganiatâd Llyfrgell Genedlaethol Cymru.

Glofa Morgannwg (t. 142) trwy ganiatâd Amgueddfa Diwydiant a Môr Cymru

Tai Rhyd-y-car (t. 160) trwy ganiatâd Amgueddfa Genedlaethol Cymru

David Lloyd George (t. 149) trwy ganiatâd Llyfrgell Glowyr De Cymru

Gorymdeithwragedd newyn (t. 156) trwy garedigrwydd Dora Cox

Gwynfor Evans (t. 168) trwy ganiatâd Plaid Cymru

Kate Roberts (t. 177) trwy ganiatâd Cyngor Celfyddydau Cymru

Rhagair

Fel ei ragflaenydd Saesneg *A Pocket Guide: the History of Wales* (1990), ymgais yw'r llyfryn hwn i amlinellu rhai o'r prif themâu yn hanes Cymru. Bu'r croeso brwd a roddwyd i'r gyfrol Saesneg yn gyfrifol am f'argyhoeddi y byddai Cymry Cymraeg yn croesawu'r cyfle i ddarllen yr hanes yn eu mamiaith. Manteisiwyd ar y cyfle i ymgorffori cryn dipyn o ddeunydd ychwanegol ac yn arbennig i gyfoethogi'r adrannau sy'n ymwneud â hanes ein llên.

Yn y llyfr hwn defnyddiwyd yr enwau modern a roddwyd ar y siroedd ym 1974 ble bynnag yr oedd hynny'n fwy addas (gweler y map ar d. 170), ond cyfeirir at enwau hanesyddol y siroedd (gweler y map ar d. 53) wrth drafod y cyfnod 1536–1974.

Pleser yw cydnabod fy niolch diffuant i swyddogion y Cyngor Llyfrau Cymraeg am eu cymorth parod a'u cyngor gwerthfawr wrth iddynt drefnu cyfaddasu'r gyfrol. Yr wyf yn ddyledus iawn hefyd i'm cyfeillion yng Ngwasg Prifysgol Cymru am bob cefnogaeth a chwrteisi, yn arbennig i Susan Jenkins am ei hamynedd a'i gofal diarhebol wrth lywio'r gyfrol drwy'r wasg.

Adran y Llawysgrifau a'r Cofysgrifau   J. GRAHAM JONES
Llyfrgell Genedlaethol Cymru   Medi 1994
Aberystwyth

1 Cymru cyn Oes y Normaniaid

Y trigolion cyntaf

Ceir peth tystiolaeth bod anheddau dynol yng Nghymru cyn belled yn ôl â 250,000 CC. Ond dim ond o ran olaf y cyfnod Palaeolithig (*c*.50,000–8,000 CC) y ceir gweddillion pendant ac maent yn dangos mai mewn ogofâu roedd y bobl yn byw. Ymhlith y llochesau yn y creigiau a'r ogofâu bychain lle trigai'r helwyr cyntefig, mae ogof Cae-gwyn ger Llanelwy, Paviland ar benrhyn Gŵyr, Coygan yn ne Dyfed a Thwll y Gath yng ngorllewin Dyfed. Roeddynt yn byw dan amgylchiadau affwysol o oer ac yn hela ychen, ceirw ac anifeiliaid gwylltion eraill gydag arfau carreg cyntefig. Yn sicr, roedd y boblogaeth Balaeolithig yn brin ac yn anaml eu nifer ac yn ddiwylliannol dlawd; yng Nghymru, a barhâi i fod ar ymylon eithaf gwareiddiad, ni welwyd yr un arwydd o'r gwaith celf campus mewn ogofâu a ffynnai yn Ffrainc a Sbaen.

Ogofâu'r Oes Garreg

Yr ogofâu lle ceir tystiolaeth bod pobl yn byw ynddynt ar ddiwedd y cyfnod Palaeolithig neu yn ystod y cyfnod Neolithig yw'r anheddau a'r beddrodau hynaf a geir yng Nghymru heddiw. Bellach gwarchodir rhai ohonynt fel cofebion i drigolion cyntaf Cymru. Yr enwocaf yw 'Twll yr Arf', Paviland (Gŵyr), lle darganfuwyd nifer fawr o offer carreg ac ysgerbwd dibenglog llanc a gafodd gladdedigaeth ddefodol tua 18,000 o flynyddoedd yn ôl. Staeniwyd y sgerbwd ag ocr coch a daeth i gael ei adnabod wrth yr enw poblogaidd a chamarweiniol 'Y Ferch Goch'.

Y dyn Mesolithig

Tua 6,000 CC y gwahanodd Ynysoedd Prydain oddi wrth dir mawr Ewrop. Erbyn hynny roedd mewnfudwyr newydd wedi cyrraedd—y bobl Fesolithig neu bobl yr Oes Garreg Ganol fel y'u gelwir—ond yng Nghymru parhaodd eu gwareiddiad yn gyntefig. Roedd eu harfau yn syml, a byddent yn pysgota ar y traethau ac yn hela ar gwr

1

Siambr gladdu Pentre Ifan, ger Nanhyfer, Dyfed, beddrod garreg Neolithig.

y fforestydd mawrion oedd wedi ymddangos yn yr hinsawdd gynhesach a lleithach. Gallent lunio offer allan o garreg, asgwrn a challestr yn arbennig. Amcangyfrifwyd mai dim ond llond dwrn o'r bobl hyn oedd yng Nghymru, dim rhagor nag oddeutu 300 o bosibl.

Y dyn Neolithig

Cafwyd gwelliannau mewn technoleg wrth i don ar ôl ton o ymsefydlwyr gyrraedd. Datblygodd gwell dulliau o drin y tir a chadw anifeiliaid fferm yn y Dwyrain Canol oddeutu 9,000 CC. Ymledodd y technegau hyn tua'r gorllewin mewn amryfal ffyrdd—y rhai pwysicaf i Gymru oedd y llwybrau drwy fasn y Môr Canoldir, ar hyd arfordir yr Iwerydd yn Ewrop a thrwy'r moroedd gorllewinol—ac mae'n bosibl na chyraeddasant Gymru hyd oddeutu 3,000 CC, pryd y ceir tystiolaeth i fwyeill carreg gwell gael eu defnyddio, i feddrodau carreg anferth gael eu codi ac i'r arfer o gadw diadelloedd o anifeiliaid gael ei fabwysiadu. Tua'r adeg hon y dechreuwyd trin y tir am y tro cyntaf yng Nghymru.

Trigai llawer o'r bobl Neolithig mewn ogofâu; roedd eraill yn

2

Gweddillion Neolithig

Byddai rhai cymunedau Neolithig ym Mhrydain yn codi tai hirgul gyda thoeau crib yn cael eu cynnal gan resi o byst. Darganfuwyd enghreifftiau yn Newton Nottage ger Porthcawl ac yng Nghlegyr Boia ger Tyddewi. Trapesoid mawr ym mhen gogledd-ddwyreiniol carnedd 130 troedfedd o hyd a 60 troedfedd o led yw'r siambr gladdu yn Tinkinswood yn Ne Morgannwg. Cafodd ei datgloddio a'i hadfer yn rhannol ym 1914. Mae'r siambr wedi ei hamgáu â slabiau unionsyth tra bo'r to wedi ei wneud â maen capan anferth sy'n pwyso tua 40 tunnell. Roedd yn cynnwys esgyrn tua hanner cant o bobl a chrochenwaith tebyg i'r hyn a gynhyrchid yn ne Lloegr. Ceir siambrau cyffelyb yn St Lythans ger Tinkinswood, sydd wedi ei ddatgelu'n llwyr erbyn hyn, ym Mharc le Breos, Gŵyr, ac yng Nghapel Garmon, Clwyd, uwchben blaenau Dyffryn Conwy. Darganfuwyd carneddi crynion fel y rhai a geir yng ngogledd Iwerddon a de-orllewin Yr Alban, yng ngogledd-orllewin a gorllewin Cymru. Yn Nhrefnigath, Caergybi, y ceir yr un sydd yn y cyflwr gorau ac yn wreiddiol roedd yn 45 troedfedd o hyd ac yn cynnwys pedair siambr. Mae Cromlech Pentre Ifan, ger Nanhyfer yn ne Dyfed (yr enwocaf o holl henebion megalithig Cymru), yn nodedig oherwydd uchder ei maen capan mawr y gallai dyn farchogaeth oddi tano. Yr hyn sy'n aros heddiw yw ysgerbwd un siambr hirgul gyda maen capan 16 troedfedd o hyd.

byw mewn aneddiadau agored ar bentiroedd ger yr arfordir. Anheddau wedi eu gwneud o bren oedd ganddynt ac o'r herwydd nid ydynt wedi goroesi. Nid oedd yr arfer o ddefnyddio metel wedi ymledu i ogledd-orllewin Ewrop bryd hyn, ond darganfuwyd offer wedi eu hogi a'u caboli yn dyddio o'r cyfnod hwn ac wedi eu creu o'r cyflenwad helaeth o graig igneaidd galed a gwydn a geir yng Nghymru. Ym mis Mehefin 1919, darganfuwyd gweddillion 'ffatri fwyeill fawr' o'r Oes Neolithig ym Mhenmaen-mawr yng ngogledd Gwynedd. Mae bwyeill a wnaed ym Mhenmaen-mawr wedi eu darganfod mewn mannau cyn belled â Wiltshire, de'r Alban a gogledd Iwerddon. Mae darganfyddiadau o'r fath yn tystio i rwyddineb amlwg teithio a masnachu.

Saif cerrig mawrion beddrodau siambr gwŷr y cyfnod Neolithig hyd heddiw, yn uchel ac urddasol ar ôl 4,000 o flynyddoedd. Mae rhai ohonynt yn grynion ac eraill yn hirion eu cynllun. Mae enghraifft wych o un o'r carneddau hirion wedi goroesi yn Tinkinswood, Sain Nicolas, ar wastadedd arfordirol Morgannwg. Ceir nifer helaeth o garneddau crynion ym Môn. Mae'n amlwg oddi wrth y beddrodau hyn ac oddi wrth y ffaith eu bod yn cynhyrchu offer fod pobl Neolithig yn byw mewn cymunedau o faint sylweddol, eu bod yn credu mewn duw a bod ganddynt wybodaeth elfennol o beirianneg.

Yr Oes Efydd

Tua 2,000 CC yr hwyliodd pobl y Biceri, a ddôi'n wreiddiol o Sbaen, i Brydain am y tro cyntaf. Claddent eu meirwon mewn beddau unigol wedi eu haddurno â llestr neu ficer pridd ac iddo ganol arbennig. Ni chafwyd hyd i ragor na deg ar hugain o'r rhain yng Nghymru a'r rheini wedi eu gwasgaru ar hyd gwastadeddau arfordirol y gogledd a'r de neu yng nghymoedd Hafren, Gwy ac Wysg—mannau y gellid eu goresgyn yn rhwydd o'r dwyrain neu o'r môr. Aflwyddiannus ar y cyfan fu eu hymdrechion i dreiddio i mewn i ucheldiroedd y gorllewin a barhaodd i fod yn drigfan i'r bobl Neolithig yn unig. Pobl y Biceri a ddaeth â'r grefft o drin metel i Brydain, fel y mae'r gwrthrychau aur, copr ac efydd a ddarganfuwyd yn eu beddau yn tystio. Ond daliwyd i ddefnyddio cerrig ar gyfer offer garw a oedd bellach yn cael eu haddasu yn ddagerau fflint, yn forthwylion-bwyeill ac yn flaenau saethau gyda mwy o ddychymyg. O fryniau Preseli yn Nyfed y daeth llawer o'r cerrig ar gyfer cylch mawr Côr y Cewri yn Wiltshire, a darganfuwyd dwsin o gylchoedd llai a godwyd yn ystod y cyfnod hwn yng Nghymru, y cwbl ohonynt yn yr ucheldir. Mae cryn dipyn o gawgiau bwyd wedi goroesi hefyd a'r rhan fwyaf ohonynt wedi eu darganfod ar y gwastadeddau arfordirol.

Ar ôl tua 1,000 CC bu datblygiad sydyn yn y defnydd o efydd pan gyrhaeddodd y Celtiaid cyntaf arfordiroedd de Prydain. Cynyddodd nifer ac amrywiaeth yr offer metel yn ddramatig. Darganfuwyd llawer o fannau dosbarthu offer efydd yng Nghymru. Dechreuodd pobl glirio rhannau o'r coedwigoedd ar gyfer ffermio a chafwyd cynnydd sylweddol ym mhoblogaeth Cymru. Roedd pobl yn byw ymhellach o'r môr ac yn cynnal eu hunain drwy gadw diadelloedd o ddefaid, moch ac ychen. Tyfid cnydau ar dir ffrwythlon y gwastadeddau.

Yr Oes Haearn

Roedd y Celtiaid wedi meistroli technegau amgenach o drin haearn a sgiliau ffermio mwy blaengar megis erydr dau ych a sychau haearn. Yn ystod yr Oes Haearn B, c. 300–100 CC, y gellir canfod gwreiddiau'r bywyd a'r diwylliant Cymreig arbennig. Codwyd pentrefi amaethyddol ar yr iseldir a chodwyd nifer fawr o fryngaerau, yn arbennig ar hyd arfordiroedd y de-orllewin a'r gorllewin ac yn ardaloedd y Gororau. Datblygodd economi mwy bugeiliol yng Nghymru; tyfid gwenith, haidd a llin mewn caeau bychain a chedwid nifer o anifeiliaid domestig. Dichon mai dim ond fel amddiffynfeydd yn ystod y cyfnodau mynych o gynnen, yn hytrach nag fel cartrefi parhaol, y defnyddid y bryngaerau. Gwneid defnydd eang o offer soffistigedig haearn ac efydd ac mae tlysau addurnedig, arfau a chrochenwaith yn tystio i ansawdd artistig

Caerau'r Oes Haearn

Mae'r rhan fwyaf o'r amddiffynfeydd cynhanesiol yng Nghymru yn perthyn i'r Oes Haearn gynnar, i'r pump neu chwe chanrif cyn goresgyniad y Rhufeinwyr. Erbyn hyn roedd traddodiad cymhleth o adeiladu rhagfuriau cerrig sychion ac o ddefnyddio fframwaith coed ar raddfa fawr wedi datblygu. Roedd y caerau wedi eu lleoli fel rheol ar fryniau unig gyda'r amddiffynfeydd yn dilyn y cyfuchlinau yr holl ffordd o'u hamgylch. Datblygodd systemau amddiffyn manwl yn y mynedfeydd. Mae arwynebedd Caer y Tŵr, ger Caergybi ym Môn, ar y rhan uchaf o Fynydd Caergybi, tua dwy erw ar bymtheg ac yn cynnwys rhagfur syml o gerrig sychion. Ar yr ochr ogleddol mae ei drwch yn 13 troedfedd a'i uchder hyd at 10 troedfedd. Mae rhagfuriau cyfansawdd wedi eu gosod yn agos at ei gilydd mewn dwy fryngaer yng Ngwent—Llanmelin a'r Bulwarks, Casgwent. Cynlluniwyd y gyntaf fel caer amlinell gyda rhwydwaith o ragfuriau a ffosydd yn rhedeg yn ddi-dor o'i hamgylch. Dichon mai yma roedd pencadlys llwythol y Siluriaid cyn goresgyniad y Rhufeinwyr. Bryngaer pentir fechan a gâi ei hamddiffyn yn wreiddiol gan glawdd dwbl a ffos oedd Gwersyll Bulwarks, Casgwent. Roedd yn amgáu rhagor nag erw a hanner ac yn cael ei ystyried yn drefred gydag amddiffynfeydd cryfion. Yma hefyd mae'r rhagfuriau cyfansawdd sy'n gogwyddo tuag allan yn awgrymu iddynt gael eu codi yn y cyfnod yn union cyn i'r Rhufeinwyr gyrraedd.

uchel. Er hynny roedd y bobl hyn yn byw bywyd garw, bywyd anwaraidd yn wir. Mae aflendid y bryngaerau yn gwrthgyferbynnu'n drawiadol â'r enghreifftiau o'u sgiliau artistig blaengar.

Yr iaith Gymraeg

Yn eu cartrefwlad defnyddiai'r Celtiaid iaith a siaredid dros ardal eang ac a elwir bellach yn Gelteg Gyffredin, iaith a ymrannodd yn ddau brif grŵp: Goedeleg a Brythoneg. O'r grŵp Brythoneg y datblygodd y Gymraeg yn y pen draw. Yn sicr, roedd pobl yr Oes Haearn yn siarad ieithoedd Celtaidd pan ddaethant i Ynysoedd Prydain. Meddiannwyd gogledd yr Alban, Ynys Manaw ac Iwerddon gan siaradwyr Goedeleg, tra gwreiddiodd Brythoneg yng Nghymru, Lloegr a de'r Alban. Yn anochel bu cryn gydgymysgu rhwng y gwahanol ardaloedd ac mae'n debyg bod Goedeleg yn cael ei siarad mewn rhannau o Gymru, yn arbennig yn y gogledd-orllewin a'r de-orllewin. Cafodd ei chryfhau yn ddirfawr gan anheddu Gwyddelig helaeth yn y cyfnod yn union ar ôl ymadawiad y Rhufeinwyr.

Cymru Rufeinig

Ymosododd yr Ymerawdwr Claudius ar Brydain yn OC 43 mewn ymdrech daer i ddiogelu ffin ogledd-orllewinol yr Ymerodraeth Rufeinig. Cafodd y rhan fwyaf o dde Lloegr ei darostwng gan y llengoedd Rhufeinig o fewn pum mlynedd. Yn fuan ar ôl OC 70 dechreuodd y Rhufeinwyr godi'r caerau a oedd i fod yn ganolfannau parhaol i'w llengoedd ac a oedd i hwyluso rheolaeth y rhanbarthau milwrol yng Nghymru, Yr Alban a gogledd Lloegr. Dechreuwyd codi Deva (Caer) ac Isca Silurum (Caerllion) yn OC 74 i fod yn brif drefi garsiwn Cymru. Roedd tua 6,000 o lengfilwyr yn y naill gaer a'r llall—gwŷr traed arfog a gâi eu talu'n dda. Codwyd tua phedair ar hugain o gaerau bychain a darparwyd cannoedd o filltiroedd o ffyrdd arbennig i'w cysylltu â'i gilydd. Mae enwau rhai o leoliadau'r caerau hyn yn cynnwys yr elfen 'caer' yn eu henwau heddiw, mannau megis Caernarfon, Caersŵs a Phen-y-gaer. Er gwaethaf amryfal anawsterau, roedd y Rhufeinwyr wedi cwblhau concwest Cymru ar fyr o dro erbyn OC 78. Ond ni thrawsffurfiodd hynny fywyd y bobl Geltaidd mewn unrhyw fodd. Er i rai llwythau, megis y Siluriaid yn ne-ddwyrain Cymru, gael eu symud i drefi Rhufeinig oedd newydd eu codi, roedd llawer o grwpiau llai yn parhau â'u ffordd draddodiadol o fyw heb neb yn tarfu arnynt. Rhanbarth ar y gororau fu Cymru Rufeinig drwy'r amser. Safodd

Caerau Rhufeinig

Gyda'i threfnusrwydd arferol, byddai'r fyddin Rufeinig yn pennu lleoliad ei chaerau drwy godi trawsffon ar ganol llain a gliriwyd ganddi. Dengys y gaer garreg yng Ngelligaer bod ffon fesur safonol, 10 troedfedd Rufeinig, wedi ei defnyddio wrth lunio'r adeiladau. Cynlluniwyd hwy'n drefnus ar ffurf hirgul ar gyfer byddin broffesiynol, ac roedd eu maint yn cyfateb yn agos at y niferoedd yn y garsiwn dan sylw. Mae arwynebedd Caerllion tua hanner can erw ac fe'i cynlluniwyd ar gyfer lleng o 5,300 o ddynion. Yr un yw cynllun sylfaenol pob caer Rufeinig: roedd strydoedd yn rhedeg o'r naill ochr i'r llall gan rannu'r lleoliad yn dair rhan. Yn y rhan ganol roedd y pencadlys gyda thŷ'r pennaeth, gweithdy a dau dŷ grawn, a oedd yn cynnwys cyflenwad am ddwy flynedd, ar y naill ochr fel rheol. Roedd y rhan flaen a'r rhan ôl, a rennid yn ddau gan strydoedd yn arwain at glwydi, yn cynnwys barics a stablau yn bennaf. Roedd gan y caerau ragfuriau pridd wedi eu hatgyfnerthu â phren neu garreg ac roedd ffosydd o'u blaenau ar yr ochr allanol. Mae llawer o'r trefniant hwn wedi goroesi yn Segontiwm ar gyrion Caernarfon, a ddechreuwyd tuag OC 78 ac a ailadeiladwyd gyda cherrig ugain mlynedd yn ddiweddarach. Cloddiwyd y safle gan Syr Mortimer Wheeler yn nauddegau'r ganrif hon, ac mae llawer o'r creiriau a ddarganfuwyd ganddo ar gael mewn amgueddfa fechan. Yng Nghastell Collen a adeiladwyd gan y Rhufeinwyr ar y ffordd yn arwain o'u caer yn Aberhonddu, gellir olrhain y cloddiau a'r ffosydd a pheth o'r gwaith cerrig o hyd. Gellir gweld gweddillion y pyrth o hyd yn Segontiwm, Caer Aberhonddu a Chastell-nedd, tra bo Amffitheatr Caerllion, sy'n dyddio o oddeutu OC 80, wedi ei datgloddio'n llwyr. Mae llawer o'r darganfyddiadau o'r cloddio mynych a fu yng Nghaerllion yn cael eu cadw yn Amgueddfa'r Lleng ger yr eglwys.

Môn yn gadarn yn ei gwrthwynebiad i'r Rhufeinwyr: yma roedd pencadlys y Derwyddon, cwlt yr oedd y Rhufeinwyr yn ei gasáu.

Yn sicr gadawodd tair canrif ym meddiant y Rhufeinwyr eu hôl ar Gymru. Ychwanegwyd elfen newydd at boblogaeth y wlad; cyflwynwyd gwell arferion amaethyddol, yn arbennig ym Mro Morgannwg lle codwyd nifer o filâu mawrion; defnyddiwyd

7

technoleg fwyngloddio fwy soffistigedig i ddod o hyd i fwynau: aur, haearn, copr a phlwm. Daeth cryn nifer o eiriau Lladin yn rhan o'r iaith bob dydd. Daeth crochenwaith a thlysau Rhufeinig i ddwylo'r brodorion drwy gyfrwng y milwyr Rhufeinig. Er i fywyd y Celtiaid fynd rhagddo yn ddigon tebyg i'r hyn oedd o'r blaen pan adawodd Lluman Eryr olaf y llengoedd Rhufeinig am byth yn OC 383, gadawyd etifeddiaeth barhaol i bobl a thirlun Cymru. Roedd y ffyrdd, y caerau, y cloddiau a'r melinau dŵr yn fodelau o beirianneg, a bu llawer ohonynt yn ddefnyddiol hyd y bedwaredd ganrif ar bymtheg.

Cunedda Wledig

Yn fuan ar ôl i'r Rhufeinwyr ymadael, ymwthiodd pobloedd barbaraidd i mewn i Brydain. O'r bumed ganrif ymlaen ymwthiasant i'r gogledd a'r gorllewin a thrwy hynny gwahanwyd Celtiaid Cymru oddi wrth y pobloedd Celtaidd eraill. Dyma pryd y daeth Cymru yn uned diriogaethol wirioneddol. Roedd y Cymry wedi eu cyfyngu a'u caethiwo ac roeddynt yn wynebu ymosodiadau, yn arbennig gan y Gwyddelod yn y gorllewin a'r Pictiaid yn y gogledd. Mae'r chwedlau Cymreig yn *Y Mabinogion* yn cyfeirio'n aml at y mynd a'r dod cyson rhwng Cymru ac Iwerddon. Roedd trefedigaethau o Wyddelod wedi ymsefydlu yn Nyfed a Llŷn ers cryn amser, ond môr-ladron ffyrnig yn hytrach nag ymsefydlwyr heddychlon oedd y goresgynwyr a ddaeth yn sgil cwymp Rhufain.

Mae traddodiad yn cofnodi i Gunedda Wledig a'i feibion, ar ddechrau'r bumed ganrif, adael Manaw Gododdin (gwladfa yng ngwlad yr Otadini ar hyd glannau Afon Forth ger Gogledd Berwick a Chaeredin ac un o deyrnasoedd Brythonaidd gogledd Prydain) a dod i Wynedd (gogledd-orllewin Cymru) lle y cawsant wared o'r ymsefydlwyr Gwyddelig a sefydlu eu llinach frenhinol eu hunain, a lle y bu eu disgynyddion yn teyrnasu fel teulu brenhinol Gwynedd. Mae'r traddodiad hwn a gofnodwyd yn *Historia Brittonum* gan Nennius (casgliad o lên hanesyddol a daearyddol yn dyddio o oddeutu OC 800), yn cael ei gadarnhau yn rhannol o leiaf gan dystiolaeth nodweddion Goedelaidd yng ngogledd-orllewin Cymru. Einion Yrth, mab hynaf Cunedda, sy'n cael y clod am drechu'r Gwyddelod ac am gyfnerthu dylanwad Cymreig yn y gogledd-orllewin. Dywedir bod wyth o feibion wedi dod i ganlyn Cunedda ac iddynt roi eu henwau i lawer o ranbarthau gogledd a gorllewin Cymru, Ceredig-ion, Rhufon-iog ac Edeirn-ion yn eu plith, tra y gwreiddiodd enw ei ŵyr ym Meirion-nydd.

Y teyrnasoedd Cymreig eraill

Nid Cunedda oedd tad pob un o'r teyrnasoedd Cymreig. Roedd dylanwadau Gwyddelig hyd yn oed yn gryfach yn ne-orllewin Cymru nag yn y gogledd-orllewin. Gellir priodoli hyn i fudiad pobl Oedelaidd o wlad y Deisi yn ne Iwerddon yn y bedwaredd a'r bumed ganrif. Mae'n amlwg mai Gwyddelig oedd tarddiad y llinach frenhinol a ddaeth i'r amlwg ym Mhenfro neu Ddyfed yn y de-orllewin eithaf. Er hynny, mae'r arysgrifen ar garreg goffa llywodraethwr o'r chweched ganrif o'r enw 'Voteporix yr Amddiffynnydd' yn awgrymu presenoldeb nodweddion Rhufeinig-Frythonaidd yn ogystal. Meithrinodd teyrnas fewndirol fechan Brycheiniog linach frenhinol a hawliai ei bod o dras tywysoges frodorol a thywysog Gwyddelig o Benfro, neu hyd yn oed o Iwerddon ei hun. Efallai bod hyn yn egluro pam y mae ym Mrycheiniog, ynghyd â de Dyfed, ragor o arysgrifau Ogam, yr wyddor Wyddelig,—saith i gyd—nag mewn unrhyw ran arall o Gymru.

Yn ne-ddwyrain Cymru, lle roedd cymunedau trefol y Rhufeinwyr wedi eu sefydlu gadarnaf, daeth teyrnasoedd sefydlog i'r amlwg beth amser yn ddiweddarach. Yma daeth Glywysing a Gwent at ei gilydd yn y seithfed ganrif i ffurfio Morgannwg. Yn olaf, roedd rhan fawr o ogledd canoldir Cymru yn ffurfio teyrnas Powys a allai fod wedi datblygu'n ddi-dor o gyfnod y Rhufeinwyr. Roedd yr enw'n deillio o'r *paganses*, pobl y wlad, yng ngwladwriaeth y Cornavii ar ororau Cymru. Roedd lleoliad daearyddol brenhiniaeth Powys, yr oedd ei chanolfan ym Mhengwern ar Afon Hafren, yn golygu mai hi oedd yn goddef prif bwysau ymdrechion yr Eingl-Sacsoniaid i dreiddio i mewn i Gymru.

Roedd dylanwad ieithyddol ymfudiad Cunedda yn anochel gan arwain yn y diwedd at gadarnhau gafael y Frythoneg ar Gymru drwy wthio'r siaradwyr Goedeleg allan. Golygodd ymwthiad yr Eingl-Sacsoniaid tua'r gorllewin yn y chweched a'r seithfed ganrif bod y siaradwyr Celtaidd yng Nghymru wedi eu hynysu oddi wrth eu cymrodyr yng Nghernyw, gogledd Lloegr a'r Alban. Croesodd rhai'r sianel i ogledd-orllewin Gâl a chreu cnewyllyn y genedl Lydewig. Tua'r adeg hon y dechreuodd dau deulu o ieithoedd Celtaidd gwahanol ddod i'r amlwg.

Cristionogaeth gynnar

Mae'n sicr bod Cristionogaeth wedi gwreiddio yng Nghymru ymhell cyn i genadaethau o Rufain droi'r Eingl-Sacsoniaid paganaidd yn Gristionogion. Goroesodd traddodiad esgobol oedd yn deillio o'r cyfnod pan oedd Rhufain imperialaidd yn ei hanterth, yn y gwledydd nad oeddynt yn baganaidd ac na chawsant eu gorchfygu gan yr Eingl-Sacsoniaid. Fodd bynnag, roedd syniadau o'r Dwyrain Canol a bwysleisiai'r traddodiad meudwyaidd— gwrthgilio o'r byd a byw bywyd meudwy—wedi cael eu llyncu gan Eglwys Gâl a'u dwyn i Gymru gan ffoaduriaid pendefigaidd Galaidd yn ffoi ar hyd môr-lwybrau'r gorllewin rhag mewnlifiad y barbariaid. Yn olaf, creodd gwaith Sant Padrig ac eraill yn Cristioneiddio Iwerddon ffynhonnell egnïol o ynni crefyddol a ymledodd i Gymru, fel y dengys arysgrifau Ogam ar hyd arfordir y gorllewin ac yn arbennig yn y de-orllewin. Daeth y dylanwadau hyn ynghyd yn y cenhadon efengylaidd crwydrol a elwir yn seintiau Celtaidd a deithiai'n helaeth drwy Gymru yn pregethu ac yn Cristioneiddio'r bobl. Yn y mannau lle roeddynt yn llwyddo byddent yn sefydlu eglwysi ac yn eu hamgylchu â chloddiau pridd a oedd yn diffinio safleoedd crefyddol caeedig neu lan, gair a ddefnyddiwyd yn ddiweddarach am adeilad yr eglwys. Mae cysegriad yr eglwysi yn amlygu cylchoedd dylanwad y seintiau unigol. Denodd llawer o eglwysi aneddiadau a rhoi i Gymru ei math mwyaf cyffredin o enw lle—Llan yn cael ei ddilyn gan enw sant fel yn Llanddewi, Llanbadarn a Llanilltud y ceir enghreifftiau niferus

Dewi Sant

Ychydig sy'n wybyddus i sicrwydd am nawdd sant Cymru a oedd yn byw yn y chweched ganrif. Dichon mai yn 589 y bu farw. Mae'r rhan fwyaf o'r hyn a gredir amdano yn deillio o'r Fuchedd a ysgrifennwyd yn Lladin gan Rigyfarch tua diwedd yr unfed ganrif ar ddeg, lle y dywedir ei fod yn fab i Non a Sant. Addysgwyd Dewi yn Hen Fynyw ger Aberaeron ac yn Llanddeusant, ac aeth ar bererindod drwy lawer rhan o dde Cymru a gorllewin Lloegr cyn sefydlu yn y diwedd yng Nglyn Rhosyn neu Dyddewi lle y sefydlodd gymuned oedd yn byw bywyd meudwyaidd caeth. Aeth ar bererindod i Jerwsalem lle y cafodd ei gysegru yn 'Archesgob'. Priodolwyd nifer fawr o orchestion a gwyrthiau iddo. Lledodd yr enwogrwydd hwn yn gyflym i Iwerddon a Llydaw o'r ddeuddegfed ganrif ymlaen pan ddaeth Eglwys Gadeiriol Tyddewi yn gyrchfan boblogaidd i bererinion. Daeth Mawrth y cyntaf yn ŵyl genedlaethol Gymreig yn ystod y ddeunawfed ganrif.

Croesau cerfluniol

Croesau carreg yw'r unig gofgolofnau sydd wedi goroesi o glasau neu fynachlogydd oes y Cristioneiddio. Cofebion wedi eu codi ar feddau yn y mynwentydd a oedd yn aml yn gysylltiedig â'r mynachlogydd mwyaf yw llawer ohonynt. Roedd cael eu claddu yn y mynwentydd yn fraint yr oedd lleygwyr amlwg yn ei deisyfu'n fawr. Mae nifer o'r croesau hyn, gan gynnwys un a godwyd gan y Brenin Hywel o Forgannwg (a oedd yn teyrnasu ar ddiwedd y nawfed ganrif) i goffadwriaeth ei dad Rhys, wedi eu cadw yn Llanilltud Fawr. Ceir nifer o groesau cyffelyb yn Amgueddfa Gerrig Margam. Defnyddiwyd hwy yng Nghymru hyd y ddeuddegfed ganrif. Mae'r rhai a godwyd y tu allan i groesfa ddeheuol eglwys Ystrad Fflur i gofio tywysogion Cymreig ac eraill yn ddiweddarach na 1164 pryd y sefydlwyd yr abaty. Roedd croesau wedi eu codi y tu mewn i'r clas i fod yn ganolbwynt defosiwn neu i gofnodi digwyddiadau yn hanes y gymuned yn gyffredin yng Nghymru gynt. Gellir dyddio croes Cynfelyn ym Margam ar sail ei haddurniadau i oddeutu 900. Mae croesau gweddol gyflawn mewn llawer o eglwysi Cymreig gan gynnwys Penallte, Penmon, Dyserth a Llanrhaeadr-ym-Mochnant. Codwyd rhai ohonynt i ddynodi eiddo a llwybrau eglwysig. Mae un yng Ngharew sydd dros dair troedfedd ar ddeg o uchder ac yn cynnwys enw Maredudd ab Edwin, Brenin Deheubarth, 1033-5. Mae Colofn Eliseg, sy'n rhoi ei enw i ddyffryn yn Iâl yng Nghlwyd, yn tarddu o'r nawfed ganrif ac yn cofnodi ach Cyngen, brenin olaf Powys o'r hen linach, a fu farw yn Rhufain yn 854.

ohonynt. Câi saint Cymreig eu cysylltu'n fynych â ffynhonnau sanctaidd, llawer ohonynt yn darddellau naturiol a rhai yn meddu rhinweddau meddyginiaethol. Ychydig o olion o'r cyfnod cynnar hwn sydd wedi goroesi, ond dichon fod y defnydd o Ffynnon Gybi yn Llangybi, Gwynedd, Capel y Santes Gwenffrewi yn Nhreffynnon, Clwyd, a chapel Non, i'r de o Dyddewi, yn ymestyn yn ôl i'r chweched a'r seithfed ganrif.

Cymru a'r Eingl-Sacsoniaid

Roedd Cymru'r Oesoedd Tywyll yn glytwaith o deyrnasoedd bychain annibynnol a phob un yn cael ei reoli gan ei llinach

11

frenhinol ei hun a oedd yn trosglwyddo'r frenhiniaeth o dad i fab. Goroesodd llawer o'r teyrnasoedd hyn yn gyfan am rai canrifoedd gyda'u teuluoedd llywodraethol yn mwynhau bywyd sefydlog am dros bum can mlynedd. Er hynny ni lwyddodd Cymru i ddod yn un uned wleidyddol o gwbl yn ystod y cyfnod hwn, ac mae hanes datblygiad teyrnasoedd unigol yn gymhleth ac astrus. Ceir dwy ffaith drawiadol: roedd ychydig o deyrnasoedd a oedd yn gyson amlwg—penrhyn Llŷn a Môn yn y gogledd-orllewin, penrhyn Tyddewi yn y de-orllewin, tiroedd cyfoethog Gwent a Bro Morgannwg ac iseldiroedd y gogledd-ddwyrain a gororau'r canoldir. Yn ail, roedd teyrnas Gwynedd yn y gogledd-orllewin yn fwy blaenllaw na'r gweddill; fe'i hystyrid yn ganolfan y gwrthwynebiad i'r Saeson a daeth yn berfeddwlad hunaniaeth wleidyddol Gymreig.

Meithriniwyd ymdeimlad cynyddol o hunaniaeth genedlaethol Gymreig gan bwysau cynyddol tua'r gorllewin gan yr Eingl-Sacsoniaid a reolai yn Lloegr. Pan gafodd y Sacsoniaid fuddugoliaeth yn Dyrham yn Swydd Gaerloyw yn 577, gwahanwyd y Cymry oddi wrth eu cyd-Geltiaid neu gyd-Frythoniaid yng Nghernyw a'r de-orllewin, ac yn yr un modd oddi wrth 'Geltiaid' Cumbria yn 616 ar ôl i'r Cymry gael eu trechu ym Mrwydr Caer. Yng nghanol yr wythfed ganrif cododd y Brenin Offa o Fersia ei glawdd mawr a thrwy hynny sefydlu ffin gyfaddawd gyda

Chwedl Arthur

Pennaeth neu arweinydd milwrol yn perthyn i ddiwedd y bumed ganrif a dechrau'r chweched oedd Arthur a oedd, erbyn yr Oesoedd Canol, wedi dod yn ganolbwynt corff helaeth o chwedlau a rhamantau. Ychydig iawn o dystiolaeth hanesyddol i'w fodolaeth sydd ar gael. Dichon mai ef oedd y cadlywydd buddugoliaethus ym Mrwydr Bryn Badonic *c.* 519 pan gafodd y Brythoniaid fuddugoliaeth fawr dros y Sacsoniaid. Mae *Historia* (Brut y Brenhinoedd) Sieffre o Fynwy o oddeutu 1136 yn rhoi lle amlwg i 'hanes' Arthur, gan bortreadu Arthur fel ymerawdwr ffiwdal canoloesol a oedd wedi trechu'r byddinoedd Rhufeinig a chynnal llys yng Nghaerllion ar Afon Wysg. Daeth y portread hynod arwrol hwn o Arthur yn adnabyddus drwy Gymru yn yr Oesoedd Canol a daeth yn destun diddordeb rhamantaidd newydd yn y ddeunawfed a'r bedwaredd ganrif ar bymtheg.

Clawdd Offa

Dangosir olion y berthynas rhwng Lloegr a Chymru yn yr Oesoedd Tywyll gan nifer o wrthgloddiau llinellol—cloddiau a ffosydd a gynlluniwyd i amddiffyn aneddiadau ffermwyr Seisnig teyrnas Mersia. Codwyd Clawdd Wat yn oes y Brenin Ethelbald (716–57) ac roedd yn amgáu tir yr oedd anghydfod yn ei gylch. Roedd Clawdd Offa, a godwyd tua hanner can mlynedd yn ddiweddarach, yn cynrychioli'r ymgais derfynol i ddiffinio'r cyfan o ffin orllewinol Mersia. Mae'n 149 milltir o hyd ac yn ymestyn o Brestatyn yng Nghlwyd i Sedbury ar aber Afon Hafren, ychydig i'r dwyrain o Afon Gwy. Mae'n cynnwys clawdd pridd, gyda ffos ar yr ochr orllewinol fel rheol, sydd tua chwe throedfedd o uchder a thua thrigain troedfedd o led ar gyfartaledd, gan gynnwys y clawdd a'r ffos. Er mai Seisnig yn unig oedd y cynllun a'r adeiladaeth, roedd Clawdd Offa yn dynodi ffin gytûn â'r Cymry. Heddiw, dros 1,000 o flynyddoedd yn ddiweddarach, mae llawer ohono'n parhau i fod yn ffin rhwng Cymru a Lloegr.

'Cheltiaid' Cymru, a chreu ffin ddwyreiniol bendant, a oedd yn ymestyn am 149 milltir o fôr i fôr, i'r Cymry am y tro cyntaf yn eu hanes. Mae'n debyg mai Clawdd Offa oedd y ffin fwyaf trawiadol a wnaed gan ddyn yng ngorllewin Ewrop gyfan.

Yn draddodiadol, pwysleisiwyd yr elyniaeth a'r rhyfela di-dor bron rhwng y teyrnasoedd Cymreig. Mewn gwirionedd, fodd bynnag, maent yn amlygu hanes datblygiad heddychlon, uniad graddol drwy bolisi a thrwy gyfres o briodasau brenhinol. Ar ddiwedd yr wythfed ganrif roedd Llychlynwyr neu Northmyn ffyrnig yn brawychu'r moroedd ac yn rhoi cychwyn ar ymosodiadau mileinig ar Brydain ac Iwerddon. Roedd Cymru oherwydd ei natur yn arbennig o agored i'w hymosodiadau. Canlyniad y braw a achoswyd ganddynt oedd mwy o barodrwydd yn Lloegr a Chymru i uno dan arweinwyr cryfion. Dechreuodd y broses hon o 'uno' yng Nghymru'r nawfed ganrif o dan Merfyn Frych, Brenin Gwynedd, a'i fab Rhodri Mawr.

Rhodri Mawr

Roedd gorchestion Rhodri yn rhai arbennig o drawiadol—unodd lawer o Gymru o dan ei reolaeth a chadw'r Northmyn draw. Dilynodd ei ewythr ar orsedd Powys pan fu hwnnw farw yn 855 ac ychwanegodd ran eang o orllewin Cymru at ei diroedd drwy briodas ddiplomataidd. Roedd yr atgyfnerthiad hwn, a sicrhawyd yn wyneb grym cynyddol y Sacsoniaid a bygythiad newydd y Llychlynwyr yn y gorllewin, yn orchest hynod o bwysig. Yn 856, oddi ar arfordir Môn, lladdodd Rhodri arweinydd llynges y Llychlynwyr, Gorm, buddugoliaeth a enillodd glod Siarl Foel, brenin y Ffranciaid. Lladdwyd Rhodri ei hun mewn brwydr yn erbyn y Saeson yn 878.

Mae cronoleg ei orchestion yn arwyddocaol. Roedd wedi rhoi i ran fawr o Gymru gyfnod byr o undod na welwyd ei debyg cyn hynny. Yn fuan ar ôl marw Rhodri, bu newid sylfaenol yng nghyfansoddiad gwleidyddol Lloegr, newid a oedd i gael effaith ddofn ar Gymru. Yn ystod teyrnasiad Alffred Fawr (m. 899), Edward yr Hynaf (m. 924) ac Athelstan (m. 939), datblygodd Lloegr o fod yn wlad o deyrnasoedd niferus, fel Cymru, i fod yn un deyrnas. Sefydlwyd un frenhiniaeth a lluniwyd fframwaith gwleidyddol canolog. Dichon i'r potensial ar gyfer uno o fewn Cymru ragori ar y potensial yn Lloegr, ond byrhoedlog fu'r hyn a gyflawnwyd yng Nghymru.

Gadawodd Rhodri chwe mab ar ei ôl a rhannwyd ei diriogaethau rhyngddynt. Mae'n amlwg bod pob un o'r chwech yn cael ei ystyried yn fygythiad gan fân frenhinoedd y de—rheolwyr Dyfed, Brycheiniog, Glywysing a Gwent, a wynebai bwysau o du meibion Rhodri ac o du Mersia yn ogystal. Felly, drwy argymhelliad ffurfiol, penderfynodd y llywodraethwyr hyn ar deyrngarwch, unigol ac uniongyrchol, i'r frenhiniaeth Seisnig, teyrngarwch a fynegwyd yn y diwedd yn nhermau gwrogaeth a llw o ffyddlondeb. Ar ôl hynny ymostyngodd meibion Rhodri i Alffred a thrwy hynny cyflawnwyd goresgyniad damcaniaethol y teyrnasoedd Cymreig i frenhiniaeth y Saeson.

Hywel Dda

Dechreuodd ŵyr Rhodri, Hywel ap Cadell (Hywel Dda), gyda threftadaeth yn Seisyllwg, yna cafodd afael ar Ddyfed trwy briodas a thrwy hynny greu teyrnas Deheubarth. Yn y diwedd roedd yn rheoli Gwynedd a Phowys yn ogystal, a thrwy hynny yn ailadrodd camp ei dad-cu. Ond derbyniodd yntau hefyd safle *sub-regulus*, neu is-frenin, gan Athelstan, Brenin Wessex, ac ymddengys iddo geisio dynwared sefydliadau blaenllaw y deyrnas Sacsonaidd Orllewinol. Yn wir, cythruddodd y ffaith i Hywel gymodi ag Athelstan ymateb

Cyfraith Hywel Dda

Dyma'r enw traddodiadol ar gyfreithiau brodorol Cymru sydd wedi eu cadw mewn tua phedwar ugain o lawysgrifau Cymraeg a Lladin sy'n dyddio o'r ddeuddegfed i'r ddeunawfed ganrif. Mae Llyfrau'r Gyfraith eu hunain yn cyfeirio at gynulliad a gynhaliwyd yn y Tŷ Gwyn (Hendygwyn, Dyfed) o dan awdurdod Hywel Dda pan gafodd y cyfreithiau eu trefnu a'u dosbarthu. Ni ellir derbyn erbyn hyn bod yr holl fanylion a geir yn y llyfrau yn hollol gywir. Nid yw unrhyw un o'r llawysgrifau sydd ar glawr yn gopi o unrhyw ddogfen y gellid bod wedi ei ffurfio yn y Tŷ Gwyn, ond derbynnir eu bod yn cynnwys cnewyllyn deunydd a gafodd ei grynhoi yn ystod bywyd Hywel Dda. Cafodd y cyfreithiau eu gweinyddu drwy Gymru gyfan hyd yr unfed ganrif ar bymtheg, ac yna, er iddynt oroesi goresgyniad Edward y Cyntaf ym 1282 i bob pwrpas, cawsant eu diddymu gan y Deddfau Uno. Un o'r enghreifftiau mwyaf diddorol o'r gyfraith Gymreig frodorol yw'r un yn ymwneud â galanas sef llofruddiaeth neu ddynladdiad, sy'n adlewyrchu'r pwys a roddid ar y syniad o dylwyth a pherthynas gwaed hyd y seithfed neu'r nawfed ach. Roedd etifeddiaeth gyfrannol neu *gavelkind* hefyd yn elfen gynhenid yn y cyfreithiau brodorol.

a amlygwyd yn y gerdd *Armes Prydein* sy'n dyddio o oddeutu 930 ac sy'n disgrifio ffurfio cynghrair o bobloedd Celtaidd i wrthwynebu'r mechdeyrn Eingl-Sacsonaidd, rhagflas o thema amlwg yn hanes Cymru drwy'r cyfnod canoloesol. Mae'n arwyddocaol fod llofnod Hywel ar siarterau cyfoes Lloegr bob amser yn cael blaenoriaeth ar lofnodion y brenhinoedd Cymreig eraill. Cysylltir enw Hywel yn agos â chodeiddio cyfraith ganoloesol Cymru. Gwyddys iddo ymweld â Rhufain yn 928 pan oedd ym mlodau ei ddyddiau. Mae'r darn arian cyntaf a fathwyd gan frenin Cymreig yn dwyn yr enw *Hywel Rex*. Roedd yr hyn a gyflawnodd Hywel yn real iawn; yn ystod rhan helaeth o'i deyrnasiad maith profodd Cymru undod mewnol, cyfeillgarwch â Lloegr a heddwch o gyfeiriad y Northmyn.

Maredudd ab Owain

Cyfnod o ddryswch yw'r cyfnod rhwng marwolaeth Hywel yn 950 ac esgyniad Gruffudd ap Llywelyn ym 1039. Ar ôl marw Hywel daeth Cymru unwaith eto yn genedl o deyrnasoedd rhyfelgar a wynebai fygythiadau o du'r Saeson a'r Northmyn. Roedd llawer o'r rhyfela a'r ymbleidio yn ganlyniad ymdrechion brenhinoedd unigol i ailsefydlu'r oruchafiaeth yr oedd Rhodri a Hywel wedi ei mwynhau. Maredudd ab Owain, ŵyr Hywel, oedd yr un mwyaf llwyddiannus. Roedd yn rheoli Deheubarth, Gwynedd a Phowys rhwng 986 a 999, er iddo wynebu gelyniaeth ddi-ildio ei berthnasau a ddifeddiannwyd yng Ngwynedd drwy gydol ei deyrnasiad. Er hynny, rhoddodd marwolaeth Maredudd ar drothwy'r mileniwm gychwyn unwaith yn rhagor ar gyfnod arall o anarchiaeth. Mewn oes o'r fath, gwelodd dynion newydd, nad oeddynt yn perthyn i'r llinachau brenhinol sefydledig, gyfle i'w gwella eu hunain. Ymhlith y rhain roedd Rhydderch ap Iestyn, a fu'n rheoli Deheubarth o 1023 hyd 1033, Aeddan ap Blegywryd a fu'n teyrnasu yng Ngwynedd am rai blynyddoedd nes iddo gael ei ladd ym 1018 gan Lywelyn ap Seisyll y lladdwyd yntau bum mlynedd yn ddiweddarach. Cymhlethwyd a dwysawyd helbulon mewnol maith y cyfnod hwn gan ymyrraeth yr Eingl-Sacsoniaid a'r Llychlynwyr.

Gruffudd ap Llywelyn

Y mwyaf llwyddiannus o dywysogion brodorol y cyfnod yn union cyn dyfodiad y Normaniaid oedd Gruffudd ap Llywelyn, mab Llywelyn ap Seisyll. Yn dilyn 1039 pan gipiodd rym yng Ngwynedd yn y lle cyntaf a threchu byddin o Fersia, daeth yn ffigur llywodraethol yng Nghymru gan ennill Deheubarth a dod â Chymru gyfan o dan ei awdurdod o 1055 ymlaen. Credir mai canlyniad ei ymgyrchoedd ef oedd y distryw a achoswyd i ororau Lloegr (a gofnodwyd yn Llyfr Domesday ym 1086). Pan laddwyd ef gan un o'i ddilynwyr ym 1063 amddifadwyd Cymru annibynnol o'i rheolwr mwyaf nerthol ychydig cyn i'r byddinoedd Normanaidd ymddangos ar y ffin rhwng Cymru a Lloegr.

Yn y modd hwn y parhaodd rhwygiad gwleidyddol Cymru yn realiti drwy gydol y cyfnod hwn. Roedd Cymru yn wlad o deyrnasoedd a llinachau brenhinol niferus. Roedd undod gwleidyddol yn ddieithriad yn ddiflanedig a byrhoedlog ac yn rhywbeth a gâi ei sicrhau drwy rym milwrol yn unig. Câi'r hyn a gyflawnid gan un genhedlaeth ei ddadwneud bron yn ddieithriad gan y genhedlaeth nesaf. 'Gwrthodant yn ystyfnig ac yn falch ymostwng i un rheolwr,' oedd sylw craff Gerallt Gymro ar ddiwedd y ddeuddegfed ganrif.

Y Cynfeirdd

Yn draddodiadol, beirdd y chweched ganrif yn unig y cyfeirid atynt fel 'y cynfeirdd' sef Talhaearn, Aneirin, Taliesin, Blwchfardd a Chian. O'r pump hyn dim ond gwaith Aneirin a Thaliesin sydd ar gael heddiw. Erbyn heddiw gwyddom am feirdd eraill a ganai yn ystod yr Oesoedd Tywyll, yn eu plith Afan Ferddig, Arofan, Dygynnelw a Meigan. Er i'w gwaith hwy fynd ar goll hefyd, llwyddwyd i ddehongli nifer o gerddi dienw. Hwyrach yr enwocaf yw *Armes Prydein* a gyfansoddwyd tua 930 ac sydd yn galw am gynghrair i yrru'r Saeson o'r wlad. Mae'r rhan fwyaf o'r Hengerdd yn ymwneud â chwedlau, amryw ohonynt yn perthyn i gylchoedd 'Canu Llywarch Hen' a 'Chanu Heledd'. Lluniwyd y cerddi a briodolir i Daliesin a Myrddin tua chanol y nawfed ganrif. Mae Llyfr Du Caerfyrddin a Llyfr Coch Hergest yn cynnwys barddoniaeth am natur, gwirebau, darogan a chrefydd, llawer ohoni'n perthyn i oes y Cynfeirdd, ond yn ddienw.

Cymdeithas Cymru gynnar

Roedd y Cymry wedi datblygu cymdeithas 'lwythol' lle roedd perthnasau gwaed yn hollbwysig. Roedd y gymdeithas hon yn cynnwys taeogion a rhyddfreinwyr oedd yn aelodau o'r llwyth ac a oedd yn cyd-fyw mewn cymysgedd o aneddiadau cnewyllol bychain a rhai anheddau gwasgarog a elwid yn faenorau ac y gelwid grŵp ohonynt yn gantrefi, sef uned sylfaenol gweinyddiaeth frenhinol. Roedd y taeogion wedi eu crynhoi mewn maenorau cryno mewn ardaloedd yn yr iseldir a oedd yn addas ar gyfer economi amaethyddol wedi ei drefnu ar sail egwyddorion maenoraidd. Yn ardaloedd yr ucheldir roedd cymunedau rhydd wedi eu seilio ar economi bugeiliol ac wedi eu dosbarthu'n faenorau mwy eang. Roedd perthnasau teuluol wedi eu sefydlu'n gadarn drwy egwyddor carennydd, a châi cylchoedd o garennydd eu harddel hyd y bumed ach. Goroesodd yr egwyddorion hyn ddyfodiad y Normaniaid.

2 O'r Goresgyniad Normanaidd hyd Oresgyniad Edward y Cyntaf

Y Goresgyniad Normanaidd

Y Normaniaid oedd rhai o bobl fwyaf dylanwadol Ewrop ar ddechrau'r Oesoedd Canol ac roedd eu hawdurdod yn ymestyn o Sisili hyd Yr Alban. Ym mis Medi 1066, glaniodd Gwilym o Normandi, ynghyd â 5,000 o farchogion Normanaidd ac ychydig filoedd eraill, yn ne Lloegr a rhoi cychwyn ar y goresgyniad llwyddiannus olaf o bwys ar Ynysoedd Prydain. Ganol Hydref, yn Pevensey, trechwyd byddinoedd Harold mewn byr o dro a daeth hynny â de-ddwyrain Lloegr yn fuan o dan eu rheolaeth.

Er mwyn gwireddu ei fwriad i sefydlu llywodraeth ganoledig gref, rhannodd Gwilym diriogaethau ffiniol ar arfodir y Sianel, gogledd Lloegr a gororau Cymru a Lloegr, rhwng rhai o'i ddilynwyr grymus. Ni bu goresgyniad Normanaidd fel y cyfryw ar Gymru; yr hyn a gafwyd oedd ymosodiadau fan hyn a fan draw gan arglwyddi Normanaidd a gipiodd diroedd iddynt eu hunain. Sefydlodd Gwilym dair iarllaeth ar ororau Cymru—Gwilym FitzOsbern yn Henffordd, Rhosier o Drefaldwyn yn Amwythig a Huw o Avranches yng Nghaer. O bob un o'r canolfannau hyn cafwyd ymwthiadau i Gymru. Dengys Llyfr Domesday yn glir fod llawer o diroedd a oedd gynt yn rhan o deyrnasoedd Cymreig Gwynedd a Phowys, mewn dwylo Normanaidd erbyn hyn, er mai cyfyngedig oedd yr ardal a wladychwyd. Yn y cyfamser, yn y de, Gwent yn unig oedd wedi ei gwladychu erbyn blwyddyn marw'r Concwerwr ym 1087. Awgryma Llyfr Domesday i Gwilym a Rhys ap Tewdwr, Brenin Deheubarth, ddod i gytundeb y byddai Rhys yn cadw ei awdurdod yn ei deyrnas ei hun ac o bosibl mewn rhannau eraill o dde Cymru, yn arbennig Morgannwg a Brycheiniog, a oedd y tu allan i reolaeth y Normaniaid.

Yn ystod teyrnasiad Gwilym Rufus (1087–1100) a ymosododd yn aflwyddiannus ar Gymru ar dri achlysur gwahanol, gwelwyd peth gwrthdroad yn ffawd y Normaniaid yng ngogledd a de Cymru pan gafwyd anghydfod o'r newydd. Ond canlyniad marw Rhys ym 1093 wrth iddo geisio gwrthsefyll ymwthiad y Normaniaid i Frycheiniog, fu goresgyn bron y cyfan o dde Cymru gan y Normaniaid ar fyr o dro. Galluogodd ymwthiadau pellach o

Cestyll tomen a beili

Wrth i'r gwŷr mawr Normanaidd fwrw ymlaen i Gymru o'u canolfannau ar y Gororau, byddent yn cadarnhau eu safle gyda chestyll, nid adeiladau cerrig cymhleth, anferth, ond adeiladau o bridd a phren a elwid yn gestyll tomen a beili. Y domen oedd y cadarnle ac roedd wedi ei gwneud o dwmpath tuag ugain neu ddeg troedfedd ar hugain o uchder fel rheol, wedi ei amgylchu ag adeiladau pren o fewn i balisâd ac wedi ei amddiffyn yr holl ffordd o'i gwmpas gan ffos, sych neu wlyb, gyda llechwedd serth y tu hwnt iddi. Gerllaw y domen roedd un neu ragor o feilau, llociau hirgrwn neu betryal gydag un fynedfa yn y pen pellaf oddi wrth y domen a honno hefyd wedi ei hamddiffyn â ffos a gwrthglawdd. Dim ond ar hyd pont ar ogwydd dros y ffos rhwng y naill a'r llall y gellid mynd o'r beili i'r domen. Gellir gweld y domen wreiddiol yn glir o hyd yng Nghaerdydd (wedi ei hamgylchu â thwr cerrig erbyn hyn), tra bo'r domen Normanaidd yn Rhuddlan yn codi i'r de-ddwyrain o'r castell Edwardaidd. Yn ddiweddarach ailgodwyd rhai o'r cestyll tomen a beili â cherrig, gan gadw amlinell eu tarddiad tomen a beili. Mae'r rhain yn cynnwys Cilgerran, Skenfrith, Tre-tŵr a Llawhaden.

ganolfannau ar y Gororau i arglwyddi Normanaidd sefydlu prif arglwyddiaethau'r Mers, sef Ceredigion, Penfro, Brycheiniog a Morgannwg. Felly busnes hynod o dameidiog ac ysbeidiol oedd 'goresgyniad' Normanaidd Cymru heb unrhyw ymdrech i'w gyfarwyddo'n ganolog; ni roddwyd cynnig ar oresgyniad cyflawn o gwbl.

Yr ymwthiad Normanaidd hwn oedd y cam terfynol yng nghreu'r Mers Cymreig—y rhan o Gymru oedd dan awdurdod Coron Lloegr. Ym mhob arglwyddiaeth roedd yr iarll Normanaidd oedd yn gyfrifol am oresgyn y tir yn cymryd arno'i hun yr ystod eang o bwerau a fu cyn hynny yn nwylo'r brenhinoedd brodorol Cymreig. Yn wir, roedd yr arglwyddiaethau newydd yn mwynhau annibyniaeth ymarferol oddi wrth Goron Lloegr; roedd arglwyddi'r Mers yn cadw eu hawliau brenhinol ac yn rheoli fel brenhinoedd bychain. Rhannol ac achlysurol ar y gorau oedd y diddordeb a'r cyfarwyddyd brenhinol yng Nghymru. Felly mae'r gwrthgyferbyniad rhwng Lloegr Normanaidd a Chymru

Normanaidd yn un trawiadol. Yn Lloegr etifeddodd y Normaniaid deyrnas lle roedd awdurdod brenhinol wedi ei ganoli eisoes. Yng Nghymru roedd y sefyllfa'n wahanol iawn gan nad oedd grym wedi'i ganoli mewn un awdurdod. Gorweddai grym yn nwylo nifer o reolwyr, sefyllfa a barhawyd gan ymwthiad y Normaniaid nes ffurfio brithwaith o arglwyddiaethau lled-annibynnol.

Gwynedd, Powys a Deheubarth

Mae'n amlwg bod elfen o hylifedd a breuder yn nheyrnasoedd Cymru yn yr unfed ganrif ar ddeg. Mae tair neu bedair yn sefyll allan: Gwynedd, Powys, Deheubarth a Morgannwg o bosibl. Gwelodd y cyfnod ar ôl 1093 gychwyn yng ngogledd Cymru ar gyfnod maith o ymrafael a arweiniodd at adennill llawer rhan o'r ardal yn raddol o afael rheolaeth y Normaniaid, ac yn y pen draw at ailsefydlu Gwynedd a Phowys yn endidau gwleidyddol o bwys.

O dan reolaeth Gruffudd ap Cynan (m. 1137) a'i fab Owain Gwynedd (m. 1170) sicrhaodd Gwynedd arweinyddiaeth sefydlog dros ardal helaeth oedd yn ymestyn o Ddyfi hyd y Ddyfrdwy a'i galluogodd i wrthsefyll dau ymosodiad ar raddfa lawn gan Harri II. Gan ei bod yn elwa ar safle daearyddol a sylfaen amaethyddol ddiogel, roedd Gwynedd mewn sefyllfa unigryw dda i hawlio arweinyddiaeth yr 'adfywiad Cymreig' yn y ddeuddegfed a'r drydedd ganrif ar ddeg. Yn wir, roedd Owain Gwynedd wedi bygwth Powys drwy ymestyn ei awdurdod tua'r dwyrain i'r glustogwlad 'ganol' rhwng Conwy a Dyfrdwy.

Ond roedd Powys hefyd wedi ffynnu mewn cyfnod o sefydlogrwydd cymharol yn ystod teyrnasiad Madog ap Maredudd (m. 1160) ac wedi ehangu tua'r dwyrain y tu hwnt i Glawdd Offa i diroedd a oedd cyn hynny yn nwylo'r Eingl-Sacsoniaid a'r Normaniaid.

Heriodd Owain Gwynedd safle'r Normaniaid yn y de-orllewin yn ogystal drwy drawsfeddiannu Ceredigion. Ond yn y rhan hon o Gymru, Rhys ap Gruffydd (m. 1197) a gipiodd Geredigion a'r rhan fwyaf o Ystrad Tywi o reolaeth y Normaniaid, a thrwy hynny adfer llawer o dde-orllewin Cymru i'w hen linach frenhinol. Nid oedd tiriogaeth Rhys mor eang â hen deyrnas Deheubarth—roedd y Normaniaid yn dal eu gafael yn gadarn ar Benfro ac arglwyddiaethau eraill ar arfordir y de—ond er hynny roedd yn dal i fod yn endid sylweddol.

Felly, erbyn trydydd chwarter y ddeuddegfed ganrif, roedd y tair teyrnas hon yn cynrychioli cylch o ddylanwad gwleidyddol gwirioneddol a oedd yn gorchuddio rhagor na hanner arwynebedd

Cymru ac a elwid yn *Wallia* neu'n *Pura Wallia* mewn gwrthgyferbyniad i gylch dylanwad y Normaniaid a elwid yn *Marchia Wallie*. Roedd daearyddiaeth wleidyddol y teyrnasoedd wedi dod yn bur sefydlog. Nid oedd y ffaith bod eu tiroedd wedi eu hymrannu ac ardaloedd ar y Gororau wedi eu trawsfeddiannu yn tanseilio'r sefydlogrwydd a'r cydlyniad cyffredinol oedd wedi ei greu. Roedd y syniad fod Cymru'n hanesyddol yn cynnwys tair teyrnas a oedd yn cael eu rheoli o'r prif ganolfannau yn Aberffraw yng Ngwynedd, Mathrafal ym Mhowys a Dinefwr yn Neheubarth, wedi gwreiddio'n ddwfn a goroesodd drwy gydol y cyfnod canoloesol. Mae'n amlwg i reolwyr y teyrnasoedd hyn geisio sefydlu syniad o frenhiniaeth a oedd yn cyfuno elfennau traddodiadol a'r dylanwadau ffiwdal newydd. Roedd pob rheolwr yn llywodraethu ar deyrnas annibynnol ac yn rhoi gwrogaeth a llw o ffyddlondeb i frenhiniaeth Lloegr parthed ei dreftadaeth— ymgais ymwybodol i roi ffurf ar y berthynas rhwng rheolwyr Cymru a Choron Lloegr.

Sieffre o Fynwy

Ganed ef tua 1090 yng nghyffiniau Trefynwy. Ni wyddys y nesaf peth i ddim am ei fywyd cynnar. Dichon iddo wasanaethu fel canon yn nhŷ'r canoniaid Awstinaidd yn St George yn Rhydychen. Ordeiniwyd ef yn offeiriad yn St Stephen yn Chwefror 1152 a chafodd ei gysegru'n Esgob Llanelwy o fewn yr wythnos. Nid oes unrhyw dystiolaeth iddo ymweld â'i esgobaeth erioed. Treuliodd y rhan fwyaf o'i fywyd yn Rhydychen ac yno y bu farw, ym 1155 mae'n debyg. Mae ei gysylltiad cynnar â de-ddwyrain Cymru yn cael ei adlewyrchu yn yr hyn a ysgrifennodd. Ei waith pwysicaf yw *Historia Regum Britanniae* a ymddangosodd ar ddechrau 1136 ac sy'n adrodd 'hanes' y Brythoniaid o ddyfodiad Brwtws hyd ddyfodiad y Sacsoniaid. Tua diwedd ei oes ysgrifennodd ei *Vita Merlini*, cerdd Ladin yn y mesur chweban sy'n cynnwys 1,528 o linellau. Mae'r *Historia* yn bwysig oherwydd y goel a roed gan genedlaethau o feirdd Cymraeg ddiwedd yr Oesoedd Canol ar ei thesis i Frwtws o Gaerdroea, cyndad tybiedig y Cymry, deyrnasu ar Brydain unedig ar un adeg; roedd yn dilyn yn rhwydd o hynny fod gan arweinydd Cymreig newydd hawl foesol i orsedd Prydain. Roedd i'r fytholeg hon arwyddocâd yng nghefnogaeth Cymru i Owain Glyndŵr ac i Harri Tudur (Harri VII).

21

Bywyd cymdeithasol ac economaidd yr Oesoedd Canol

Galluogodd y sefydlogrwydd cymharol a grewyd gan y brenhinoedd brodorol hyn tua diwedd y ddeuddegfed ganrif i'w teyrnasoedd brofi rhyw gymaint o adferiad yn dilyn anrhaith y Normaniaid. Gwnaed ymgais i newid patrwm y drefn gymdeithasol er mwyn cynyddu adnoddau tiroedd y rheolwyr brodorol a manteisio'n fwy trwyadl ar eu hadnoddau amaethyddol. Mewn rhai ardaloedd aildrefnwyd y nifer fawr o daeogion yn y boblogaeth a'u symud yn y gobaith y byddai hynny'n symbylu gwladychu tiroedd mwy ymylol. Roedd telerau'r drefn newydd o ddal tir yn cyfateb yn fras i'r rhai a ganiateid i ryddfreinwyr. Newid arall oedd anheddu grwpiau o ryddfreinwyr o'r un teulu mewn cyfrandiroedd gwasgaredig. Ymhen amser cynhyrchodd hyn batrwm anheddu gwasgarog a oedd yn gwrthgyferbynnu'n gryf ag aneddiadau clystyrog cymunedau'r taeogion. Ar yr un pryd crynhodd grŵp bychan o berchenogion rhydd breintiedig ystadau sylweddol a ffurfio cnewyllyn dosbarth swyddogol o weinyddwyr yr oedd ei angen ar y rheolwyr Cymreig.

Roedd newidiadau cymdeithasol eraill ar droed. Er mwyn cadarnhau eu tiroedd codai'r Normaniaid gestyll o bridd a phren (tomen a beili) mewn mannau strategol, y cymerwyd lle'r rhai pwysicaf ohonynt, megis y rhai yn Aberhonddu a Chaerdydd, gan adeiladau cerrig anferth. Yna codwyd trefi bychain gyda muriau o'u hamgylch o gylch y cestyll, ac fe'u poblogwyd yn y lle cyntaf gan fasnachwyr, crefftwyr a chyn-filwyr Normanaidd y rhoddwyd iddynt hawliau a breintiau busnes a masnach. Dyma'r trefi cyntaf yng Nghymru, trefi caerog, aneddiadau bychain amddiffynedig, a oedd yn gwbl estron i'r Cymry. 'Nid oes unrhyw drefi gan y Cymry,' oedd sylw Gerallt Gymro ar ddiwedd y ddeuddegfed ganrif. Cyflwynwyd hefyd economi amaethyddol newydd yn seiliedig ar y maenor gan y Normaniaid. Roedd y gyfundrefn faes agored yn gofyn am dir isel gyda phridd da gan mwyaf, ynghyd â hinsawdd a glawiad cymedrol, amodau a oedd i'w cael yn nwyrain a de Cymru, yr union ardaloedd a wladychwyd gan y Normaniaid. Digon diddorol yw'r ffaith i lawer o'r arglwyddiaethau Normanaidd gael eu rhannu'n saesonaethau a brodoraethau. Yn y rhannau cyntaf, y tir isel yn amgylchu'r cestyll a'r bwrdeistrefi, mabwysiadwyd y drefn faenorol; yn yr ail, ar dir uwch, cadwyd eu heconomi amaethyddol a'u sefydliadau brodorol er eu bod yn cael eu goruchwylio gan y Normaniaid. Canlyniad uniongyrchol y goresgyniad Normanaidd oedd ffermio ar raddfa fawr a thwf trefi a masnach yng Nghymru.

Yr Eglwys

Fel eglwyswyr ymroddgar roedd y Normaniaid yn benderfynol o ddiwygio bywyd crefyddol Cymru ar y patrwm Cyfandirol. Amddifadwyd yr Eglwys Gymreig o'i hannibyniaeth i bob pwrpas. Yn 768 roedd yr hyn a elwid yn 'Eglwys Geltaidd' y saint wedi cytuno i gydymffurfio â rhai o arferion a defodau Eglwys Rufain. Roedd yr eglwysi hyn wedi dod ynghyd i ffurfio esgobaethau unigol yn ôl y patrwm Seisnig. Nid oes unrhyw dystiolaeth i fodolaeth archesgob Cymreig, ond ar yr un pryd nid oedd unrhyw gydnabyddiaeth o flaenoriaeth Archesgob Caer-gaint. Yn raddol daeth arferion Normanaidd i gymryd lle cyfundrefn clas yr Eglwys Gymreig. Daeth pedair esgobaeth diriogaethol Bangor, Tyddewi, Llandaf a Llanelwy i fodolaeth, a ffurfiwyd strwythur o blwyfi yn raddol. Ceisiodd y brenhinoedd Normanaidd, a Harri I yn

Cestyll carreg cynnar

Rhan o Gastell Cas-gwent lle y cododd Gwilym FitzOsbern, cyn 1071, dŵr carreg hirgul a chanddo ddeulawr, oedd yr adeilad carreg cyntaf y gwyddys amdano yng Nghymru. Yn gyffredinol roedd y broses o ailgodi adeiladau mewn carreg yn un raddol, barhaus a thameidiog. 'Tyfodd' y cestyll carreg cyntaf allan o'r hen gestyll tomen a beili. Mae adfeilion nifer o orthwyr o'r ddeuddegfed ganrif yng Nghymru; mae gorthwr hirgul yn Ogwr a gorthwyr sgwâr yng Nghoety a Chastell-newydd (y ddau ohonynt ger Pen-y-bont ar Ogwr ym Morgannwg). Yn Nolwyddelan, a godwyd gan un o'r tywysogion Cymreig yn y drydedd ganrif ar ddeg, mae gorthwr hirgul trawiadol a stocêd a ailgodwyd o gerrig.

Yn y drydedd ganrif ar ddeg cafwyd gorthwyr crynion yn sefyll ar eu pen eu hunain ac a oedd yn haws eu hamddiffyn, ac mae enghreifftiau niferus yn Nyfed, Powys a Gwent. Yr enghraifft orau yng Nghymru yw'r tŵr 75 troedfedd o uchder a godwyd y tu mewn i Gastell Penfro tua 1200 gan William Marshall. Mae'r un dechneg yn cael ei hamlygu yn Skenfrith a Chaldicot yng Ngwent a Thre-tŵr a Bronllys ym Mhowys. Ceir gorthwr crwn trawiadol yng Nghastell Dolbadarn ac adeilad anghyffredin ar ffurf y llythyren D yn Ewloe yng Nghlwyd a godwyd, mae'n debyg, ar orchymyn Llywelyn ab Iorwerth, ac sy'n brawf digonol o feistrolaeth y rheolwyr brodorol Cymreig ar y gelfyddyd o godi cestyll.

23

arbennig, sicrhau fod yr esgobion i gyd yn enwebiadau gwleidyddol a oedd yn gefnogol i reolaeth Normanaidd os nad yn Normaniaid eu hunain. Roedd pob esgob i gael ei benodi gan Archesgob Caergaint ac roedd yn rhaid iddynt broffesu eu ffyddlondeb iddo.

Roedd gweithredu'r diwygiadau hyn yn llawn anawsterau. Hawliodd Bernard, Esgob Tyddewi o 1115 hyd 1148, statws archesgob iddo'i hun, hawl a adnewyddwyd gan Gerallt Gymro (a oedd o waed Normanaidd a Chymreig) ar ddiwedd y ddeuddegfed ganrif. Cafwyd hyd yn oed fwy o wrthwynebiad o Fangor lle nad oedd esgob gwirioneddol o 1092 hyd 1120. Yn raddol, fodd bynnag, enillodd y dylanwad Normanaidd y dydd, a chafodd enwebiadau Normanaidd eu gorseddu yn Llandaf ym 1107, Tyddewi ym 1115, Bangor ym 1120 ac yn Llanelwy ym 1143. Ni laesodd yr esgobion ddwylo o gwbl wrth ad-drefnu trefniadaeth yr Eglwys ac wrth ddileu arferion Celtaidd megis caniatáu i glerigwyr briodi. Penodwyd archddiaconiaid a deoniaid ar raddfa fawr. Hyd yn oed

Gerallt Gymro

Ganed ef tua 1146 ym Maenorbŷr, Dyfed, yn un o ddisgynyddion Rhys ap Tewdwr, Tywysog Deheubarth. Roedd ei dad William de Barri yn Arglwydd Maenorbŷr. Roedd Gerallt yn ymwybodol iawn o'i dras gymysg Gymreig a Normanaidd. Addysgwyd ef yn Ysgol yr Eglwys yng Nghaerloyw ac ym Mharis, lle y meistrolodd arddulliau Lladin o ysgrifennu a dod yn gyfarwydd â'r 'awdurdodau'. Dychwelodd i Gymru ym 1175, bu mewn nifer o fywiolaethau eglwysig a dod yn ddiwygiwr eglwysig eithafol. Cafodd ei enwebu'n Esgob Tyddewi ym 1176 ac 1198 ond fe'i gwrthodwyd gan y Brenin ar y ddau achlysur. Bu'n athro yn y gyfraith ym Mharis, yn gwasanaethu fel clerc brenhinol yn llys Harri II o 1184 hyd 1194 a theithiodd yn eang gan fynd gyda'r Tywysog John i Iwerddon ym 1185 a chyda'r Archesgob Baldwin drwy Gymru ym 1188. Canlyniad y teithiau hyn oedd rhai o'i weithiau ysgrifenedig pwysicaf gan gynnwys 'Hanes y Daith drwy Gymru' a 'Disgrifiad o Gymru'. Yn ddiweddarach yn ei oes bu'n pledio ei hawl i gael ei orseddu'n Esgob Tyddewi yn daer ac ymwelodd â Rhufain deirgwaith. Collodd y frwydr honno a threuliodd weddill ei oes yn ysgrifennu a golygu. Bu farw ym 1223 ac fe'i cofir fel un o brif awduron Lladin Cymru.

yn awr, nid oedd gwrthwynebiad Cymreig ar ben. Gwrthododd clerigwyr Bangor, a weithredai dan amddiffyn Owain Gwynedd yn chwedegau'r ddeuddegfed ganrif, yn bendant ag ufuddhau i ofynion Thomas Becket y dylai eu hesgob a oedd newydd ei benodi dyngu llw o ffyddlondeb i Gaer-gaint.

Felly mae'r dystiolaeth Gymreig yn enghraifft bellach o ymdrech gyffredinol yr oes i sicrhau nad oedd yr eglwys yn ddibynnol ar y grym seciwlar. Mae'r un math o gysylltiad seciwlar yn cael ei amlygu yn hanes y Sistersiaid, yr olaf o'r urddau diwygiadol, yn dilyn y Benedictiaid a'r Awstiniaid. Nid enillodd y tai Sistersaidd cynnar—Tyndyrn (1131), Margam (1147) a Chastell-nedd (1130) yn y de a Basingwerk (1132) yn y gogledd—galon y Cymry erioed. Ond gwreiddiodd Abaty Hendy-gwyn (1140) a'i 'ferched' a'i 'wyresau', a sefydlwyd rhwng 1143 a 1201, o ddifrif yng Nghymru, llawer ohonynt wedi eu sylfaenu a'u gwaddoli'n hael gan y tywysogion brodorol Cymreig. Dichon mai'r un enwocaf ohonynt yw Ystrad Fflur a sefydlwyd gan un o'r Normaniaid ym 1164 ac a ailsefydlwyd a'i gwaddoli'n helaeth gan yr Arglwydd Rhys ym 1184. Dichon hefyd fod rhwygiadau anorfod rhwng tai megis Margam a Thyndyrn a sefydlwyd yn y Mers cyn 1150, a'r rhai a sefydlwyd dan nawdd frodorol. Daeth llawer o'r tai Sistersaidd yn gefnogwyr pybyr dyheadau cenedlaethol ac ymdrechion gwleidyddol y rheolwyr Cymreig a oedd wedi eu gwaddoli mor hael.

Llywelyn ab Iorwerth

Roedd map gwleidyddol Cymru yn symlach yn y drydedd ganrif ar ddeg nag yn y ddeuddegfed ganrif, symleiddiad a grewyd i raddau helaeth gan dra-arglwyddiaeth tair tywysogaeth fawr Gwynedd, Powys a Deheubarth, ac yn bennaf oll gan yr oruchafiaeth gyson a sicrhawyd gan Wynedd. Yn dilyn marw'r Arglwydd Rhys ym 1197, dirywiodd hanes Deheubarth yn gymhlethdod dyrys ac ailadroddus o gwerylon domestig. Goresgynnwyd gogledd Ceredigion gan Lywelyn ab Iorwerth o Wynedd ym 1208, ac o 1212 ymlaen roedd ei rym dros Ddeheubarth yn ddigwestiwn gan nad oedd rheolwyr brodorol y deyrnas bellach yn ddim mwy na 'phenaethiaid eiddil'. Powys a oedd bellach wedi ei rhannu'n ddwy, oedd y wannaf o'r teyrnasoedd Cymreig o bosibl, ac yn dilyn gorchfygiad llethol Gwenwynwyn, arglwydd de Powys, gan y Brenin John ym 1208, ni allai obeithio goroesi fel dim ond gwlad ddibynnol naill ai ar Frenin Lloegr neu ar Dywysog Gwynedd. Yn wir, ym mhob un o'r tair teyrnas Gymreig, cafwyd ymryson am yr olyniaeth yn dilyn marwolaeth rheolwr nerthol diwedd y ddeuddegfed ganrif, ond tra na chafodd undeb teyrnasoedd Deheubarth a Phowys mo'i adfer ar ôl hynny, yng Ngwynedd bu dyfodiad Llywelyn ab Iorwerth, un o wyrion Owain Gwynedd, i'r amlwg ar ddiwedd y ddeuddegfed ganrif, yn fodd i uno'r deyrnas unwaith yn rhagor o dan law gref un rheolwr.

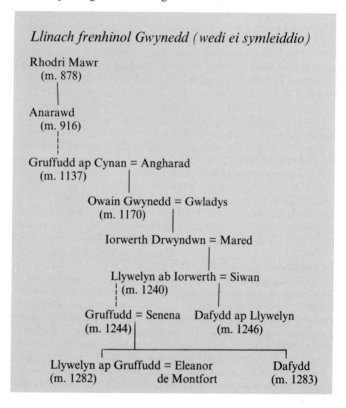

Llinach frenhinol Gwynedd (wedi ei symleiddio)

Rhodri Mawr
(m. 878)

Anarawd
(m. 916)

Gruffudd ap Cynan = Angharad
(m. 1137)

      Owain Gwynedd = Gwladys
      (m. 1170)

      Iorwerth Drwyndwn = Mared

      Llywelyn ab Iorwerth = Siwan
      (m. 1240)

    Gruffudd = Senena   Dafydd ap Llywelyn
    (m. 1244)   (m. 1246)

Llywelyn ap Gruffudd = Eleanor   Dafydd
(m. 1282)   de Montfort   (m. 1283)

Roedd Llywelyn yn benderfynol o drechu ei berthnasau er mwyn dal ei afael ar Wynedd a ystyriai yn dreftadaeth gyfreithlon iddo'i hun. Cafodd gymaint llwyddiant nes i'r Brenin John, ym 1204, ei gydnabod yn Arglwydd Gwynedd a rhoi ei ferch ordderch, Siwan, yn wraig iddo. Ym 1208 datgelodd Llywelyn faint ei uchelgais pan drawsfeddiannodd dde Powys a gorymdeithio i mewn i Geredigion.

Ond, yng ngolwg John, roedd Llywelyn yn dod yn rhy gryf ac, ar ben hyn, roedd ymgyrchu Llywelyn yn erbyn tiriogaethau cyfagos wedi peri bod gwrthwynebiad iddo y tu mewn i Gymru. Manteisiodd John ar y gwrthwynebiad hwn ym 1211 ac, yn sgil dwy ymgyrch lwyddiannus ac arbennig o ddistrywgar i ogledd Cymru, gorfododd Lywelyn i gytuno ar delerau hynod o waradwyddus.

Fodd bynnag, bu modd i Lywelyn fanteisio'n fuan ar y gwrthwynebiad cyffredinol yng Nghymru i fesurau John ar gyfer goresgyniad parhaol y wlad, ac arweiniodd ymgyrch ddi-baid gyda chefnogaeth y rhai a oedd gynt yn ei wrthwynebu. O ganlyniad i undod y gwrthwynebiad Cymreig drylliwyd uchelgeision John a galluogwyd Llywelyn i sicrhau safle llywodraethol ymhlith y tywysogion Cymreig. Roedd yn sefyllfa a ymddangosai fel pe bai'n argoeli'n dda am weld creu cyfansoddiad Cymreig lle y byddai'r tywysogion eraill wedi eu hymrwymo iddo trwy wrogaeth a llwon ffyddlondeb.

Am weddill ei oes dylanwadodd yn gryf ar ei gyd-dywysogion a thrwy hynny gwanychodd gysylltiad Coron Lloegr â materion Cymreig, ond ni lwyddodd i sicrhau cydnabyddiaeth frenhinol ffurfiol o'i orchestion tiriogaethol a damcaniaethol. Er hynny roedd y gorchestion hyn yn rhai real. Ym 1216 gwysiodd y tywysogion Cymreig i fath o senedd genedlaethol yn Aberdyfi a rhannodd Ddeheubarth ymhlith disgynyddion yr Arglwydd Rhys, trefniant oedd i ffynnu am chwarter canrif. Yng Nghaerwrangon ym 1218 cyfarfu â'r Brenin newydd, y bachgen Harri III, a thalu gwrogaeth iddo gan gael ei ddilyn gan y tywysogion Cymreig eraill, tra bu'n rhaid i lywodraeth Lloegr gydnabod ei flaenoriaeth.

Prif amcan Llywelyn yn ystod ei flynyddoedd olaf, oedd rhwystro darnio ei ddominiwn eang ar ôl ei farwolaeth. Ym mis Hydref 1238 gwysiodd y tywysogion Cymreig i gyd unwaith eto i gyngor yn Ystrad Fflur lle y tyngodd pob un ohonynt lw o ffyddlondeb i Ddafydd, mab Llywelyn a Siwan. Roedd Llywelyn yn awyddus mai Dafydd yn unig a gâi ei enwi'n etifedd iddo, yn hytrach na'i fab-gordderch hŷn Gruffudd, a disgwyliai i frenhiniaeth Lloegr sicrhau na fyddai neb yn herio'r olyniaeth. Er iddo fodloni ar y teitl mwy lleol 'Tywysog Aberffraw ac Arglwydd Eryri' yn hytrach na'r teitl mwy clodfawr 'Tywysog Cymru', roedd Llywelyn, yn ddamcaniaethol ac yn ymarferol, wedi crynhoi'r holl elfennau angenrheidiol i gyfiawnhau defnyddio'r ail o'r ddau deitl. Pan oedd ar ei wely angau yn Aberconwy yn Ebrill 1240, mae'n sicr mai olyniaeth Dafydd a bwysai drymaf ar ei feddwl.

Dafydd ap Llywelyn

Cyfiawnhawyd pryderon Llywelyn ar fyr o dro. Yn hytrach nag ymyrryd i sicrhau olyniaeth esmwyth i Ddafydd, manteisiodd Harri III ar yr anghydfod rhwng Dafydd a Gruffudd ac ar amryfal uchelgeision y tywysogion Cymreig eraill, i gyfyngu grym Dafydd i Wynedd yn unig. Ym 1244 lladdwyd Gruffudd wrth iddo geisio dianc o Dŵr Llundain lle roedd yn cael ei gadw'n garcharor gan y Brenin. Ddwy flynedd yn ddiweddarach tra oedd ar gyrch milwrol rhyfygus ond addawol i ymestyn ei deyrnas, bu farw Dafydd yn sydyn ac yn ddietifedd. Ym mis Ebrill 1247 gorfodwyd Owain a Llywelyn, dau fab hynaf Gruffudd, i dderbyn Cytundeb Heddwch Woodstock. Cafodd Gwynedd ei rhannu: cymerodd Harri III y dwyrain a Llywelyn ac Owain y gorllewin. Roedd y syniad o raniadau pellach hyd yn oed i ddarparu ar gyfer dau frawd iau yn cael ei ystyried. Roedd gofyn i'r rheolwyr Cymreig eraill dalu eu gwrogaeth yn uniongyrchol i'r Brenin yn hytrach na gwneud hynny drwy Dywysog Gwynedd. Ar ben hynny, roedd y Brenin wedi ei sefydlu ei hun mewn cylch o safleoedd strategol—Trefaldwyn, Llanfair-ym-Muallt, Caerfyrddin ac Aberteifi. Edrychai'r dyfodol yn llwm ac roedd yn ymddangos mai seithug fu ymdrechion Llywelyn i greu gwladwriaeth annibynnol, unedig.

Llywelyn ap Gruffudd

Daeth terfyn ar wyth mlynedd o heddwch cymharol ym 1254 pan roddwyd gofal holl diroedd y Goron yng Nghymru i'r Tywysog Edward (Edward I yn ddiweddarach). Y flwyddyn ddilynol carcharodd Llywelyn ap Gruffudd ei frodyr yr oedd wedi eu trechu ym Mrwydr Bryn Derwin, a hawlio gorllewin Gwynedd iddo'i hun. Mewn cyfres o ymgyrchoedd dramatig o lwyddiannus o 1255 hyd 1258 adenillodd ddwyrain Gwynedd, gorchfygu Meirionnydd, Buallt, Deheubarth a Phowys, ac arwain cyrchoedd yn ddwfn i mewn i Benfro a Morgannwg. Yna, mabwysiadodd y teitl symbolaidd ei arwyddocâd 'Tywysog Cymru' ac ymgynnull y tywysogion llai ynghyd i dderbyn eu gwrogaeth. Roedd mewn sefyllfa dda i fanteisio ar gweryl Harri III gyda'r barwniaid Seisnig. Yn wir, ym mis Mehefin 1265 ymgynghreiriodd Llywelyn yn ffurfiol â Simon de Montfort yn Pipton, bargen a seiliwyd drwy ei ddyweddïad i Eleanor, merch hynaf Simon. Er i Simon gael ei orchfygu a'i ladd saith wythnos yn unig ar ôl hynny ym Mrwydr Evesham, ni rwystrwyd Llywelyn gan yr adfywiad brenhinol. Cydnabuwyd ei benarglwyddiaeth yn ffurfiol gan Harri III ym Medi 1267 drwy Gytundeb Trefaldwyn, pryd y cydnabuwyd ei deitl

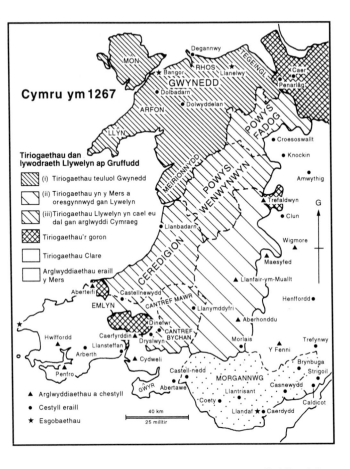

Cymru ym 1267

Tiriogaethau dan
lywodraeth Llywelyn ap Gruffudd

- (i) Tiriogaethau teuluol Gwynedd
- (ii) Tiriogaethau yn y Mers a oresgynnwyd gan Lywelyn
- (iii)Tiriogaethau Llywelyn yn cael eu dal gan arglwyddi Cymraeg
- Tiriogaethau'r goron
- Tiriogaethau Clare
- Arglwyddiaethau eraill y Mers

▲ Arglwyddiaethau a chestyll
● Cestyll eraill
★ Esgobaethau

40 km
25 milltir

'Tywysog Cymru' yn ogystal â'i hawl i wrogaeth a ffyddlondeb yr arglwyddi Cymreig. Ef yn unig oedd i dalu teyrnged ac i roi gwrogaeth i Frenin Lloegr, a chaniatawyd iddo gadw'r ardaloedd helaeth o dir yr oedd wedi eu hennill ar y Gororau.

Roedd Llywelyn felly wedi creu Tywysogaeth Cymru a oedd yn cynnwys tair teyrnas y ddeuddegfed ganrif, Gwynedd, Powys a Deheubarth, yn ogystal â rhannau o'r Mers. Nid canlyniad grym milwrol, neu oresgyniad, fel y cyfryw oedd hyn, ond yn hytrach benllanw datblygiad gwleidyddol mewnol. Roedd creu'r ffurflywodraeth ffiwdal hon o fewn Cymru yn wrthdroad dramatig ar sefyllfa a oedd wedi gwreiddio'n ddwfn, lle roedd tiroedd rheolwyr Cymreig yn cael eu dal fel ffif yn uniongyrchol oddi wrth Frenin Lloegr. Roedd Llywelyn felly wedi rhagori hyd yn oed ar orchestion ei dad-cu yr aeth ati i wella ei gestyll carreg yn Ewloe, Dolwyddelan, Dolbadarn, Cricieth a Bere. Ond byrhoedlog fu parhad y cyfle a gafodd i gyfnerthu llywodraeth ac amddiffyniad ei diroedd.

Llywodraeth a chymdeithas o dan y tywysogion Cymreig

Canlyniad anochel o bosibl yr awdurdod canolog cryf a oedd wedi ei greu oedd datblygiadau newydd ym maes llywodraeth. Roedd y ddau Lywelyn yn llywyddu ar gyngor o swyddogion, arglwyddi oedd yn ddeiliaid iddynt a gwŷr eglwysig (rhywbeth yn debyg i *parliamenta* Lloegr yn yr oes honno), a oedd yn cydgysylltu swyddogaethau gweinyddol a chyfreithiol y wladwriaeth ffiwdal fechan hon, ac a sefydlodd ddosbarth o weision sifil (megis Ednyfed Fychan a'i ddau fab Goronwy a Thudur yn ddiweddarach) i'w cynorthwyo i lywodraethu a threthu eu deiliaid. Câi gwaith corff diwygiedig a gormesol ar brydiau o swyddogion yn y cymydau ei oruchwylio gan fiwrocratiaeth ganolog yn cynnwys trysorydd a changhellor yng ngofal sêl fawr a sêl gyfrin.

Cafodd is-strwythur cymdeithas lwythol ei herio gan newidiadau pellgyrhaeddol ar arferion a chyfraith draddodiadol. Canlyniad y dadeni cyfreithiol oedd adolygu testunau cyfreithiol i adlewyrchu'r tueddiadau newydd lled ffiwdal. Adlewyrchid y tueddiadau hyn yn ogystal yn y modd yr oedd dyletswyddau daliadaeth tir a gwrogaeth ffiwdal yn cymryd lle'r wrogaeth a'r rhwymedigaethau personol traddodiadol i arweinydd Cymreig. Roedd y system gosb yn cael ei diwygio ac roedd tuedd i bwysleisio cyfrifoldeb yr unigolyn yn hytrach na chyfrifoldeb y carennydd. Ond ni ddiflannodd egwyddor carennydd; roedd egwyddor etifeddiaeth wedi ei seilio ar wybodaeth o garennydd tra oedd yn ofynnol i lwon mewn achosion personol gael eu cefnogi gan gynorthwywyr llwon. Câi'r rhain eu tynnu o gylchoedd o garennydd hyd y bumed ach.

Cafwyd newidiadau cyfochrog mewn trefniadaeth economaidd—twf bywyd trefol a lledaeniad economi arian. Sefydlwyd trefi marchnad bychain ar ystadau'r tywysogion a'r arglwyddi Cymreig. Dechreuwyd masnachu ar dir a môr, yn arbennig y fasnach wartheg â Lloegr. Roedd twf economi arian parod yn nodwedd amlwg: roedd Llywelyn yn gallu gosod treth gyffredinol ar nwyddau symudol a newid yr arfer, mewn ardaloedd gwledig o amgylch y trefi, o dalu treth gyda nwyddau yn rhenti ariannol. Roedd yr amgylchiadau economaidd cyfnewidiol hyn yn tanseilio cydweithrediad tylwythol i raddau, yn cyfnerthu'r ymdeimlad o berchenogaeth unigol ac yn tanlinellu'r cysylltiad rhwng y wladwriaeth a'r unigolyn. Ar y llaw arall, cafodd ymdrechion y ddau Lywelyn fel llunwyr gwladwriaeth, gan ddiystyru teimladau lleol ac ymdeimlad llwythol, a thwf ymwybyddiaeth fwy modern o genedligrwydd Cymreig (a oedd bryd hynny yn gwawrio yn llys Aberffraw), eu llesteirio gan deyrngarwch tylwythol, cyffredinolrwydd brogarwch a thraddodiadau ceidwadol, ac yn y tymor hir enynnwyd gelyniaeth mewn rhai rhanbarthau yng Nghymru. Yn olaf, roedd anheddiad amaethyddol mwy parhaol a sefydlog ei natur yn disodli'r hen ddosbarth o ryfelwyr a oedd yn fwy symudol a chyfnewidiol ei natur. Erbyn diwedd y drydedd ganrif ar ddeg, roedd llawer rhan o Gymru yn frith o fân bentrefi a oedd yn eithaf tebyg i bentrefi Seisnig y cyfnod. Er hynny, roedd y caeau âr oedd yn gysylltiedig â'r pentrefi wedi eu trefnu ar sylfaen gymunedol a adlewyrchai arferion llwythol traddodiadol y bobl. Roedd yr hen drefn yn goroesi ochr yn ochr â'r newydd.

Rhyfel 1277

Ym 1272 roedd Edward I a oedd yn wladweinydd a thactegydd milwrol galluog, wedi olynu Harri III. Daeth yn uchelgais ganddo i wneud Prydain yn deyrnas unedig drwy oresgyn Cymru a'r Alban. Ymddengys hefyd i Lywelyn gyffroi gelyniaeth Edward yn fwriadol. Nid aeth i'w seremoni goroni ym mis Awst 1274, rhoddodd y gorau i dalu'r dreth arferol oedd yn ddyledus, ac ar bum achlysur gwahanol rhwng Tachwedd 1274 ac Ebrill 1276 gwrthododd roi gwrogaeth i Edward. Penderfynodd briodi Eleanor, merch y diweddar Simon de Montfort, arweinydd y gwrthwynebiad barwnol i Harri III, a thrwy hynny adfywio'r cof am frwydr y barwniaid yn erbyn y Goron. Ar yr union adeg pan oedd y berthynas rhwng y brenin Seisnig a'r tywysog Cymreig yn dirywio'n ddramatig, roedd problemau yn wynebu Llywelyn y tu mewn i Gymru. Gwrthryfelodd tywysogion de-orllewin Cymru yn ei erbyn, ac roedd yn wynebu gelyniaeth barwniaid y Mers. Collodd y de-orllewin a rhannau helaeth o'r Mers yn ystod gaeaf 1276–7, a'r mis Gorffennaf canlynol arweiniodd Edward fyddin gref ar hyd yr arfordir o Gaer. Symudodd yn ei flaen yn gyflym, gan sefydlu cadarnleoedd yn Fflint, Rhuddlan a Deganwy, ac anfonodd ei lynges i dorri'r cysylltiad rhwng Môn, a'i chyflenwadau o rawn, a'r tir mawr. Gorfodwyd Llywelyn a oedd yn wynebu bygythiad newyn a'r gaeaf, i geisio telerau.

Daeth Cytundeb Aberconwy yn Nhachwedd 1277 â'r anghydfod i ben, ond fel y gellid disgwyl roedd telerau'r cytundeb yn dwyn cryn waradwydd ar Lywelyn. Amddifadwyd ef o'i holl diroedd ac eithrio Gwynedd i'r gorllewin o Afon Conwy, gan adfer y sefyllfa diriogaethol a fodolai ym 1247, tra oedd rhaid i'r tywysogion Cymreig bron i gyd dalu gwrogaeth yn uniongyrchol i Edward. Roedd y ffaith iddo gadw'r teitl Tywysog Cymru yn ddiystyr ac yn ddirmygus. Cyn diwedd y flwyddyn aeth Llywelyn i Lundain i dalu gwrogaeth i Edward. Erbyn hyn roedd grym y Goron yn llawer iawn cryfach yng Nghymru. Roedd ardaloedd helaeth o dir yng Ngheredigion a Chaerfyrddin yn nwylo'r brenin a chodwyd cestyll brenhinol megis Buallt, Aberystwyth, Fflint a Rhuddlan i amgylchu'r hyn a oedd yn weddill o diriogaeth Llywelyn.

Rhyfel 1282

Bu'r berthynas rhwng Llywelyn ac Edward yn gymharol gyfeillgar am bedair blynedd. Caniataodd y Brenin i Lywelyn ac Eleanor briodi ym 1278 ac fe fynychodd y briodas a thalu amdani. Dair blynedd yn ddiweddarach surwyd y berthynas pan fynnodd Edward y dylai cyfraith Lloegr ddeddfu mewn anghydfod rhwng Llywelyn a Gruffydd ap Gwenwynwyn o Bowys. Roedd llawer o ddigofaint yn nwyrain Gwynedd ac yng Ngheredigion oherwydd bod swyddogion y Brenin yn gweithredu'n ormesol yn erbyn y Cymry brodorol. Dechreuwyd y rhyfel gan Ddafydd, brawd Llywelyn, pan ymosododd ar gastell Penarlâg ym mis Mawrth 1282, ymosodiad a roddodd gychwyn ar fyr o dro i wrthryfeloedd ym mhob rhan o Gymru. Prin fod gan Lywelyn unrhyw ddewis ond i ymuno yn yr hyn a fyddai'n datblygu'n annorfod yn frwydr hyd y diwedd.

Ar y cychwyn aeth pethau'n wirioneddol o chwith i Edward—trechwyd ei filwyr a oedd yn seiliedig yng Nghaerfyrddin yn Llandeilo a chafodd ei fyddin a gâi ei chludo ar y môr ei difodi wrth iddi geisio croesi Afon Menai—a chynigiodd delerau heddwch a fyddai'n golygu bod Llywelyn yn colli'r cwbl bron. Ond roedd y Tywysog Cymreig yn benderfynol o fwrw ymlaen.

Ym mis Tachwedd, wedi ei ddenu o bosibl gan addewidion gau bod cefnogaeth yn ei aros, brysiodd i ganolbarth Cymru, ei fan gwannaf, a dechrau ymosod ar Gastell Buallt. Ar 11 Rhagfyr bu brwydr ar Bont Irfon pryd y lladdwyd Llywelyn gan y marchog

Seisnig, Stephen de Frankton. Torrwyd ei ben i ffwrdd a'i anfon at Edward yn Rhuddlan. Er i Ddafydd ddal ati i ymdrechu hyd y mis Mehefin canlynol, cafodd yntau ei fradychu i'r Saeson yn y diwedd a'i ladd yn greulon yn Amwythig. Roedd annibyniaeth Cymru ar ben o'r diwedd. O'r pryd hwnnw ymlaen, roedd Cymru yn rhan hanfodol, os trafferthus, o deyrnas Lloegr.

Y Gogynfeirdd

Beirdd y Tywysogion a ganai rhwng y ddeuddegfed ganrif a'r bedwaredd ganrif ar ddeg ar wahân i'r beirdd hynny a ddefnyddiai'r cywydd. Yn eu plith roedd Cynddelw Brydydd Mawr, Llywarch ap Llywelyn, Dafydd Benfras a Bleddyn Fardd. Roeddynt yn feirdd proffesiynol a ymhyfrydai mewn defnyddio ieithwedd hynafol a ffurfiau cywrain. Gorchestion milwrol eu noddwyr oedd prif thema eu cerddi a cheir yn eu caneuon ar adegau ddisgrifiadau cignoeth o faes y gad. Defnyddient fesurau'r awdl a chadwyn o englynion ar adegau. Erbyn y bedwaredd ganrif ar ddeg gwelir datblygiad y gynghanedd reolaidd, fel yn awdlau'r cywyddwyr cynnar megis Dafydd ap Gwilym ac Iolo Goch.

3 O'r Goresgyniad i'r Uno

Ardrefniant Edward I

Yn dilyn marwolaeth tywysogion brodorol Gwynedd, rôl y gorchfygwr hollalluog oedd i Edward yng Nghymru. Teithiodd drwy Gymru er mwyn ceisio pwysleisio grym milwrol Lloegr ac, fel Gwilym Goncwerwr o'i flaen, mentrodd cyn belled â Thyddewi. Yn Statud Rhuddlan, neu Statud Cymru, ym 1284, sefydlodd Edward yr egwyddorion ar gyfer llywodraethu ei oresgyniad diweddar.

Ond nid oedd y Statud yn cyfeirio at Gymru gyfan; parhaodd y rhaniad sylfaenol rhwng y Dywysogaeth a'r Mers drwy gydol rhan olaf yr Oesoedd Canol. Nid oedd Edward mewn unrhyw sefyllfa i geisio trawsfeddiannu'r Mers yn rhan o'i deyrnas. I'r gwrthwyneb, creodd nifer o arglwyddiaethau annibynnol newydd yn y Mers yng ngogledd-ddwyrain Cymru, y Berfeddwlad cyn hynny, sef Gwynedd i'r dwyrain o Afon Conwy—Dinbych, Rhuthun, Bromfield a Iâl a Chirk—yn rhoddion hael a gwerthfawr i'r barwniaid a'i cynorthwyodd i oresgyn Cymru, a thrwy hynny creodd aristocratiaeth newydd yn y Mers i fod i raddau helaeth yn gyfrifol am heddychu ac ardrefnu Cymru. Roedd rhan gymharol fechan o Gymru yn parhau yn nwylo'r Goron. Drwy Statud Rhuddlan rhannwyd Eryri yn siroedd Môn, Caernarfon a Meirionnydd o dan awdurdod swyddog newydd, Ustus Gogledd Cymru, oedd â'i bencadlys gweinyddol yng Nghaernarfon. Ffurfiwyd Sir Fflint allan o gantref Englefield a'i gosod dan reolaeth Ustus Caer. Roedd Ustus De Cymru a reolai siroedd Caerfyrddin a Cheredigion oedd yn bodoli eisoes, wedi bod yn ei swydd er 1280. Nid oedd unrhyw fath o undod gweinyddol na chyfansoddiadol yn llywodraeth tiroedd y Goron yng Nghymru yn rhan olaf yr Oesoedd Canol.

Mae Statud 1284 yn adlewyrchiad pellach o'r ffaith bod Edward yn teyrnasu mewn oes o ddadeni cyfreithiol eithriadol. Rhoddwyd pob un o'r siroedd newydd yng ngofal siryf, swyddog oedd yn newydd i Gymru, a sefydlwyd cyfundrefn o lysoedd ar y patrwm Seisnig—y sesiynau, a gynhelid gan yr ustus, y llys sirol, llys y siryf, a llysoedd y cantref neu'r cwmwd lle byddai'r siryf yn llywyddu. Roedd y Statud yn amlinellu'n fanwl y gwritiau a fyddai ar gael yn y

34

Cymru ym 1284

Tiroedd ym meddiant:

⬡ (i) Y Goron

⬡ (ii) Clare

☐ (iii) Arglwyddiaethau eraill y Mers

▲ (iv) Arglwyddiaethau a Chestyll

● (v) Cestyll eraill

★ (vi) Esgobaethau

MÔN

★ Bangor

Degannwy

SIR FFLINT

Caer

Penarlâg ✗

Llanelwy

★ Dolbadarn

● Dolwyddelan

SIR DDINBYCH

SIR GAERNARFON

SIR FEIRIONNYDD

POWYS

● Croesoswallt

● Knockin

Amwythig

SWYDD AMWYTHIG

Trefaldwyn ▲

● Clun

G

Llanbadarn ✗

CEREDIGION

Maesyfed ▲

● Wigmore

Llanfair-ym-Muallt ●

SWYDD HENFFORDD

● Henffordd

Aberteifi ▲

Llanymddyfri ●

Castellnewydd Emlyn ✗

SIR GAERFYRDDIN

Aberhonddu ▲

SIR FRYCHEINIOG

Trefynwy ▲

★ Tyddewi

Caerfyrddin ▲ Dinefwr ▲

Morlais ▲

Y Fenni ●

Hwlffordd

Arberth ✗ Llansteffan ✗ Dryslwyn ▲

Brynbuga ●

Cydweli ●

Castell-nedd ●

SIR FORGANNWG

● Strigoil

Penfro ●

GŴYR

Abertawe ●

Llantrisant ●

Casnewydd ●

Caldicot ●

Coety ●

Llandaf ★ ● Caerdydd

40 km

25 milltir

rhwydwaith newydd o lysoedd. Roedd cyfraith droseddol Lloegr i'w defnyddio, ond roedd cyfraith frodorol Cymru i gael ei chadw ar gyfer rhai achosion sifil ac yn arbennig rai agweddau ar gyfraith tir. Ni fu unrhyw newid ym maes hollbwysig etifeddiaeth; roedd etifeddiaeth gyfrannol yn parhau mewn grym. Nid dogfen lem ddigyfaddawd oedd y Statud; roedd yn cynnwys elfen o gymod, ac roedd rhai o Gymry'r bedwaredd ganrif ar ddeg yn ei hystyried yn siarter oedd yn diogelu hawliau a rhagorfreintiau'r Cymry. Roedd y siroedd Cymreig yn parhau i fod y tu allan i awdurdod llysoedd canolog San Steffan ac nid oeddynt yn ethol cynrychiolwyr i'r Senedd. Drwyddo draw roedd ardrefniant Cymru dan Edward I yn drylwyr, yn unplyg ac yn gydlynol.

Y cestyll a'r bwrdeistrefi

Er mwyn sicrhau diogelwch yr hyn a oresgynnwyd ganddo ymgymerodd Edward â rhaglen uchelgeisiol a phellgyrhaeddol o godi cestyll, a oedd eisoes wedi ei dechrau mewn pedwar safle strategol yn dilyn rhyfel 1277 ac wedi ei hymestyn a'i dwysáu ar ôl mis Mehefin 1282. Atgyweiriwyd Hope ar fyr o dro. Roedd Rhuthun, Dinbych a Holt yn cael eu hadeiladu gan farwniaid Edward erbyn hydref y flwyddyn honno. Erbyn haf 1283 roedd gwaith wedi ei ddechrau ar dri chastell newydd mawr Conwy, Harlech a Chaernarfon. Roedd yr adnoddau a dreuliwyd ar y gwaith hwn yn anferth: meddiannwyd cerrig, plwm, haearn a dur, rhaffau a phren o bob rhan o deyrnas Edward; crynhowyd gweithlu ar raddfa hynod mewn amser rhyfeddol o gyflym; llogwyd y meistri crefft gorau oedd ar gael i oruchwylio a chyd-drefnu'r gwaith. Prif gyfarwyddwr cynllun sylfaenol pob un o'r cestyll Edwardaidd mawr yng Nghymru oedd Master James o St George, pensaer milwrol athrylithgar a gweinyddwr medrus a oedd wedi cael profiad o weithio ar adeiladau pwysig yn Savoy. Nodweddid yr adeiladu gan brysurdeb anghyffredin; roedd y cyfan o'r gwaith yng Nghonwy a'r rhan fwyaf o'r gwaith yng Nghaernarfon wedi ei gwblhau erbyn diwedd 1287 a Harlech erbyn 1289. Nid arbedwyd unrhyw gost; erbyn 1301 roedd tua £80,000 wedi ei wario gan Edward ar ei wyth castell newydd pwysig yng Nghymru. Mae'r buddsoddiad anferth hwn wedi ei gymharu â'r adnoddau a fyddai'n angenrheidiol i ddarparu llynges o longau tanfor niwclear heddiw, ac fe honnwyd na lwyddodd Edward I i oresgyn yr Alban oherwydd yr adnoddau anferth a wariwyd er mwyn sicrhau goresgyniad Cymru. Roedd y cestyll Cymreig yn rhan hanfodol o strategaeth gydlynol ar gyfer darostyngiad y Gymru frodorol, ac maent yn tystio i egni didostur a phenderfyniad di-ildio personoliaeth Edward. Yn bensaernïol, roeddynt yn cyfuno ymdeimlad dramatig o rym a chryn brydferthwch ffurf. Cyfryngau dominyddiaeth filwrol oeddynt yn y lle cyntaf, ond roeddynt hefyd yn ganolfannau trefn lywodraethol sifil ac yn bencadlysoedd llywodraeth weinyddol newydd. Yng Nghastell Caernarfon, pencadlys weinyddol talaith newydd gogledd Cymru, gyda'i dyrau amlochrog a'i resi o gerrig o liwiau cyferbyniol a oedd yn efelychiad ymwybodol o fur Theodora yng Nghaergystennin, adeiladwaith heb ei debyg yng ngorllewin Ewrop gyfan, yr amlygwyd natur led-imperialaidd amgyffrediad Edward o oresgyniad Cymru.

I ganlyn y cestyll daeth y bwrdeistrefi a sefydlwyd gan Edward yn sgil ei fuddugoliaethau dros y Cymry—Fflint, Aberystwyth a

Cestyll y drydedd ganrif ar ddeg.

Y prif ddatblygiad yn y drydedd ganrif ar ddeg oedd y mur beili neu'r murlen ynghyd â mabwysiadu'r tŵr ystlys neu'r tŵr crwn mewn mur. Roedd y tyrau hyn yn y muriau yn gyfres o gadarnleoedd annibynnol mewn nifer o safleoedd gwahanol ar hyd y murlen. Roedd rhai tyrau o'r fath ar ffurf hanner-cylch ac yn soled; roedd rhai eraill yn wag oddi mewn ac yn darparu llety ychwanegol. Gellir gweld tyrau crynion a godwyd gan William Marshall yng Nghas-gwent a rhai a godwyd gan ei fab yng Nghilgerran, a rhai wedi eu hail-lunio gan y Prifustus Hubert de Burgh yn Grosmont a Skenfrith. Yn aml byddid yn ychwanegu pyrth mwy-fwy nerthol gyda thŵr ar y naill ochr iddynt. Mae porth cynnar o'r fath yn dal i sefyll yn y Castell Gwyn yng Ngwent ac un sydd wedi ei ddistrywio i raddau yn Nhrefaldwyn. Mae'n debyg mai un wedi ei ychwanegu gan Edward I sydd yng Nghricieth. Cyrhaeddwyd uchafbwynt y gamp gyda datblygiad y castell consentrig (a oedd yn cynnwys dwy set o amddiffynfeydd cyflawn) tua diwedd y drydedd ganrif ar ddeg. Codwyd Caerffili, sy'n ymestyn dros bum erw ar hugain gyfan ac sy'n ail i Dover yn unig o ran ei faint, gan un o arglwyddi'r Mers, ac mae'r un peth yn wir am Gydweli uwchlaw Afon Gwendraeth. Mae'r cestyll a godwyd gan Edward I yn nodi uchafbwynt y grefft. O'r pedwar a godwyd ar ôl rhyfel 1277, efallai mai'r nodwedd fwyaf nodedig yw'r tŵr crwn mawr yng Nghastell Fflint a elwir yn *donjon* ac a fwriadwyd o bosibl i fod yn gartref i Ustus brenhinol Caer. Mae'r cestyll a godwyd ar ôl 1282, sydd yn un o'r grwpiau mwyaf hynod o adeiladau canoloesol yn unman yn Ewrop, wedi eu trafod yn y testun. Gwerth y buddsoddiad yn y cestyll hyn, o'i drosi'n ffigwr cyfoes oedd £50 miliwn, a hynny ar adeg pan nad oedd poblogaeth Cymru a Lloegr ond tuag ugeinfed ran o'r hyn ydyw heddiw. Codwyd Castell Rhaglan gan Syr William ap Thomas rhwng tua 1430 a 1445 ar ôl gwrthryfel Glyndŵr.

Castell Caernarfon, Gwynedd, un o gampweithiau adeiladu cestyll consentrig yr ymgymerodd Edward I ag ef ar ôl iddo oresgyn Cymru ym 1282.

Rhuddlan ym 1277, Caernarfon, Conwy, Harlech, Cricieth a Bere ym 1282–3, a Biwmares ym 1295. Sefydlwyd bwrdeistrefi newydd o bwys gan farwniaid Edward hefyd mewn canolfannau megis Holt, Dinbych, Rhuthun ac Overton. Trawsnewidiodd y trefi newydd hyn a boblogwyd gan ddosbarth bwrdeisiol Seisnig breintiedig, ac estron o'r herwydd, batrwm bywyd economaidd Cymru frodorol. Gwaherddid y Cymry rhag byw yn y trefi a rhag masnachu na dwyn arfau o fewn eu muriau. Drwy hynny crewyd sefyllfa drefedigaethol glasurol yn fwriadol, wedi ei chynllunio i gadw ysbryd goresgyniad ac ymraniad a rhagoriaeth hiliol yn fyw ac yn iach. Does dim rhyfedd i'r bwrdeistrefi a'u bwrdeisiaid estron a breintiedig, ddod yn darged mwyaf cyson dicter y Cymry yn ystod y bedwaredd ganrif ar ddeg.

Y Goron a'r gymuned

Yn gyffredinol, mwynhaodd Cymru gyfnod o heddwch, diogelwch, ffyniant a hyder na welwyd mo'i debyg o'r blaen yn ystod y bedwaredd ganrif ar ddeg. Roedd ymateb y Cymry i realiti rheolaeth Lloegr yn y bedwaredd ganrif ar ddeg yn amrywiol ac anghyson. Yn sicr o fewn llawer o gymunedau'r Mers roedd nifer fawr o Gymry brodorol mewn safleoedd swyddogol, arfer a gâi ei gymell gan rai arglwyddi fel y dull mwyaf effeithiol o sicrhau llywodraeth sefydlog. Roedd yr un tueddiad yn amlwg i ryw raddau yng nghyn-dywysogaeth Llywelyn. Hyd yn oed cyn y goresgyniad roedd elfen arwyddocaol o ddosbarth yr uchelwyr wedi eu hennill gan nawddogaeth Coron Lloegr, ac yn dilyn 1282 amlygodd llawer o'r rhain, a rhai o gyn-gefnogwyr Llywelyn, frys aflednais wrth geisio ennill ffafr y gyfundrefn newydd. Gallai Edward I ddibynnu ar wasanaeth nifer o bobl amlwg yng Ngwynedd, a thrwy hynny sefydlu *rapport* a oedd yn drech hyd yn oed na gwrthryfel Madog ap Llywelyn ym Môn ym 1294.

Pan drosglwyddwyd llywodraeth Tywysogaeth Cymru gan Edward i'w fab—Edward II yn nes ymlaen—ym 1301, etifeddodd y tywysog ifanc yn ogystal deyrngarwch grŵp o weision o darddiad Cymreig a'i gwasanaethodd yn ddisyflyd drwy gydol ei deyrnasiad helbulus. Yn fuan ar ôl esgyniad y Tywysog ym 1307 daeth llu o drafferthion i'w wynebu: ffurfiodd arglwyddi'r deyrnas, rhai ohonynt yn dirfeddianwyr y Mers yng Nghymru, gynghreiriau i wrthwynebu'r Brenin, ac ym Morgannwg ym 1316 gwrthryfelodd Llywelyn Bren, Arglwydd Senghennydd, yn ei erbyn. Er hynny, parhaodd uchelwyr Gwynedd yn deyrngar gan wrthsefyll y demtasiwn i elwa ar wendid brenhiniaeth Lloegr. Bu i weision megis Syr Gruffudd Llwyd, un o ddisgynyddion Ednyfed Fychan, stiward Llywelyn ab Iorwerth, a Rhys ap Gruffudd wasanaethu Edward a'r achos Angefin yn ystod misoedd tyngedfennol olaf ei deyrnasiad yn ffyddlon gan ddangos teyrngarwch diwyro iddo. Er nad oedd Edward III yn sicr o agwedd y Cymry yn ystod blynyddoedd cynnar ei deyrnasiad, gwelwyd nifer fawr o Gymry blaengar yn gwasanaethu yn rhengoedd Lloegr pan ddechreuodd y rhyfeloedd yn erbyn Ffrainc. Mae barddoniaeth Iolo Goch yn rhoi darlun clir o orchestion milwrol Cymry yn Ffrainc ac yn pentyrru clod ar Frenin Lloegr. Gwelir arwyddion cyffelyb o gymod rhwng y Cymry a'r goresgynnwr mewn bywyd sifil. Yn gyffredinol roedd swyddogion brodorol yn gweithredu fel gweinyddwyr ar lefel y cwmwd a byddent yn cymryd rhan yng ngwaith y sir a'r llysoedd barwnol. Daeth rhai ohonynt hyd yn oed yn stiwardiaid ac yn siryfion. Ceid ceisiadau rheolaidd am fanteision cyfreithiau tir ac etifeddiaeth Lloegr, ac roedd perthynas agos rhwng y Goron a'r gymuned yn thema amlwg.

Anghydfod a gwrthryfel

Er hynny, ochr yn ochr â'r traddodiad o gymod a chyd-fyw'n heddychlon, roedd gelyniaeth anochel yn erbyn y llywodraeth Seisnig, gelyniaeth yn tarddu o falchder hiliol ac anghysur materol yn deillio o'r newid yn nhrefn cymdeithas. O bryd i'w gilydd cafwyd gwrthryfel yng Nghymru yn y cyfnod ar ôl y goresgyniad. Arweiniwyd y cyntaf ym 1286–7 gan Rys ap Maredudd, Arglwydd Ystrad Tywi, a fu gynt yn un o gynghreiriaid Edward I ac yn ei gynorthwyo'n filwrol yn ystod y goresgyniad, ond a deimlai iddo gael ei drin yn annheilwng. Cafodd ei wrthryfel ei ddarostwng ar fyr o dro; nid oedd yn ddim mwy na phrotest unigolyn anfodlon na lwyddodd i ennill cefnogaeth y tu allan i dde-orllewin Cymru, ac na allai hyd yn oed sicrhau teyrngarwch ei ddynion ei hun.

Roedd gwrthryfel Madog ap Llywelyn ym Môn saith mlynedd yn ddiweddarach yn fater cwbl wahanol. Ym 1294–5 cododd Madog, a oedd yn un o ddisgynyddion arglwyddi Meirionnydd, mewn gwrthryfel a gafodd effeithiau dramatig ym mhob rhan o Gymru bron, y tiroedd brenhinol yn y gogledd a'r de, ac arglwyddiaethau hen a newydd y Mers fel ei gilydd. Yn arbennig, cymerodd Morgan ap Maredudd, un o'r mân dywysogion eraill a oedd wedi eu dietifeddu, yr arweiniad yn y de-ddwyrain, a daeth arweinwyr lleol eraill a oedd yn ddisgynyddion yr hen linachau brenhinol Gymreig, i'r amlwg ym Mrycheiniog a Cheredigion. Gwrthryfel trefedigaethol nodweddiadol oedd hwn, yn cael ei fwydo gan ddicter dwfn yn erbyn rheolaeth estron a swyddogion llwgr a thrahaus y frenhiniaeth a'r Mers. Roedd anfodlonrwydd economaidd a chymdeithasol wedi ei gyfuno ag anfodlonrwydd y bendefigaeth a phrotest boblogaidd. Roedd holl elfennau gwrthryfel cenedlaethol a allai lwyddo wedi eu cyfuno. Galwai Madog ei hun yn 'Dywysog Cymru' hyd yn oed. Roedd ymateb Edward yn gyflym, yn drylwyr ac yn llwyddiannus. Nid oedd gan y Cymry'r adnoddau na'r ewyllys i gynnal gwrthryfel o'r fath.

Bu canlyniadau gwrthryfel Madog yn sylweddol. Gosododd Edward ddirwyon trymion ar gymunedau Cymru, ac ym 1295 rhoddwyd cychwyn o ddifrif ar gastell carreg anferth arall ym Miwmares, a oedd yn fuan i'w amgylchu gan fwrdeistref estron. Ar ben hynny, cyhoeddwyd ordinhadau llym ychwanegol gan y Brenin yn sgil y gwrthryfel: i raddau helaeth gwaherddid Cymry rhag prynu a gwerthu tir, rhag dwyn arfau, rhag dal tir neu fyw o fewn y bwrdeistrefi, rhag rhedeg busnes a rhag cyfarfod mewn grwpiau. Felly goleddfwyd natur gymodol Statud 1284 i raddau helaeth gan yr ordinhadau cosbol a gyflwynwyd ym 1295.

Yr un cyfuniad o anfodlonrwydd y bendefigaeth a chyni economaidd a fwydodd wrthryfel Llywelyn Bren, Arglwydd Senghennydd ym Morgannwg, ym 1316. Roedd methiant y cynhaeaf ym 1314–15 a'r pla yn dilyn hynny yn gyfrifol am y gefnogaeth a roddwyd i Lywelyn. Unwaith yn rhagor chwalwyd gwrthryfel a oedd wedi difrodi Morgannwg gyfan gan ddwy fyddin frenhinol.

Erbyn y 1340au roedd trais achlysurol yn torri allan yng ngogledd Cymru. Ar ddydd Sant Ffolant 1345, llofruddiwyd Henry de Shaldeford, un o fwrdeisiaid Caernarfon a thwrnai'r Tywysog Du yng ngogledd Cymru, gan fintai o bedwar ugain o wŷr arfog dan arweiniad Tudur a Hywel ap Goronwy, wrth iddo deithio o Ddinbych i Gaernarfon. Roedd y rhwyg rhwng bwrdeisiaid estron trefi megis Rhuddlan a Dinbych a'r Cymry brodorol yn wirioneddol eang, a mynegid pryder bod union seiliau'r goresgyniad mewn gwir berygl. Roedd tensiynau hiliol, wedi eu cynyddu gan ddiwygiadau gweinyddol a chyllidol gorfodol, yn agos iawn i'r wyneb yng Nghymru ar ddiwedd yr Oesoedd Canol. Er hynny, roedd nifer helaeth o Gymry yn barod i ymladd ym myddinoedd Lloegr yn y rhyfeloedd yn erbyn Ffrainc.

Owain Lawgoch

Ganed ef yn Owain ap Thomas ap Rhodri tua 1330, yn un o ddisgynyddion Llywelyn ab Iorwerth ac yn ŵyr i un o frodyr Llywelyn ap Gruffudd. Gwasanaethodd ym myddinoedd Brenin Ffrainc a mwynhau gyrfa glodfawr yn arwain byddinoedd o hurfilwyr yn erbyn Coron Lloegr. Roedd yn ymwybodol iawn o'i dras Gymreig ac o hawliau treftadol ei deulu, a daeth i Gymru ym 1363 i hawlio treftadaeth yn Sir Drefaldwyn. Cafodd ei alw'n Dywysog Cymru gan bropagandwyr yn y sir. Yn dilyn trechu llynges Seisnig ger La Rochelle ym 1372, caniataodd Brenin Ffrainc iddo fynd â byddin lyngesol o Harfleur i oresgyn Cymru, ond galwodd ei feistr ef yn ôl unwaith yr oedd wedi goresgyn Guernsey. Huriwyd bradwr Albanaidd o'r enw John Lamb gan Goron Lloegr i ennill ei ymddiriedaeth a'i lofruddio yn ystod y gwarchae ar Montagne-sur-Mer yng Ngorffennaf 1378. Ceir llawer o gyfeiriadau ato yng nghanu darogan Cymru lle y mae'n aml yn cael ei gamgymryd am Arthur. Claddwyd ef yn eglwys St Léger, bedair milltir o'r lle y bu farw.

Cymro lliwgar ac enwog a ymladdodd ym myddinoedd Ffrainc, yn hytrach nag ym myddinoedd Lloegr, oedd Owain Lawgoch, gor-nai Llywelyn ap Gruffudd. Cyhoeddodd Owain ddatganiad yn bygwth y byddai'n ymosod ar Gymru ac aeth cyn belled â hwylio o Ffrainc er na chyrhaeddodd arfordir Cymru. Cafodd ei gyfarch gan feirdd Cymru, megis Gruffudd ap Maredudd, fel gwaredwr posibl y Cymry. Felly roedd gwrthryfeloedd yng Nghymru'r bedwaredd ganrif ar ddeg wedi eu gwreiddio mewn gwrthdystiad personol, aflonyddwch cymdeithasol, tyndra hiliol a darogan poblogaidd. Daeth pob un o'r elfennau hyn ynghyd yng ngwrthryfel Owain Glyndŵr ym 1400.

Pla Du y bedwaredd ganrif ar ddeg

Roedd cymdeithas ac economi Cymru, ac yn wir orllewin Ewrop, yn y bedwaredd ganrif ar ddeg yn anochel yn ysglyfaeth i ryfel, newyn a phla. Ac eithrio gwrthryfeloedd y cyfnod yn syth ar ôl y goresgyniad a gwrthryfel Llywelyn Bren ym 1316, ni phrofodd Cymru ddifrod rhyfel, ac roedd Cymru a Lloegr yn genhedloedd cymharol heddychol a lwyddodd i osgoi profiad Ffrainc o frwydrau ffyrnig y Rhyfel Can Mlynedd lle gwelwyd ysbeilio ar raddfa eang

Plasau'r esgobion

Roedd esgobion Tyddewi yn meddu ystadau bras a sylweddol, ac roeddynt ymhlith tirfeddianwyr cyfoethocaf Cymru yn yr Oesoedd Canol. Erys casgliad pwysig o adeiladau canoloesol yn Nhyddewi: adfeilion muriau'r tir oddi amgylch gyda Phorth y Tŵr a'i ddau dŵr sy'n dyddio o tua 1300, yr eglwys gadeiriol ragorol, coleg y Santes Fair o'r bedwaredd ganrif ar ddeg, a Phlas yr Esgob ei hun, gwaith olyniaeth o adeiladwyr-esgobion o fri. Tair milltir i'r dwyrain o Benfro mae preswylfa'r esgob yn Lamphey sy'n cynnwys adeiladau o ddechrau'r drydedd ganrif ar ddeg: neuadd, ystafelloedd gwasanaeth a *camera* neu ystafelloedd preifat. Castell yn hytrach na phalas yw'r breswylfa esgobol bwysig yn Llawhaden. Dinistriwyd y castell gwreiddiol gan y Cymry ym 1192 ac fe'i hailgodwyd ar ddechrau'r bedwaredd ganrif ar ddeg. Fe'i defnyddiwyd gan yr esgobion hyd amser y Diwygiad Protestannaidd pan adawyd ef i raddau helaeth a symud i lys yr esgob yn Abergwili ger Caerfyrddin.

gan filwyr. Mae hanes yr Eglwys Gymreig ym mlynyddoedd cynnar y bedwaredd ganrif ar ddeg yn adlewyrchu cyfnod o atgyfnerthiad materol, tuedd a gafodd anogaeth ac yn wir gymorth Coron Lloegr.

Ond ni allai Cymru osgoi effeithiau dinistriol newyn a phla. Gwelsom effaith newyn a'r prinder bwyd parhaol ar boblogaeth Morgannwg ym 1316. Dichon mai ei effaith fwyaf arwyddocaol oedd gwanychu ac o'r herwydd leihau gallu'r boblogaeth i wrthsefyll clefydau. Ym 1348 tanseiliwyd twf poblogaeth a datblygiad economaidd rhan helaeth o orllewin Ewrop gan bla. Teimlodd Cymru ei ymweliad angheuol cyntaf yn ystod gaeaf 1348–9, ac ymledodd y pla yn gyflym o'r de-ddwyrain i'r gogledd-orllewin a'r gogledd-ddwyrain. Hwn oedd y cyntaf o gyfres o ymosodiadau'r Pla Du. Cafwyd ymosodiadau difrifol eraill ym 1361, 1369, 1371 a 1393.

Er na ddioddefodd pob rhan o Gymru i'r un graddau, prif effaith y Pla Du oedd gostwng maint y boblogaeth yn sylweddol, ac yn y diwedd greu newidiadau mewn daliadaeth tir a thrafodion economaidd. Yn rhy aml o lawer roedd tir yn cael ei adael heb ei drin, gyda'r taeogion a'u goruchwylwyr yn farw neu wedi dianc er mwyn osgoi rhenti a threthi. Ffenomenau naturiol oedd newyn a phla, ond ni all dyn osgoi rhywfaint o'r bai am argyfyngau cymdeithasol ac economaidd y bedwaredd ganrif ar ddeg. Yn y cyfnod hwn gwelwyd twf arglwyddiaethau mwy pwerus hyd yn oed yn y Mers yng Nghymru a thuedd i orfodi hawliau ac awdurdod yr arglwyddi'n llym. Yn ystod y ganrif roedd llawer o arglwyddi, gan gynnwys y Goron, yn ystyried eu harglwyddiaethau yn gynyddol fel ffynonellau incwm i ymelwa arnynt a'u gwasgu'n ormesol, un o'r rhesymau am y gefnogaeth eang a roddwyd mor barod i Owain Glyndŵr. Roedd un achwyniad arbennig i'w gael yng Nghymru oherwydd bod llawer o'r rhai a oroesoedd y Pla Du ac na allent dalu'r trethi a ddisgwylid oddi wrthynt fel grŵp, wedi eu hamddifadu o'u tiroedd gan swyddogion brenhinol.

Felly, roedd dicter cyffredinol am fod y Brenin a'r arglwyddi fel ei gilydd, mewn ymgais i gynnal lefel eu hincwm yn artiffisial, yn manteisio'n afresymol ar ganlyniad trychinebau naturiol. Ar yr un pryd, llwyddodd llawer o unigolion i gynyddu eu tiroedd ac i wella eu safle cymdeithasol. Dechreuwyd adeiladu ystadau a gallai hyd yn oed ddosbarthiadau isaf cymdeithas, a oedd erbyn hyn yn fwy symudol, fwynhau ffyniant economaidd a chymdeithasol, thema amlwg ym marddoniaeth Cymru yn y bedwaredd ganrif ar ddeg.

Owain Glyndŵr

Cynyddodd croesdynnu ac anghytuno cymdeithasol yn fwy byth ar ôl tua 1370: adlewyrchid anhrefn economaidd a chymdeithasol, trachwant a phwysau arglwyddiaethol, anesmwythyd gwleidyddol a bygythiadau o'r tu allan gan aflonyddwch ymhlith y brodorion. Cymhlethwyd yr anawsterau gan newidiadau dramatig ymhlith y bobl oedd yn arglwyddi'r Mers ar ddiwedd nawdegau'r ganrif, newidiadau a ddaeth yn sgil marwolaeth neu alltudiaeth nifer o arglwyddi, ac y cymerwyd eu lle gan rai a oedd yn ffefrynnau gan Richard II, ac roedd hyn i gyd yn tanseilio ac yn dryllio'r patrwm hanfodol o nawddogaeth a gwobr.

Ysgubwyd Richard ei hun oddi ar yr orsedd yn fuan. Ar 16 Medi 1400, cyhoeddwyd Owain Glyndŵr, Arglwydd Glyndyfrdwy (pentref bach yn nyffryn Afon Dyfrdwy rhwng Corwen a Llangollen), a allai hawlio ei fod yn ddisgynnydd llinachau brenhinol Powys a Deheubarth, yn Dywysog Cymru gan gylch bychan o'i deulu a'i gyfeillion. Yna, ymosodasant ar nifer o fwrdeistrefi Seisnig gogledd-ddwyrain Cymru a threfi eraill: Rhuthun, Dinbych, Rhuddlan, Fflint, Penarlâg a Chroesoswallt. Trechwyd hwy'n fuan a'u gwasgaru; arweiniodd Harri IV ymgyrch gosbi fer i ogledd Cymru ym mis Hydref. Ymddangosai nad oedd

Beirdd yr Uchelwyr

Ar ôl marwolaeth y Tywysog Llywelyn ap Gruffydd ym 1282, amddifadwyd y beirdd o nawdd y tywysogion Cymreig a daeth yr uchelwyr yn gyfrifol am eu noddi o oddeutu 1330 hyd yr ail ganrif ar bymtheg. Tuedd cyfran fawr o'u cerddi yw moli eu noddwyr—eu tras, eu gwragedd, eu haelwydydd a'u haelioni. Y teuluoedd uchaf eu statws fel rheol oedd yn gyfrifol am noddi'r beirdd gorau, ac roedd amryw ohonynt yn aelodau o'r un haen gymdeithasol â'u noddwyr ac, o'r herwydd, yn hen gyfarwydd â bwyd a gwinoedd moethus, ac â dillad a phensaernïaeth gain—pethau a gâi gryn sylw yn eu gwaith. Defnyddient fesur y cywydd gan amlaf, a mesur yr awdl yn achlysurol. Roeddynt yn rhan o gyfundrefn gwbl broffesiynol. Goroesodd gwaith tua chant a hanner ohonynt, gan gynnwys Iolo Goch (a ddisgrifiodd Sycharth, cartref Owain Glyndŵr, mewn cywydd enwog), Siôn Cent, Lewys Glyn Cothi, Tudur Aled a Wiliam Llŷn. Yr awdurdod pennaf ar eu gwaith yw'r Athro D.J. Bowen, Aberystwyth.

Y Ddraig Goch

Symbol herodrol Cymru sydd a'i wreiddiau yn yr Oesoedd Tywyll yw'r Ddraig Goch: cyfeirir ati fel cynrychiolydd y Cymry gan Nennius yn ei *Historia Brittonum* ac fe'i mabwysiadwyd gan Arthur ar ei faner bersonol. Defnyddiwyd hi gan feirdd yr Oesoedd Canol yn symbol o ddewrder eu tywysogion a'u noddwyr bonheddig. Bu byddin Owain Glyndŵr yn gorymdeithio dan faner ac arni ddraig aur ar gefndir gwyn, a daeth y symbol yn fwyfwy poblogaidd fel rhan o arfbais y Tuduriaid yn ystod yr unfed ganrif ar bymtheg. Mabwysiadwyd y Ddraig Goch yn arwyddlun brenhinol Cymru ym 1807, a daeth yn gynyddol gyffredin fel rhan o arwyddluniau cymdeithasau gwladgarol yng Nghymru. Yn ddiweddarach cafodd ei derbyn yn symbol Tywysogaeth Cymru, defnydd a gydnabuwyd gan y Frenhines ym 1959—ar awgrym Gorsedd Beirdd Ynys Prydain. Bellach gwelir y Ddraig Goch ar y faner genedlaethol yn chwifio'n aml uwchben adeiladau cyhoeddus ledled Cymru. *Y Ddraig Goch* yw teitl misolyn Plaid Cymru a gyhoeddwyd yn gyson ers diwedd y dauddegau.

yn ddim mwy na mater lleol: roedd Reginald de Grey, Arglwydd Rhuthun, wedi cipio rhan o diroedd Glyndŵr a'i gyhuddo o fradychu'r Goron. Y gwrthryfel oedd ymateb Glyndŵr. Ond ymatebodd y llywodraeth yn annoeth: mynnwyd cymorthdaliadau mawr oddi wrth bobl Cymru, ac ym 1401 cyflwynwyd deddfau penyd a oedd yn gwahardd y Cymry rhag cael tir yn Lloegr neu yn y trefi Seisnig yng Nghymru a rhag cael eu cofrestru yn fwrdeisiaid, tra câi Saeson eu diogelu rhag cael eu dedfrydu'n euog yn dilyn cwyn gan Gymro yng Nghymru.

Adweithiodd y Cymry ar fyrder. Meddiannwyd Castell Conwy yn ystod Pasg 1401 a'i ddal am ddau fis, tra enillodd Glyndŵr ei hun ran helaeth o ogledd-orllewin Cymru a bygwth cestyll Harlech a Chaernarfon. Ceisiodd gael cymorth gan Frenin yr Alban ac arglwyddi brodorol Iwerddon mewn ymateb i ymgyrch bellach gan Harri IV ym mis Hydref. Yn ystod 1402, daliodd ddau o wŷr blaenllaw y Saeson—Reginald de Grey o Ruthun ac Edward Mortimer—ac ymestynnodd ei weithgarwch i Went a Morgannwg yn ogystal, a llwyddo i osgoi trydedd ymgyrch frenhinol. Yn ystod 1403, gwelwyd Glyndŵr yn ennill llawer o dde-orllewin Cymru, yn

Senedd-dy Owain Glyndŵr ym Machynlleth, Powys, man cyfarfod 'senedd' i Gymru a alwyd ym 1404 gan Owain Glyndŵr.

cydweithredu â byddin Henry Percy (Hotspur)—a laddwyd gan fyddinoedd Harri yn Amwythig—ac yn derbyn cymorth milwrol gan fyddinoedd Ffrengig a Llydewig. Cyrhaeddodd uchafbwynt ei uchelgais ym 1404 pan gipiodd gestyll Harlech ac Aberystwyth, a Chaerdydd o bosibl. Hyd yn oed yn fwy arwyddocaol, gwysiodd 'senedd' ym Machynlleth, cafodd ei goroni'n Dywysog Cymru yng ngŵydd cenhadon Ffrainc, Yr Alban a Chastîl, dyfeisiodd ei sêl fawr a'i sêl gyfrin ei hun a mabwysiadu arfbais tywysogion Gwynedd, arwyddodd gynghrair ffurfiol â'r Ffrancwyr a derbyniodd gydnabyddiaeth o'i safle gan esgobion Bangor a Llanelwy.

Fodd bynnag, roedd uchelgais yn dechrau cymylu pwyll a doethineb. Ym 1405 daeth Glyndŵr i Gytundeb Tridarn cwbl anymarferol gydag Iarll Northumberland a'r Edmund Mortimer ifanc, lle cytunwyd i ddiorseddu Harri ac i rannu'r cyfan o Loegr a Chymru rhyngddynt. Ond dilynodd nifer o golledion milwrol yn ne-ddwyrain Cymru ac ym Môn a dechreuodd rhai o'i gefnogwyr blaenorol ymostwng i'r Brenin, tuedd a gynyddodd yn gyflym ym 1406. Bryd hynny lluniodd Glyndŵr a'i ddilynwyr raglen eglwysig radical, y cyfeirir ati fel polisi Pennal, i wneud yr Eglwys Gymreig yn annibynnol ar Gaergaint ac i sefydlu dwy brifysgol yng

46

Nghymru i hyfforddi gweision sifil a chlerigwyr. Ond ni lwyddwyd i adennill yr arweiniad. Cwympodd y gynghrair Ffrengig ym 1407, roedd y gwrthwynebiad i Harri IV yn pylu yn Lloegr, ac ym 1408 enillwyd hyd yn oed Harlech ac Aberystwyth gan fyddinoedd grymus o Loegr. Erbyn 1410 roedd y gwrthryfel wedi chwythu ei blwc er bod Glyndŵr ei hun yn dal â'i draed yn rhydd. Ni wyddys beth fu ei dynged derfynol, er y tybir mai tua 1416 y bu farw. Roedd wedi profi ei fod yn strategydd milwrol talentog ac yn ddadansoddwr gwleidyddol craff, a oedd yn gallu mynnu mesur cwbl nodedig o gefnogaeth gyffredinol oedd yn ymestyn yn eang yn gymdeithasol ac yn ddaearyddol drwy Gymru gyfan. Ei wrthryfel ef oedd y gwrthdystiad olaf i'w gynnal gan y Cymry brodorol yn erbyn y profiad o gael eu goresgyn dros ganrif cyn hynny.

Roedd y Cymry i ddioddef mwy o sarhad gydag adferiad y llywodraeth Lancastraidd i Gymru. Fel y gellid disgwyl, ymaflodd y Brenin yn nhiroedd y gwrthryfelwyr, a gosodwyd dirwyon llym ar bobl a oedd eisoes wedi eu tlodi. Roedd deddfwriaeth wahaniaethol 1401–2 yn cyfyngu'n fawr ar ryddid y Cymry i ddal swyddi, i gael gafael ar dir, neu i gael cydraddoldeb yng ngolwg y gyfraith, ac yn creu ymdeimlad dwfn o gamwri ac anghyfiawnder cenedlaethol, gan ddarostwng y Cymry i statws dinasyddion eilradd. Mae'n wir bod llawer o'r ddeddfwriaeth hon yn cael ei diystyru neu ei hanwybyddu, ond roedd yn dal i fod ar y llyfr statud i ddwyn gwarth ar y Cymry ac i gyfyngu ar eu huchelgeision a'u dyheadau. Mae bodolaeth y deddfau penyd yn egluro'r deisebau i gael eu 'gwneud yn Saeson' a ddôi o Gymru yn y bymthegfed ganrif. Ym 1439 cyflwynodd William Gruffudd ddeiseb ar i'r Senedd ei 'wneud yn Sais' er mwyn ei alluogi i brynu a dal tir yn ôl cyfraith Loegr ac i 'fwynhau pob rhyddid arall fel pob Sais teyrngar arall'. Roedd y cyfyngiadau ar drosglwyddo eiddo i un etifedd, ar brynu a gwerthu tir (er mwyn crynhoi ystadau sylweddol), ac ar ddal swyddi yn cael eu teimlo'n arbennig o gryf gan y dosbarth bonedd uchelgeisiol, cymdeithasol symudol, a oedd yn datblygu ac yn ffynnu yn y bymthegfed ganrif.

Yn ystod blynyddoedd olaf ei deyrnasiad, rhwng 1504 a 1507, rhoddodd Harri VII siarterau braint i'w Dywysogaeth yng ngogledd Cymru ac i arglwyddiaethau'r gogledd-ddwyrain a grewyd ar ôl y goresgyniad, siarterau a fwriedid i ddileu'r cyfyngiadau a osodwyd gan y cod penyd Lancastraidd. Felly, roedd trigolion y rhanbarthau hyn yn cael caniatâd i brynu a gwerthu tir yn rhydd, i ddal swyddi yn Lloegr ac yn y bwrdeistrefi Seisnig yng Nghymru, caent eu hesgusodi'n fynych rhag taliadau ariannol

47

hynafol beichus, a rhoddwyd iddynt yr hawl i gymynroddi tir drwy'r dull o etifeddu gan y mab hynaf yn unig. Roedd y siarterau hyn yn ymestyn y breintiau a oedd eisoes wedi eu caniatáu i lawer o unigolion drwy roi iddynt statws dinasyddion.

Bywyd cymdeithasol ac economaidd yn y bymthegfed ganrif

Yn gyffredinol oes o adferiad oedd hon ar ôl effeithiau dinistriol gwrthryfel: diboblogi, dirwasgiad amaethyddol a dinistr ar raddfa eang, y cyfan yn ganlyniad anochel yr herwryfela ar ran y Brenin a'r gwrthryfelwyr fel ei gilydd—y llosgi cnydau, y malurio eiddo, a'r ysbeilio ar drefi gan fod trefi yn cael eu hystyried yn symbol o awdurdod eithafol y Brenin ac arglwyddi'r Gororau. Yn gyffredinol ni chyrhaeddodd incwm arglwyddiaethau yn y

Dafydd ap Gwilym

Ganed tua 1320, ym mhlwyf Llanbadarn Fawr yn Nyfed yn ôl pob tebyg. Ef oedd y mwyaf enwog o feirdd Cymru yn yr Oesoedd Canol a gyflwynodd gyfnewidiadau i iaith, pynciau a thechnegau mydryddol barddoniaeth. Roedd ei deulu'n cynnwys amryw swyddogion a oedd yn dal swyddi pwysig dan y Goron yn ne-orllewin Cymru. Yn eu plith roedd ei ewythr a'i gynghorwr Llywelyn ap Gwilym (bu farw c. 1346), a fu'n gwasanaethu fel Cwnstabl Castellnewydd Emlyn. Mae geirfa gyfoethog Dafydd yn adlewyrchu gwybodaeth helaeth o farddoniaeth Gymraeg canrifoedd blaenorol, a meistrolaeth ar eiriau Ffrengig eu tarddiad. Prif thema ei gerddi yw ei gais i ddod o hyd i serch personol, a hynny'n aml yn gysylltiedig ag anifeiliaid ac adar mewn llennyrch coediog. Daeth mesur newydd y cywydd (llinellau seithsill cynganeddol mewn cwpledi odledig) yn gyfrwng hynod o hyblyg dan ei law, a hwnnw ar brydiau wedi ei fritho â thameidiau o ddeialog tafodieithol, ffraeth. Defnyddiodd hefyd rai o'r hen fesurau prydyddol Cymreig gyda'r un deheurwydd. Ychydig iawn sy'n wybyddus am ei fywyd personol. Mae'n amlwg iddo deithio'n helaeth drwy Gymru o ben bwy gilydd a'i fod yn gyfarwydd â llawer o feirdd cyfoes. Bu farw tua 1370 a dichon iddo gael ei gladdu yn y tir o amgylch mynachdy Ystrad Fflur yn Nyfed. Erbyn hyn ceir plac er cof amdano ar fannau tybiedig ei eni a'i gladdu.

bymthegfed ganrif y lefelau uchel a welwyd drwy lawer o'r bedwaredd ganrif ar ddeg. Er hynny roedd ffyniant o'r newydd o fewn cyrraedd rhai elfennau mewn cymdeithas. Rhoddwyd y gorau i ddefnyddio llawer o dir ymylol gwael a gâi ei drin cyn hynny gan boblogaeth a oedd yn rhy fawr. Roedd rhagor o dir o well ansawdd ar gael ar gyfer darpar brynwyr a phrydleswyr. Mewn oes o brinder llafur, gwelodd hyd yn oed y llafurwyr y gallent hawlio cyflogau cymharol uchel. Y rhai a elwodd yn bennaf ar y newidiadau hyn oedd y rhai mwyaf ffortunus o'r teuluoedd bonheddig a'r tenantiaid mwyaf cefnog. Roedd y fasnach mewn gwartheg a'r fasnach wlân a brethyn yn ffynnu gan ddod â ffyniant i rai o drefi arfordir y de a'r goror dwyreiniol. Mae barddoniaeth y cyfnod yn tystio i nawddogaeth barod, lletygarwch hael a helaethrwydd o fyw moethus. Dengys bywyd crefyddol y cyfnod ffyniant cyffelyb; câi eglwysi plwyf ym mhob rhan o Gymru, hyd yn oed mewn ardaloedd gwledig tlawd, eu hailadeiladu, eu hadnewyddu a'u harddu ar raddfa eang, a hynny'n aml yn cael ei hwyluso gan gyfraniadau hael y plwyfolion.

Yn bennaf oll, prysurwyd ymddatodiad sefydliadau economaidd brodorol a maenoraidd gan gyffro gwrthryfel Glyndŵr, gan ryddhau'r farchnad dir a chynnig mwy o gyfle i gael gafael ar dir ac incwm. Gwelwyd mwy a mwy o ffermydd yn cael eu cyfuno ac ystadau bychain yn disodli mân bentrefi'r trefgorddau llwythol. Mabwysiadwyd dulliau Seisnig o drosglwyddo tir. Roedd adferiad bywyd trefol yn digwydd hefyd mewn canolfannau megis Rhuthun a Chroesoswallt: câi eiddo ei atgyweirio a'i ailgodi, roedd y boblogaeth yn cynyddu, yn arbennig ymhlith y brodorion Cymreig, ac roedd masnach yn cael ei sianelu'n gynyddol drwy'r trefi. Manteisiodd amrywiaeth o wŷr blaengar—bonedd, bwrdeisiaid, clerigwyr a gwerinwyr llwyddiannus—yn llawn ar y ffynonellau cyfoeth newydd. Llwyddodd teuluoedd megis yr Herbertiaid, y Fychaniaid, Gruffyddiaid Penrhyn, Mauriciaid Clenennau a'r Mostyniaid yn eithriadol gan ennill tir, swyddi a chyfoeth, a chreu cnewyllyn nifer o ystadau tirol sylweddol. Rhai eraill a fwynhaodd lwyddiant oedd bwrdeisiaid cefnog y trefi, nifer o glerigwyr cyfoethog a rhai o'r amaethwyr mwyaf sylweddol. Hyd yn oed i'r dosbarthiadau tlotaf nid oedd yr anawsterau mor llym ag y daethant yn yr unfed ganrif ar bymtheg.

Llywodraeth, cyfraith a threfn

Fel y mae gweithiau llenyddol a dogfennau swyddogol yn amlygu, gwelwyd anghyfraith ac anhrefn eang yn ystod y bymthegfed ganrif. Goroesodd rhai o ddilynwyr Glyndŵr drwy droi'n herwyr, ac ychwanegwyd at eu nifer gan filwyr a oedd yn gyfarwydd ag ysbeilio a thywallt gwaed yn dychwelyd o'r rhyfeloedd yn Ffrainc neu gan rai, megis yr enwog Ddafydd ap Siancyn, a oedd wedi goroesi rhai o frwydrau Rhyfel y Rhos. Roedd methiant awdurdod yn arbennig o amlwg yn nhiroedd y Mers lle ceir cofnodion niferus yn sôn am ymosodiadau personol, trais a llofruddiaethau, llosgi bwriadol a chyrchoedd wedi eu trefnu ar drefi, lladrata penffordd, dwyn gwartheg, herwgipio, ymosod ar fasnachwyr a môr-ladrad yn aber Afon Hafren. Cymhlethid y problemau gan ddiffyg cysylltiad a diddordeb uniongyrchol arglwyddi'r Mers yn eu hystadau Cymreig, yr anawsterau llethol oedd yn wynebu brenhiniaeth Lloegr yn y bymthegfed ganrif, y methiant i gynnal Llysoedd y Sesiwn Fawr yn rheolaidd, ac amharodrwydd swyddogol i adael i'r ysgwieriaeth Gymreig oedd yn dod i'r amlwg gymryd rhan yng ngweinyddiaeth tiroedd y Goron a'r Mers. Roedd y drefn gyhoeddus wedi mynd â'i phen iddi erbyn canol y ganrif hyd yn oed yn nhiroedd y Goron. Gwnaed ymdrechion i wella'r sefyllfa. Ym 1437–8 ac ym 1442–3 ceisiodd y Goron ddod i gytundeb gydag arglwyddi'r Mers i adfer trefn, ac ym 1453 archwiliwyd ymddygiad swyddogion Tywysogaeth Gogledd Cymru. Yn ystod saithdegau'r ganrif creodd Edward IV gyngor busnes i arolygu materion Cymru.

Roedd disgwyliadau mawr ymhlith y Cymry yn dilyn buddugoliaeth Harri Tudur dros Richard III ar faes Bosworth ym 1485. Roedd teimlad cyffredinol yng Nghymru fod gwir Gymro o ran tarddiad a magwraeth, o'r diwedd yn teyrnasu yn Llundain, Cymro a oedd yn fab darogan, yn etifedd Owain Glyndŵr ac yn un a oedd wedi ei dynghedu i wireddu'r breuddwyd am oruchafiaeth Cymru dros ynys Prydain. Yn sicr, derbyniodd nifer na welwyd mo'i debyg o'r blaen o Gymry nawddogaeth ac uchel swyddi (yn eu plith David Cecil y daeth ei ŵyr William Cecil, Arglwydd Burghley, yn uchel weinidog Elisabeth I). Fodd bynnag, ychydig a wnaeth Harri i wireddu ei addewidion i'r Cymry yn gyffredinol. Diwygiadau cyfreithiol a gweinyddol oedd y rhai a gafwyd, yn arbennig y dileu graddol ar anghymwysterau statudol a gyflwynwyd gan Harri IV ym 1401–2. Parhaodd Cymru yn llawn cythrwfl. Roedd gweinyddiaeth cyfraith droseddol a sifil yn orddibynnol ar yr hyn oedd yn arfer lleol. Roedd mwy a mwy o arglwyddiaethau'r Mers wedi dod yn eiddo i'r Goron, tra oedd tair iarllaeth Balatin—Penfro, Morgannwg a Fflint—yn cael eu rheoli'n uniongyrchol gan y frenhiniaeth. Er hynny roedd rhai arglwyddiaethau yn dal i fod mewn dwylo preifat. Ym 1493 rhoddwyd pwerau cyfreithiol eang yng Nghymru a'r Gororau i Arthur, Tywysog Cymru. Sefydlwyd Cyngor Cymru a'r Gororau, a leolwyd yn Llwydlo, yn ffurfiol ym 1501, gyda'r dasg o ofalu am gyfraith a threfn yn ardaloedd y ffin a rhwystro drwgweithredwyr a herwyr rhag dianc o un arglwyddiaeth i'r llall i osgoi cosb. Roedd polisïau o'r fath yn anochel dameidiog, yn hynod anghyson ac i raddau helaeth yn aneffeithiol. Roedd yn amlwg bod gofyn cael dull radical, safonedig—dileu'r Mers a sefydlu strwythur gweinyddol unffurf. Cyflawnwyd hynny drwy ddeddfwriaeth Undeb 1536 a 1543.

4 Cymru wedi'r Uno

Y Deddfau Uno

Erbyn yr unfed ganrif ar bymtheg roedd cymathiad cyfreithiol Cymru a Lloegr wedi ei gwblhau. Gellir portreadu Deddfau Uno 1536 a 1543 fel penllanw ymdrech i ymestyn awdurdod Coron Lloegr dros Gymru. Roedd yr uniad wedi ei gyflawni cyn hynny mewn gwirionedd gyda Statud Cymru ym 1284. Yn ystod y canrifoedd ers hynny roedd y Brenin wedi datblygu i fod y mwyaf pwerus o'r tirfeddianwyr gyda'r mwyafrif mawr o'r arglwyddiaethau yn ei feddiant ei hun. Ar ben hynny roedd Cymru wedi ei hintegreiddio'n glòs â Lloegr yn gymdeithasol ac yn economaidd; arweiniodd y datgymalu cynyddol ar y system faenorol a'r drefn a fodolai yng Nghymru ynglŷn â dal tir megis y gwely at bwyslais cynyddol ar unigolyddiaeth mewn gweithgarwch economaidd a bywyd cymdeithasol. Roedd ymddangosiad ffermydd mawr ac ystadau cyfun, ymlediad masnach a diwydiant, a datblygiad gwerthoedd masnachol, yn cydredeg yn agos â datblygiadau cyfoes yn Lloegr. Yn sicr roedd Cymru wedi ei pharatoi'n dda ar gyfer y math o newidiadau a ymgorfforwyd yn y ddeddfwriaeth Uno.

Dilewyd arglwyddiaethau'r Mers gan Ddeddf 1536, a luniwyd gan weinyddiaeth Ysgrifennydd Harri VIII, Thomas Cromwell: trosglwyddwyd rhai ohonynt i siroedd yng Nghymru oedd yn bod eisoes a rhai i siroedd yn Lloegr megis Swydd Amwythig, Swydd Henffordd a Swydd Gaerloyw, a chafodd y gweddill eu bwndelu gyda'i gilydd i ffurfio pum sir newydd Brycheiniog, Dinbych, Mynwy, Trefaldwyn a Maesyfed. I ryw raddau glynodd y Ddeddf yn ffyddlon wrth ffiniau hen arglwyddiaethau'r Mers. Ni roddwyd ystyriaeth i raniadau ieithyddol. Gwnaed mân addasiadau i'r ffiniau gan Ddeddf 1543. Sefydlwyd comisiwn i ystyried is-rannu'r siroedd yn gantrefi. Roedd y Cymry i fwynhau cydraddoldeb cyfreithiol â Saeson; disodlwyd deddfwriaeth benydiol 1401-2. Roedd 'arferion a defodau ysgeler' i'w dileu, ac roedd Cymry i'w caniatáu 'i gael, i fwynhau ac i etifeddu' yn yr un modd â Saeson. Yn bwysicach na dim, roedd tir i'w etifeddu 'yn ôl daliadaeth Seisnig heb raniad na rhwygiad', a thrwy hynny diddymwyd un o brif gwynion y Cymry drwy gydol rhan olaf yr Oesoedd Canol.

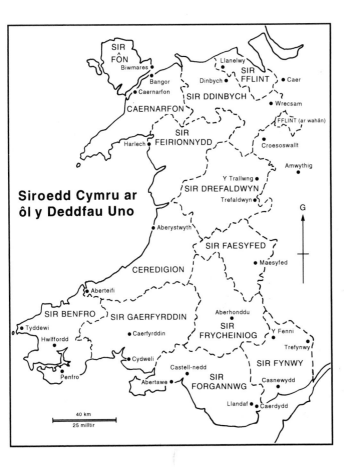

Siroedd Cymru ar ôl y Deddfau Uno

SIR FÔN
Biwmares
Bangor
Caernarfon
CAERNARFON
Harlech
Llanelwy
SIR FFLINT
Dinbych
Caer
SIR DDINBYCH
Wrecsam
FFLINT (ar wahân)
SIR FEIRIONNYDD
Croesoswallt
Amwythig
Y Trallwng
SIR DREFALDWYN
Trefaldwyn
G
Aberystwyth
SIR FAESYFED
Maesyfed
CEREDIGION
Aberteifi
SIR BENFRO
SIR GAERFYRDDIN
Aberhonddu
SIR FRYCHEINIOG
Y Fenni
Tyddewi
Hwlffordd
Caerfyrddin
Trefynwy
Cydweli
SIR FYNWY
Castell-nedd
Penfro
Abertawe
SIR FORGANNWG
Casnewydd
Llandaf
Caerdydd

40 km
25 milltir

Ond ni chafodd Cymru ei llwyr lyncu gan Loegr mewn materion cyfreithiol. Daliodd ei gafael ar ei system ei hun o lysoedd barn ac fe'i hymestynnwyd i'r siroedd newydd. Rhannwyd y wlad yn bedair cylchdaith ar gyfer Llysoedd y Sesiwn Fawr, gyda phob cylchdaith yn cynnwys tair sir. Sefydlwyd siawnsri a thrysorlys rhanbarthol yn

Aberhonddu a Dinbych a chadarnhawyd y rhai oedd eisoes mewn bod yng Nghaernarfon a Chaerfyrddin. Parhaodd y system hon hyd nes iddi gael ei dileu ym 1830. Oherwydd ei lleoliad cafodd Sir Fynwy ei gwneud yn rhan o gylchdaith gyfreithiol Rhydychen. Dyma darddiad y safle afreolaidd a fu gan y sir am ganrifoedd lawer, heb fod naill ai yn gwbl Gymreig nac yn gwbl Seisnig. Roedd holl drafodion gweinyddol a chyfreithiol ymhob rhan o Gymru i'w cynnal yn y Saesneg, ac roedd cofnodion y llysoedd i'w cadw mewn Lladin. Roedd yn ofynnol i bob swyddog allu siarad Saesneg.

Caniatawyd cynrychiolaeth seneddol i bob sir Cymreig: dau aelod i Sir Fynwy, ac un ar gyfer pob sir arall, ac un aelod ar gyfer pob bwrdeistref hynafol ym mhob sir ac eithrio Meirionnydd. Ym 1543 cafodd tref Hwlffordd ei chydnabod yn sir yn ei rhinwedd ei hun. Roedd marchogion y siroedd i dderbyn cyflog, ac roedd bwrdeisiaid yr hen fwrdeistrefi i fod yn gyfrifol am gyflog aelodau'r bwrdeistrefi, a thrwy hynny y cyflwynwyd y system o fwrdeistrefi cyfrannol a oedd yn unigryw i Gymru. Yn y siroedd roedd gan y rhydd-ddeiliaid deugain swllt yr hawl i bleidleisio, ond y rhyddfreinwyr yn unig a gâi bleidleisio yn y bwrdeistrefi.

Cafodd Cyngor Cymru a'r Gororau yn Llwydlo, a ailsefydlwyd yn ffurfiol gan Harri VII, ei gadarnhau gan Ddeddf 1543. Roedd yn cynnwys yr Arglwydd Lywydd, ei ddirprwy a dau ar hugain o aelodau, y cwbl wedi eu henwebu gan y Brenin. Gweithredai fel llys apêl ac fel corff gweinyddol arolygol, a oedd yn gyfrifol am weithrediad Deddfau Seneddol ac am benodi swyddogion sirol pwysig megis siryfion ac ustusiaid heddwch. Roedd ei awdurdod yn ymestyn dros y tair sir ar ddeg yng Nghymru a phump o siroedd y ffin, ond caniatawyd i'r grŵp diwethaf ymryddhau o'i awdurdod ym 1604. Ataliwyd y Cyngor ym 1641, ei adnewyddu ym 1660 a'i ddiddymu'n derfynol drwy statud ym 1689.

Portreadir y ddeddfwriaeth Uno yn rhy aml o lawer erbyn hyn fel dechrau diwedd Cymru a'r Cymry. Gwaharddwyd yr iaith Gymraeg o bron bob defnydd swyddogol a chyfreithiol; disodlwyd cyfreithiau brodorol Hywel Dda gan gyfraith Loegr; ymddangosodd bwlch cynyddol rhwng y bonedd, a oedd yn prysur Seisnigo, a haenau isaf cymdeithas Gymreig; datblygodd diwylliant â'i wreiddiau yn Llundain gan fwrw'i gysgod yn fuan dros fywyd diwylliannol Cymreig; a chafodd Cymru ei dileu bron yn llwyr fel endid weinyddol ar wahân. Ond ar y pryd croesawyd y deddfau'n frwd, yn arbennig gan y bonedd, y dosbarthiadau masnachol, y cyfreithwyr a'r diwygwyr crefyddol. Roedd y Cymry wedi sicrhau cydraddoldeb llawn gyda'u cymdogion Seisnig yng ngolwg y gyfraith; o ganlyniad cafwyd bywyd mwy heddychlon a sefydlog gyda lleihad sylweddol mewn anghyfraith a chafwyd mwy o gyfle i unigolion wella eu byd yn yr hinsawdd economaidd newydd. Heidiodd lliaws o Gymry i Lundain a gwneud eu ffortiwn fel cyfreithwyr, masnachwyr, siopwyr, bragwyr a chrefftwyr. O'u hystyried naill ai'n rhyddfreiniol neu'n orthrymus eu harwyddocâd, roedd y Deddfau Uno yn sicr yn cynrychioli toriad tyngedfennol oddi wrth y gorffennol. Rhaid eu barnu fel rhan hanfodol o'r polisi Tuduraidd ar gyfer Cymru gyfan. Nid dinistrio iaith a chenedligrwydd Cymru yn benodol oedd bwriad Thomas Cromwell wrth ffurfio'r Deddfau ond yn hytrach greu teyrnas unedig, ganoledig drwy gyfrwng yr iaith Saesneg.

Gweinyddiaeth sirol Duduraidd

Y sir, neu'r swydd, oedd uned sylfaenol gweinyddiaeth yn dilyn yr Uno; prif swyddog y sir oedd y siryf a ddewisid yn flynyddol gan Gyngor Cymru a'r Gororau. Ar y cychwyn roedd gan y siryf ystod eang o ddyletswyddau i'w cyflawni—gweinyddiaeth gyfreithiol y tu allan i'r llysoedd, asesu a chasglu trethi, amddiffyn y sir yn erbyn gelynion y Brenin a chynnal etholiadau seneddol. Ceid dau grwner ym mhob sir, a oedd yn gyfrifol am ddiogelu cyllid y Goron a gweinyddiaeth y gyfraith droseddol. Un o ddyfeisiadau newydd eraill y Tuduriaid oedd yr Ustusiaid Heddwch. Roedd wyth ustus i'w dewis ar gyfer pob sir, pob un ohonynt gydag incwm blynyddol heb fod yn llai nag £20 y flwyddyn yn deillio o eiddo ac yn gwbl gyfarwydd â chyfreithiau'r wlad. Gweithredent fel ustusiaid unigol, neu mewn sesiynau chwarter, a gynhelid bob tri mis, a sesiynau arbennig, gan farnu a dedfrydu ystod eang o droseddwyr a chyflawni llawer o ddyletswyddau gweinyddol: cynnal a chadw pontydd a charchardai, pennu cyflogau, archwilio pwysau, mesurau ac ansawdd nwyddau, trwyddedu diotai ac arolygu cymorth y tlodion. Rhennid pob sir ymhellach yn gantrefi, gyda phob un yng ngofal Ustus Heddwch preswyl a oedd yn gyfrifol am benodi dau gwnstabl. Roedd nifer o fân lysoedd yn parhau i weithredu: câi llys y rhydd-ddeiliaid neu'r llys sirol ei gynnal yn fisol gan y siryf a chynhelid llysoedd y cantrefi bob dwy neu dair wythnos, tra parhâi nifer fawr o lysoedd bwrdeistref a chwrtiau lît mewn bodolaeth i ddelio â mân droseddau. Roedd wardeiniaid yr eglwys a ddewisid gan y plwyfolion, nid yn unig yn goruchwylio materion eglwysig, ond ynghyd â'r cwnstabliaid byddent yn ethol dau syrfëwr priffyrdd ac yn recriwtio llafur di-dâl i atgyweirio'r ffyrdd. O 1601 ymlaen roedd yn statudol ofynnol i wardeiniaid eglwys a deiliaid tai eraill roi cymorth i'r gwael a'r tlawd a'r oedrannus, gorfodi tlodion abl i weithio a phrentisio plant anghenus. Roedd y wardeiniad eglwys ac arolygwyr eraill yn gyfrifol hefyd am gasglu a dosbarthu treth orfodol y tlodion. Parhaodd y strwythur hwn yn gyfan bron hyd y bedwaredd ganrif ar bymtheg pan fu'n rhaid ei newid oherwydd gofynion diwydiannaeth, trefolaeth ac ymdaith democratiaeth.

Y Diwygiad Protestannaidd

Roedd plannu, meithrin a chynnal Protestaniaeth yng Nghymru yn broses hir a ymestynnodd dros dair canrif. Ar ddechrau'r unfed ganrif ar bymtheg mae'n debyg bod bron bob un o'r Cymry yn

Tai Sistersaidd

Yr abaty godidog a godwyd gan y Sistersiaid yn Nhyndyrn yng nghanol dyffryn Gwy yw un o'r adfeilion mynachaidd enwocaf ym Mhrydain. Mae'n bosibl i'r mynaich hyd yn oed gloddio haearn a glo yma, ac mae'r un peth yn wir am Abaty Margam a sefydlwyd gan Robert Consul, Iarll Caerloyw, ym 1147. Y rhan fwyaf trawiadol o adfeilion rhamantus yr abaty ym Margam yw'r cabidyldy deuddeg ochr gyda'i borth arbennig o gain. Ar fryn y tu ôl mae adfeilion Hen Eglwys a godwyd fel lle o addoliad a gweddi i bobl leol nad oedd ganddynt hawl i ddefnyddio'r abaty. Nid yw adfeilion Abaty Castell-nedd yr un mor drawiadol o bell ffordd. Bedair milltir i lawr aber Afon Dyfrdwy o Gastell Fflint mae adfeilion hardd Abaty Basingwerk a sefydlwyd yn wreiddiol gan fyneich urdd Savigny a unodd â'r Sistersiaid yn nes ymlaen. Daeth Hendy-gwyn yn fam-fynachlog yr urdd yng Nghymru. Saif adfeilion Abaty Ystrad Fflur ger pentref Pontrhydfendigaid yn Nyfed. Claddwyd amryw o dywysogion a beirdd Cymru yno. Saif Ystrad Marchell dair milltir i'r gogledd-ddwyrain o'r Trallwng. Erbyn heddiw does dim ond waliau cerrig isel ac ychydig o seiliau pileri i'w gweld yn Abaty Cwmhir ger nant Clywedog ym Mhowys. Yma y derbyniwyd corff di-ben Llywelyn ein Llyw Olaf i'w gladdu. Roedd hwn yn un o abatai mwyaf Cymru yn y bedwaredd ganrif ar ddeg cyn i Owain Glyndŵr ymosod arno ym 1401 ac iddo gael ei ysbeilio drachefn yn ystod y Diwygiad Protestannaidd.

arddel y grefydd Gristionogol, er hynny digon annelwig oedd eu deallt wriaeth ohoni, ac roedd eu hymlyniad yn fater o arferiad yn hytrach nag argyhoeddiad. Yn sicr nid y bobl oedd yn gyfrifol am ddod â'r Diwygiad Protestannaidd i Gymru; fe'i gorfodwyd arnynt gan lywodraeth Harri VIII. Rhwng 1529 a 1534 amddifadwyd y Pab Clement VII o'r grym yr oedd wedi ei fwynhau cyn hynny gan gyfres o statudau gwrth-babyddol pwysig a ddeddfwyd gan y Senedd Ddiwygiadol ac fe'u trosglwyddwyd i'r Brenin a ddaeth yn Oruchaf-Ben yr Eglwys yn Lloegr a Chymru. Roedd Deddf Goruchafiaeth 1534 yn ei gwneud yn ofynnol i glerigwyr a lleygwyr mewn awdurdod dyngu llw o ffyddlondeb i'r Goruchaf-Ben. Dau yn unig o holl glerigwyr Cymru a wrthododd. Roedd ffyddlondeb y Cymry yn bwysig i'r Goron oherwydd y perygl o fewnlifiad o bwerau Pabyddol drwy Gymru, yn arbennig o gofio am agosrwydd Cymru at Iwerddon a oedd yn ansefydlog ac yn dal yn 'Gatholig' i raddau helaeth.

Yn yr ail le, cymerodd y Brenin a'i gynghorwyr a oedd yn awyddus i ymelwa ar bosibiliadau cyllidol eu hawdurdod newydd, gamau i ddiddymu'r mynachlogydd ac i drosglwyddo eu meddiannau i ddwylo'r Goron. Roedd tua hanner cant o abatai a brodordai yng Nghymru, llawer ohonynt yn perthyn i urdd y Sistersiaid. Anfonwyd Comisiynwyr allan ym 1535 i ymholi i gyflwr y mynachlogydd ac i baratoi cofnod o incwm mynachaidd a elwid yn *Valor Ecclesiasticus.* Oherwydd gweld bod incwm pob un o'r tai crefydd yng Nghymru yn llai na £200 y flwyddyn, fe'u diddymwyd ym 1536, er i Gastell-nedd, Hendy-gwyn ac Ystrad Fflur gael caniatâd i barhau hyd 1539. Yr un fu tynged y brodordai a sefydliadau crefyddol eraill ym 1538. Cafodd y bonedd oedd ar gynnydd afael ar lawer o'u tiroedd ar brydlesi ffafriol. Derbyniodd rhai mynaich ac abadau bensiynau; daeth eraill yn offeiriaid plwyf. Gadawyd i lawer o adeiladau adfeilio. Ymateb y mwyafrif o Gymry i'r newidiadau hyn oedd eu derbyn heb unrhyw frwdfrydedd, a hynny'n rhannol oherwydd nad oedd y mynachlogydd bellach, a oedd yn ddiysbryd ac yn brin o frwdfrydedd a chyda'u haelodau'n prinhau, yn ddim ond rhith o'r hyn yr arferent fod ac yn analluog i gynnig arweiniad nac i ysbrydoli defosiwn.

Gwelwyd y Diwygiad Protestannaidd yn prysuro ymlaen yn ystod teyrnasiad byr Edward VI (1547–53) a oedd wedi ei fagu dan ddylanwad dau Brotestant brwd, Dugiaid Gwlad yr Haf a Northumberland. Cafwyd cyrchoedd ysgubol ar eiddo eglwysig—ysgubwyd tlysau a siantrau a llestri aur ac arian yr eglwysi o'r ffordd yn ddiarbed, drylliwyd delwau a darluniau, diddymwyd llawer o seremonïau a gwyliau mabsant traddodiadol, a chymerwyd lle allorau urddasol gan fyrddau syml. Yn bennaf oll, daeth ŷ Llyfr Gweddi Cyffredin Protestannaidd a Saesneg yn lle'r ddefod Ladin a Chatholig, ac roedd hyn yn broblem arbennig yng Nghymru lle nad oedd Saesneg yn iaith bob dydd.

Er i beth barddoniaeth gyfoes adlewyrchu ymdeimlad o ddicter ynglŷn â'r newidiadau hyn, ni chafwyd unrhyw wrthryfel yng Nghymru yn erbyn y Diwygiad Protestannaidd. Gellir priodoli'r ffaith hon i deyrngarwch y Cymry i'r Tuduriaid, diffyg arweiniad o du'r clerigwyr, amharodrwydd y bonedd i wrthryfela yn erbyn sefyllfa a allai fod yn fanteisiol iddynt, a phellter daearyddol diamheuol a diffyg cynnydd deallusol Cymru. Uwchlaw popeth arall, roedd y derbyniad yn adlewyrchu'r ffaith nad oedd ethig Catholigiaeth na Phrotestaniaeth wedi gwreiddio'n ddwfn iawn yn ymwybyddiaeth y Cymry. I'r mwyafrif ohonynt ffordd ddefodol o fyw oedd crefydd yn hytrach na chyfundrefn o gredoau athronyddol dwfn.

Gwelodd teyrnasiad y Frenhines Mari (1553–8) ddychweliad at

William Salesbury

Ganed *c.* 1520 yn Llansannan, Sir Ddinbych, yn aelod o deulu Salesbriaid Lleweni. Addysgwyd ef ym Mhrifysgol Rhydychen, lle yr ymdrwythodd ei hun yn syniadau'r Diwygiad Protestannaidd a'r Dadeni Dysg, ac o bosibl yn Lletai'r Llysoedd. Cynhyrchodd nifer fawr o weithiau llenyddol rhwng 1547 a 1552 gan gynnwys *Kynnifer Llith a Bann* (1551), cyfieithiad Cymraeg o Epistolau ac Efengylau'r Llyfr Gweddi Cyffredin. Treuliodd lawer o amser yn Llundain, daeth yn llwyr ymwybodol o bwysigrwydd y wasg argraffu a datblygodd gariad dwfn at yr iaith Gymraeg ac ymwybyddiaeth o'r bygythiadau iddi. Gorfodwyd ef i guddio yn ystod teyrnasiad y Frenhines Mari, a daeth yn gyfeillgar â'r Esgob Richard Davies ar ôl i Elisabeth esgyn i'r orsedd. Ymunodd â'r Esgob Davies yn Abergwili i weithio ar gyfieithiad o'r Llyfr Gweddi Cyffredin a'r Testament Newydd y cyhoeddwyd y naill a'r llall ym 1567. Tanseiliwyd llwyddiant y gwaith hwn i raddau gan fympwyon ieithyddol Salesbury. Roedd a'i fryd yn llwyr ar gynhyrchu cyfieithiad o'r Hen Destament, ond ni chyhoeddodd ddim ar ôl 1567. Bu farw ym 1584.

Rufain dan gyfarwyddyd brenhinol, newid dramatig a gafodd groeso cyffredinol yng Nghymru. Er gwaethaf erledigaeth egnïol Mari, dim ond tri merthyr Protestannaidd a gafwyd yng Nghymru gyfan, y tri yn Saesneg eu hiaith: Robert Ferrar, Rawlins White a William Nichol. Llwyddodd yr Esgob Anthony Kitchin, a gyhuddwyd yn aml o ysbeilio esgobaeth Llandaf, i ymestyn ei gydwybod unwaith eto yn ddigon i allu derbyn y drefn newydd. Gwasanaethodd yn Esgob Llandaf o 1545 hyd 1563. Caniatawyd i'r bonedd ddal eu gafael yn yr enillion a ddaethai i'w rhan o'r hyn a fu gynt yn eiddo i'r eglwys. Aeth nifer fach o Brotestaniaid pybyr, megis Richard Davies, a oedd yn argyhoeddedig o wirionedd eu hathrawiaeth, yn alltudion yn Ewrop, tra ymguddiodd eraill, megis William Salesbury, yn synhwyrol ddigon. Ond amddifadwyd nifer fawr o offeiriaid o'u bywiolaethau yn esgobaethau Tyddewi a Bangor yn dilyn dyfarniad yn gwahardd dynion priod rhag dathlu'r offeren ar 20 Rhagfyr 1553.

Yn ystod teyrnasiad Elisabeth, merch dyneiddiaeth

William Morgan

Ganed ym 1545, yn fab i un o denantiaid stad Gwydir. Addysgwyd ef ym Mhrifysgol Caergrawnt, lle'r ymunodd yn llawn yn ymrysonau Piwritanaidd yr oes a lle y cyfarfu ag Edmwnd Prys, Richard Vaughan a Gabriel Goodman. Ym 1572, daeth yn ficer Llanbadarn Fawr ac, ym 1578, yn beriglor Llanrhaeadr-ym-Mochnant lle dechreuodd gyfieithu'r Beibl i'r Gymraeg gyda chefnogaeth bybyr yr Archesgob Whitgift. Cwblhaodd y gwaith ym 1588, ar ôl treulio blwyddyn yn Llundain. Roedd ei gyfieithiad yn feistrolgar, yn gywir, yn artistig ac yn synhwyrus. Sicrhaodd ei ymddangosiad y byddai purdeb a grym yr eirfa farddol yn goroesi, ac uwchlaw popeth rhwystrodd yr iaith Gymraeg rhag dirywio yn ddim byd ond nifer o dafodieithoedd ac o bosibl rhag diflannu'n gyfan gwbl. Ym 1595 daeth yn Esgob Llandaf, lle y diwygiodd ei gyfieithiad a chyhoeddi argraffiad newydd o'r Llyfr Gweddi. Symudwyd ef i Lanelwy ym 1601 a chwblhaodd fersiwn newydd o'r Testament Newydd. Dichon iddo hefyd ddarparu geiriadur Cymraeg. Bu farw ym 1604. Saif cofeb i gyfieithwyr y Beibl i'r Gymraeg y tu allan i'r eglwys gadeiriol, ond nid oes dim i nodi man claddu William Morgan.

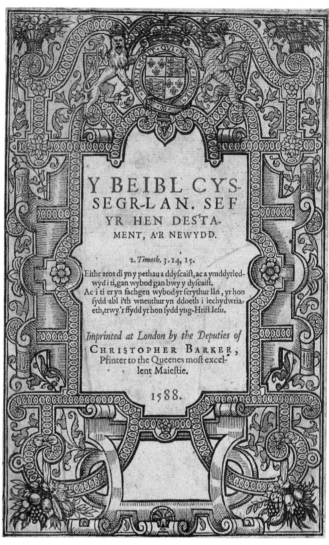

Y BEIBL CYS-SEGR-LAN. SEF YR HEN DESTA-MENT, A'R NEWYDD.

2. Timoth. 3. 14, 15.

Eithr aros di yn y pethau a ddyſcaiſt, ac a ymddyried-wydi ti, gan wybod gan bwy y dyſcaiſt.
Ac i ti er yn fachgen wybod yr ſcrythur lân, yr hon ſydd abl i'th wneuthur yn ddoeth i iechydwria-eth, trwy'r ffydd yr hon ſydd yng-Hriſt Ieſu.

Imprinted at London by the Deputies of CHRISTOPHER BARKER, Pꝛinter to the Queenes moſt excel-lent Maieſtie.

1588.

Wynebddalen cyfieithiad yr Esgob William Morgan o'r Beibl ym 1588, y Beibl cyflawn cyntaf yn yr iaith Gymraeg.

Brotestannaidd ac eilun Llundeinwyr gwrth-Farïaidd, rhoddwyd cymrodedd mewn grym drwy'r Ddeddf Goruchafiaeth a'r Ddeddf Unffurfiaeth ym 1559. Sefydlodd y mesur cyntaf reolaeth frenhinol dros yr Eglwys yn ddarostyngedig i awdurdod y Senedd; roedd y llall yn gorfodi defnyddio'r Llyfr Gweddi Protestannaidd, ond un a oedd yn dra gwahanol i Lyfr Gweddi 1552. Troediodd Elisabeth lwybr canol gwyliadwrus rhwng uniaethu ei Heglwys yn rhy agos â'r Wladwriaeth a chreu Eglwys Brotestannaidd radical fel y mynnai'r alltudion dychweledig, a thrwy hynny enillodd gefnogaeth y mwyafrif cymedrol yng Nghymru fel ym mhobman arall. Ym 1563 cafwyd Deddf Seneddol a orfodai'r esgobion Cymreig i ddarparu cyfieithiad o'r Beibl a'r Llyfr Gweddi Cyffredin i'r Gymraeg, ac i sicrhau bod copi o bob un yn cael ei roi ym mhob eglwys erbyn 1 Mawrth 1567. Gwaith William Salesbury yn bennaf, cyfreithiwr llengar a addysgwyd yn Rhydychen, gyda chymorth Dr Richard Davies a Thomas Huet, oedd y cyfieithiadau o'r Testament Newydd a'r Llyfr Gweddi Cyffredin a ymddangosodd ym 1567. Cyhoeddwyd cyfieithiad cyflawn o'r Beibl, gwaith yr Esgob William Morgan, un o raddedigion Caergrawnt a ficer Llanrhaeadr-ym-Mochnant, ym 1588, digwyddiad allweddol bwysig i oroesiad yr iaith Gymraeg gan iddo wneud y Gymraeg yn iaith addoliad cyhoeddus. Gyda chymorth y bardd o Gymro Edmwnd Prys, cynhyrchodd William Morgan glasur llenyddol sy'n enwog am burdeb a phrydferthwch ei iaith ac yn batrwm i bob awdur rhyddiaith yn y Gymraeg ar ôl hynny.

Un o ddiwygwyr brwdfrydig oes Elisabeth oedd John Penry, brodor o Langamarch yn Sir Frycheiniog a addysgwyd yng Nghaergrawnt a Rhydychen, a erfyniodd ar y Frenhines a'r Senedd y dylai'r Cymry gael eu haddysgu yn eu mamiaith. Roedd yn hynod feirniadol o drefniadaeth yr Eglwys a chafodd ei amau ar gam o fod yn awdur y *Martin Marprelate Tracts* gwaradwyddus a ymosodai'n ffyrnig ar yr esgobaeth, ac fe'i dienyddiwyd am deyrnfradwriaeth ym 1593, y merthyr Piwritanaidd Cymreig cyntaf.

Gobeithiai Catholigion megis Morris Clynnog a Gruffydd Robert, a oedd wedi ffoi i'r Cyfandir pan ddaeth Elisabeth i'r orsedd, adfer Cymru i'r hen ffydd drwy ymosodiad o dramor a thrwy gael Mari, Brenhines y Scotiaid, i ddisodli'r Frenhines. Ond prin oedd nifer dynion o'r fath, a elwid yn reciwsantiaid, yng Nghymru, ac roeddynt wedi eu cyfyngu gan mwyaf i'r goror Seisnig a'r gogledd-ddwyrain. Merthyrwyd dau ohonynt, Richard White ym 1584 a William Davies ym 1593, oherwydd eu cred. Erbyn diwedd teyrnasiad Elisabeth ym 1603, er mai gwlad Brotestannaidd oedd Cymru yn gyntaf ac yn bennaf, roedd arferion Catholigaidd yn parhau, yn arbennig mewn ardaloedd anghysbell, fel yr adlewyrchai'r arferion o gadw gwylnos, coleddu delwau a chreiriau, ac ymweld â ffynhonnau sanctaidd a chysegrfannau eraill. Yn syml, nid oedd nifer ddigonol o offeiriaid dibynadwy ac addysgedig yng Nghymru i ddysgu credoau sylfaenol Anglicaniaeth yn y plwyfi. I lawer o Gymry roedd ymarfer crefydd yn parhau'n gyfuniad o ddefod, ofergoeliaeth, ofn y goruwchnaturiol a thynged dyn ar ôl marwolaeth, a gwybodaeth sylfaenol o rai storïau Beiblaidd. Ac felly y parhaodd pethau hyd y ddeunawfed ganrif.

Amaethyddiaeth

Parhaodd economi Cymru i fod yn sylfaenol fugeiliol—magu anifeiliaid—a chafodd ei thwf ei lesteirio gan ddiffyg cyfalaf a mentr, gan dechnoleg gyntefig, gan ddulliau marchnata aneffeithiol a chan ormodedd o lafurwyr anghelfydd. Câi'r rhagolygon o sicrhau ffyniant economaidd eu tanseilio ymhellach gan natur y tir a'r pridd, yr hinsawdd laith anffafriol, y cynaeafau symol neu wael, clefydau ac afiechyd, plwyfoldeb ac amharodrwydd amlwg i fentro ar welliannau technegol a gwyddonol. Roedd ffermio da byw yn hanfodol bwysig; gwerthiant gwartheg a gwlân oedd yn rhoi'r rhan fwyaf o'u hincwm ariannol i'r mwyafrif o ffermwyr Cymru. Cynyddodd y fasnach wartheg rhwng Cymru a Lloegr, a gychwynnodd yn y cyfnod canoloesol, yn drawiadol yn yr unfed ganrif ar bymtheg a'r ail ganrif ar bymtheg—'Llynges Sbaenaidd Cymru sy'n dod â'r ychydig aur ac arian sydd gennym'. Câi gwartheg eu gyrru i ffeiriau a'u prynu gan fasnachwyr a fyddai'n eu gyrru i farchnadoedd Lloegr. Daeth y porthmyn hyn yn ddynion o gryn statws a sylwedd yn eu cymunedau. Gwelodd yr unfed ganrif ar bymtheg gynnydd mawr yn ogystal ym mhris gwlân a ddaeth yn bwysicach yn yr economi gan fod defaid yn arbennig o addas i'r borfa ar fryniau Cymru. Ystyrid brethyn Cymru yn wrs ac israddol, adlewyrchiad o ddiwydiant yr aelwyd. Ond byddai marchnatwyr brethyn o Loegr yn mynychu ffeiriau Cymru i brynu gwlân a brethyn y byddent wedyn yn ei gludo i ganolfannau yn Lloegr lle y gweid rhagor o waith arno. Daeth y fasnach frethyn i gael ei lleoli yng Nghroesoswallt lle câi ei dominyddu gan Gwmni Dilladyddion pwerus Amwythig.

Ffynnai masnach mewn grawn hefyd ym mlynyddoedd olaf yr unfed ganrif ar bymtheg, yn arbennig o dde Cymru i Loegr ac Iwerddon. Ceirch yn unig a dyfid ar ochrau llwm y bryniau, ond ffynnai gwenith a haidd yn y dyffrynnoedd ffrwythlon, yn arbennig yn ardaloedd arfordirol y de, gyda'r defnydd o galch yn hwyluso gweithio trylwyr a ffrwythlondeb cymedrol. Gwerthid rhyw ychydig o ymenyn a chaws o Gymru. Gwelodd y cyfnod hwn ffermydd cyfun, cryno yn cael eu creu a thir âr, gweirgloddiau a phorfeydd comin fel ei gilydd yn cael eu hamgâu yn ogystal â phorfeydd garw yn yr ucheldir. Roedd amgâu'r porfeydd garw hyn yn achosi drwgdeimlad ac yn arwain at gynnwrf mewn rhai ardaloedd lle byddai'r werin wledig yn dryllio'r cloddiau amgâu a godid gan y bonedd, cynyrfiadau a gofnodwyd ymhlith gweithgareddau'r llysoedd lleol.

Diwydiant

Roedd diffyg menter a buddsoddi cyffelyb yn llesteirio datblygiad a busnes diwydiannol, er i fuddsoddiad gan ymchwilwyr a chynhyrchwyr metel Seisnig gynyddu ar ôl yr Uno. Bu cynnydd cyflym mewn cloddio glo yn Sir Fflint, Sir Benfro a gorllewin Morgannwg, yn arbennig ar gyfer mwyndoddi metelau anfferrus. Gweithid gwythiennau glo oedd yn agos i'r wyneb yn drylwyr. Allforiai Castell-nedd ac Abertawe lawer o lo i Fryste, Iwerddon, Ynysoedd Môr Udd a gorllewin Ffrainc. Glo oedd naw deg y cant o allforion Cymru erbyn diwedd yr ail ganrif ar bymtheg.

Roedd y diwydiant haearn hefyd yn ymestyn yn gyflym gan elwa ar adnoddau naturiol Cymru—ei choed a'i phŵer dŵr—ac roedd hefyd yn cael ei annog gan yr ymgiprys maith yn erbyn Sbaen a pharodrwydd meistri haearn o Loegr megis Syr William Sydney a Thomas Mynyffee i ychwanegu cyfalaf a gallu technegol at fenter leol. Ar y cychwyn roedd mwyngloddiau a ffwrneisi wedi eu gwasgaru ar led drwy Gymru ond newidiodd hynny a chafwyd crynodiad o weithfeydd yn agos i'r meysydd glo lle roedd y prif gronfeydd mwyn haearn i'w cael, yn arbennig yng nghymoedd Morgannwg a Mynwy, y diwethaf wedi eu sefydlu gan Richard Hanbury, ac yn ardal Y Waun. Cyn y ddeunawfed ganrif, fodd bynnag, efydd oedd y mwyn pwysicaf a gynhyrchid yng Nghymru, a hynny mewn lleoliadau gwasgaredig yng ngorllewin a gogledd-orllewin y wlad. Ym 1564 cafodd Thomas Thurland a'r Almaenwr Daniel Hochstetter yr hawl i chwilio am efydd a metelau gwerthfawr eraill yng Nghymru. Yng ngogledd Ceredigion roedd mwyngloddio efydd a phlwm yn cael eu cyfuno. Yn y 1580au caniatawyd prydles i Thomas Smith ar y mwynfeydd plwm yng Ngheredigion gan Gymdeithas Frenhinol y Mwyngloddiau, cwmni cydgyfalaf a ffurfiwyd ym 1568. Ar ôl hynny prydleswyd y mwynfeydd hyn gan Hugh Myddelton ym 1617, ac yn fuan roeddynt yn darparu incwm net o £2,000 y mis iddo. Roedd cloddio plwm yn digwydd yn Sir Fflint hefyd mewn ardal gul yn ymestyn o Ddyserth i Wrecsam. Roedd rhai mwyngloddiau yn cynhyrchu arian, yn arbennig yn nyffrynnoedd Ceredigion i'r gorllewin o fynyddoedd Pumlumon. Roedd llechi yn cael eu cloddio yng ngogledd-orllewin Cymru ac roedd marchnadoedd domestig pwysig ar eu cyfer yn Lloegr ac Iwerddon. Erbyn 1688 roedd dros filiwn o lechi wedi cael eu hallforio. Er nad oedd Cymru yn genedl ddiwydiannol ar unrhyw gyfrif ym 1700, roedd ganddi nifer o ddiwydiannau cynhyrchu ac echdynnu bychan a chnewyllyn o ddatblygiadau llawer mwy a oedd yn disgwyl buddsoddiad cyfalaf helaeth a datblygiad technoleg newydd yr oes ddiwydiannol.

Cymdeithas Cymru

Pan ddaeth Harri VIII i'r orsedd ym 1509 roedd poblogaeth Cymru tua 250,000. Roedd y mwyafrif ohonynt yn wladwyr anllythrennog, Cymraeg eu hiaith, a'u safon byw yn ddigon cyffredin. Roedd bywydau'r mwyafrif ohonynt yn cael eu rheoli gan ffactorau cwbl leol, ac amlygir hyn gan arferion amaethyddol, prisiau, pwysau a mesurau, traddodiadau gwerin, pensaernïaeth ddomestig ac amryw dafodieithoedd gwahanol. Roedd cymunedau yn wasgaredig, yn anymwybodol o ddigwyddiadau cenedlaethol, a dim ond unwaith neu ddwywaith yn eu hoes y byddai'r rhan fwyaf o bobl yn mentro y tu hwnt i'w pentrefi genedigol. Milwyr, llongwyr a masnachwyr a'u gweision oedd yr unig aelodau o haenau isaf cymdeithas a deithiai'n helaeth. Câi cydweithrediad cymunedol a chyd-ddibyniaeth eu tanseilio i raddau gan gwerylon lleol, cynhennau a drwgdybiaethau cyffredinol a'r rheini i raddau helaeth yn gynnyrch tlodi enbyd, afiechyd, clefyd a thrychinebau disymwth. Roedd bywyd i lawer yn fyr ac yn arw. Roedd cymdeithas yn gwbl hierarchaidd ac ymostyngol; roedd y meistri tir yn gadarn ar y brig yn yr Eglwys ac yn y wladwriaeth. Roedd gwahaniaeth sylfaenol rhwng y dosbarthiadau 'bonheddig' neu'r dosbarthiadau uchaf—nad oeddynt yn cynrychioli mwy na thua thri y cant o'r boblogaeth—a'r lliaws mawr o'r werin wledig a'r bobl nad oeddynt yn meddu tir.

Y bonedd

Dominyddodd y dosbarth o ysweiniaid a ddaeth i'r amlwg yn y gymdeithas yn dilyn yr Uno fywyd Cymru hyd ddiwedd y bedwaredd ganrif ar bymtheg. Roedd llinach yn bwysig i'r dosbarth bonheddig hwn; roedd rhai ohonynt yn ddisgynyddion y tywysogion Cymreig a'r uchelwyr. Ceir llawer enghraifft o achau

Twm Siôn Cati

Fe'i ganed yn Thomas Jones ym Mhorth-y-ffynnon ger Tregaron o gwmpas 1530, yn blentyn anghyfreithlon i fonheddwr lleol. Ychydig a wyddom am ei fywyd cynnar, ond roedd yn un o'r rhai a gafodd bardwn o dan y Sêl Fawr ym 1559. Enillodd gryn fri fel arwyddfardd, bu'n cynorthwyo swyddogion y Coleg Arfau a chyfeirir ato'n gynnes gan gyfoeswyr fel Lewis Dwnn a George Owen. Y mae nifer o'i roliau achau herodrol wedi goroesi ar femrwn ac erys hefyd rai llawysgrifau eraill. Roedd mewn cysylltiad â nifer o feirdd a phriodolir nifer o englynion ac ychydig o gywyddau iddo. Bu'n ddistain dros Garon ym 1601, ac yn ystod y cyfnod hwn y mae'n debyg bu rhaid iddo droi at y gyfraith. Bu farw ym 1609, ddwy flynedd ar ôl cymryd merch Syr John Price, Aberhonddu, fel ail wraig. Profwyd ewyllys Twm Siôn Cati yng Nghaerfyrddin. Ceir nifer o straeon rhamantus yn gysylltiedig â'i enw, amryw ohonynt yn chwedlau apocryffaidd. Cafodd ei ddrysu ag eraill yn dwyn yr un enw yn ardal Tregaron, ond yr oedd yn ŵr dawnus a dysgedig, yn ŵr bonheddig o fewn ei gymdeithas.

---

trawiadol o waith herodr neu achyddwr diegwyddor ar gyfer teulu bonheddig 'newydd' nad oedd o linach arbennig o dda. Roedd meddu cyfoeth yn bwysicach hyd yn oed, ac fel rheol câi ei arddangos yn gyhoeddus mewn plasty mawreddog, tiroedd helaeth, nifer fawr o weision a morynion a ffordd foethus o fyw. Dadfeiliad llwytholdeb yn yr 'ardaloedd Cymreig' a'r system faenorol yn y de ac ar y Gororau a osododd sylfeini llawer o ystadau bonheddig. Cryfhawyd y sylfeini hyn gan weithgarwch masnachol yn y trefi, dirywiad yr hen bendefigaeth, y ffaith fod cymaint o hen diroedd mynachaidd ar gael ym mhobman yn dilyn diddymu'r mynachlogydd, amddifadu'r werin wledig o lawer o'i thir, amgáu rhanbarthau helaeth o weundir a thir comin, a llechfeddiannu tiroedd y Goron.

Yn y ffyrdd hyn y llwyddodd teuluoedd megis Mauriciaid Clenennau, Barlows Slebech yn Sir Benfro, Prysiaid Gogerddan, Herbertiaid Abertawe, Mostyniaid Fflint, Bulkeleys Biwmares ac, yn bennaf oll, Wyniaid Gwydir, i adeiladu eu hystadau. Daeth teuluoedd o'r fath i fwynhau cryn awdurdod a dylanwad. Rheolent weinyddiaeth cyfiawnder lleol ac roedd hynny'n rhoi grym iddynt yn y sir ac yn eu galluogi i bluo eu nythod eu hunain drwy fanteisio ar eu hawdurdod. Trefnent gytundebau priodas doeth er mwyn ychwanegu at eu hystadau a chadarnhau eu grym a'u safle o fewn y gymdeithas leol. Roedd y teuluoedd hyn wedi eu cysylltu gan we gymhleth o gytundebau priodasol. Ffurfient grŵp statws hunanymwybodol, a oedd bob amser yn awyddus i gynyddu eu hincwm drwy wella'r ffordd roedd ffermydd y plasau yn cael eu rhedeg ac yn arbennig drwy ymestyn yr ardal yr oeddynt yn ei rheoli, ymdrechion oedd yn hollbwysig oherwydd chwyddiant rhonc. Cymerent ddiddordeb mawr mewn hynafiaethau ac yng ngwaith cyfraith Loegr a chyfreitha. Croesawent ddylanwadau Seisnig—ac enillodd yr iaith Saesneg, agweddau Seisnig a chysylltiadau teuluol Seisnig droedle pwysig yng Nghymru.

George Owen, Henllys

Fe'i ganed yn Henllys, plwyf Nanhyfer, Sir Benfro, ym 1552 yn ddisgynnydd i Iarll Cyntaf Penfro. Addysgwyd ef yn lleol ac yn Bernard's Inn, lle cafodd ei dderbyn ym 1573. Yn fuan ar ôl hynny dychwelodd i Sir Benfro i'w hen gartref a daeth yn un o'r ysgweiriaid mwyaf pwerus yn yr ardal. Trwy ei briodas ag Elizabeth Phillips daeth yn gefnogwr i garfan Phillips-Stepney a ymladdai'n ddygn yn erbyn dylanwad Syr John Perrot dros Sir Benfro, gelyniaeth a aflonyddodd lawer ar fywyd Owen a'i fam. Daeth yn ffigur cyhoeddus amlwg gan wasanaethu fel Siryf Sir Benfro ym 1587 a 1602, fel ustus heddwch am gyfnod hir ac fel Dirprwy Raglaw Penfro.

Daeth yn gefnogwr brwd i'r diddordeb newydd mewn hynafiaethau a nodweddai'r oes, darllenai'n eang weithiau Humphrey Llwyd, David Powel a Syr John Price, a bu'n gohebu â William Camden, Lewis Dwnn a Twm Siôn Cati. Cafodd nifer o hynafiaethwyr lleol groeso ar ei aelwyd a chynigiai nawdd i feirdd yr ardal. Ymddangosodd ei gampwaith *The Description of Penbrokshire* ym 1603, ac ef hefyd oedd awdur *A Dialogue of the Present Government of Wales* (1594) ac *A Description of Wales* (1602). Erys y rhan fwyaf o'i waith mewn llawysgrif. Lluniodd hefyd fap o'i sir enedigol a gyhoeddwyd gan Camden ym 1607, ac yr oedd yn achydd a herald medrus a diwyd, ei weithiau'n adlewyrchu dylanwad y Coleg Arfau. Bu farw ym 1613 a chladdwyd ef yn lleol. Cyhoeddwyd cofiant penigamp iddo gan Dr B.G. Charles ym 1973.

Ymwelent â'u trefi sirol, ac â chanolfannau megis Llwydlo, Caer, Bryste a Llundain yn achlysurol.

Derbyniai llawer o feibion y boneddigion eu haddysg yn Lloegr, ond sefydlwyd ysgolion gramadeg yng Nghymru bryd hyn— caniatawyd trwydded frenhinol i sefydlu Coleg Crist, Aberhonddu, ym 1541. Agorodd ysgolion gramadeg eraill eu drysau yn Rhuthun, Bangor, Y Bont-faen, Margam, Llanrwst, Llanandras, Biwmares, Wrecsam a Chaerfyrddin. Roedd pob un ohonynt yn ddylanwad Seisnig cryf; addysg glasurol gaeth a geid ynddynt. Ym 1571 sefydlwyd Coleg yr Iesu, Rhydychen, gan Dr Hugh Price o Aberhonddu i ddarparu ar gyfer anghenion Cymry. Âi rhai Cymry i Gaergrawnt, a châi llawer eu hyfforddi ar gyfer gyrfa gyfreithiol yn Lletai'r Llysoedd, Llety Lincoln a Llety Gray.

Haenau isaf cymdeithas

Gelwid ffermwyr yr unfed ganrif ar bymtheg naill ai yn iwmyn (ffermwyr sylweddol) neu'n hwsmyn (ffermwyr bychain). Roedd yn ofynnol i rywun fod yn gymdeithasol dderbyniol gan ei gydradd cyn y gellid ei ystyried yn iwmon. Iwmyn fel rheol a wasanaethai fel wardeniaid eglwys, fel goruchwylwyr y tlodion neu'r priffyrdd ac fel uchel gwnstabliaid y cantrefi. Byddai llawer ohonynt yn ethol marchogion y siroedd. Fel rheol ystyrid hwsmyn, er y byddent weithiau yn dod yn is-gwnstabliaid neu gwnstabliaid plwyf, yn 'fath o ddynion na fyddant yn rheoli'. Roedd llawer ohonynt yn byw yn agos i lefel cynhaliaeth ac nid oedd ganddynt unrhyw gyfalaf wrth gefn.

Roedd cymdeithas yn cynnwys yn ogystal nifer gynyddol o lafurwyr, crwydriaid a thlodion. Byddai'r Ustusiaid Heddwch yn pennu cyflogau llawer o'r dosbarthiadau gweithiol yn flynyddol yn ystod y Pasg, yn unol â darpariaeth Statud Crefftwyr 1563, ac roeddynt yn amharod i'w codi. Nid oedd unrhyw sicrwydd gwaith gan weision ffermydd, ac yn aml caent eu cyflogi wrth y flwyddyn. Câi llafurwyr diymrwymiad, y tlodion a'r analluog, crwydriaid, bythynwyr a phlant a oedd yn ddigon hen i'w prentisio, eu goruchwylio a'u rheoli'n gaeth gan swyddogion plwyf. Câi llawer o dlodion a chrwydriaid eu herlid yn ddidostur ac yn aml caent eu condemnio i dreulio amser yn y tlotai gwaradwyddus. Cyfyngid gymaint ag y gellid ar symudoledd llafur. I ran helaeth o'r gymdeithas Gymreig roedd bywyd ar y gorau yn ddiflas, yn galed ac yn ansicr. Roedd llawer o bobl Cymru yn ysglyfaeth i gyflwr y cynhaeaf, twf y boblogaeth a chwyddiant rhonc, ac i dechnegau amaethu cyntefig ac annatblygedig.

5 Cymru Oes y Stiwartiaid

Y Stiwartiaid

Rhoddwyd derbyniad gwresog yng Nghymru i esgyniad Iago I ym
1603. Fe'i croesawyd fel un o ddisgynyddion Harri Tudur, fel
olynydd teilwng i'r Frenhines Elisabeth yr oedd wedi derbyn ei
bendith, ac fel cynheiliad brenhiniaeth a llywodraeth y Tuduriaid.
Yn sicr câi ei ystyried yn llawer mwy derbyniol nag un o
gynrychiolwyr Sbaen, a fyddai'n ddiamau yn peryglu rhagolygon y
lliaws o Gymry a oedd yn gwasanaethu'r Wladwriaeth, y gyfraith,
yr Eglwys a'r teuluoedd aristocrataidd. Heblaw hynny, roedd
methiant trychinebus gwrthryfel byrbwyll Iarll Essex (a oedd wedi
denu nifer sylweddol o ddilynwyr o blith bonedd Cymru) ym 1601,
wedi annog llawer o Gymry i droi at y Goron i geisio ffafr a
nawddogaeth. Er i rai Catholigion gynllwynio i gipio Iago ac i geisio
ei ryddhau oddi wrth ddylanwadau Protestannaidd, ni ddaeth dim
o'u cynlluniau. Arwyddodd methiant Cynllwyn y Powdwr Gwn
ddiwedd anogoneddus Catholigiaeth wleidyddol. Cyflwynodd Iago
a oedd yn gwir werthfawrogi cydymdeimlad a chefnogaeth y
Cymry, swyddi, anrhydeddau a ffafrau i lu mawr o Gymry gan
gynnwys Rowland Meyrick, Syr John Vaughan o'r Gelli Aur, Syr
Robert Vaughan o Lwydiarth, Syr Robert Mansel a Syr John
Herbert. Hawliodd y brenin newydd fod llwyddiant y
ddeddfwriaeth Uno yn ddadl argyhoeddiadol o blaid cyflwyno
mesur cyffelyb ar gyfer Yr Alban, a rhoddodd ganmoliaeth hael i
'deyrngarwch, ffydd ac ufudd-dod' yr etholwyr Cymreig a
gynrychiolid gan Aelodau Seneddol a 'wasanaethai Gymru'. Câi
Cyngor Cymru ei ystyried gan lawer fel symbol o ymreolaeth
Gymreig a chanolbwynt undod cenedlaethol. Mewn llawer ffordd,
ymddangosai teyrnasiad Iago fel parhad o deyrnasiad Elisabeth;
derbyniwyd y syniad o ddinasyddiaeth Brydeinig gyffredin yn
frwdfrydig gan y mwyafrif o fonedd Cymru.

Gwleidyddiaeth gynnar y Stiwartiaid

Daeth y terfyn ar ryfela yn erbyn Sbaen a'r diwedd ar alwadau
llesteiriol rhyfel ar ddynion ac ar arian, ag ymdeimlad angerddol o
ryddhad i'r Cymry. Parhaodd strwythur gweinyddol yr unfed
ganrif ar bymtheg yn ddigyfnewid, gyda grŵp bychan o deuluoedd

Gwydir yng Ngwynedd, cartref Syr John Wynn, a rhan yn ddiweddarach o stadau llinach Williams-Wynn.

sirol yn ei fonopolïo fel o'r blaen. Parhaodd Cyngor Cymru â'i arolygaeth dros gyfraith, trefn ac awdurdod, gyda chefnogaeth rymus Iago a edrychai ar ei barhad fel amddiffynfa hwylus i'w ragorfraint frenhinol a dull effeithiol o ffrwyno rhysedd aelodau mwyaf nerthol bonedd Cymru, yn arbennig Syr John Wynn.

Roedd presenoldeb cynrychiolwyr o Gymru yn San Steffan yn creu cyswllt allweddol rhwng Cymru a Llundain ac yn sicrhau cylchrediad eang i newyddion a gwybodaeth. Âi rhai Aelodau Seneddol i gryn drafferth i holi barn etholwyr blaenllaw cyn mynd i Lundain. Parhâi gwleidyddiaeth yn ddieithriad i droi o gylch personoliaethau a materion sirol; ychydig o Aelodau Seneddol Cymru a ymyrrai yn nadleuon Tŷ'r Cyffredin ac roedd cystadlaethau etholiadol yn bethau anghyffredin. Hyd yn oed pan geid ymryson byddai'r ymgyrch etholiadol yn canolbwyntio ar ymgiprys lleol am rym, anrhydedd a blaenoriaeth, ac ni roid unrhyw le i faterion difrifol yn ymwneud ag egwyddorion gwleidyddol o bwys. Roedd tuedd, fodd bynnag, i Aelodau Seneddol Cymreig bleidleisio a gweithredu fel grŵp yn Nhŷ'r Cyffredin ar faterion yn ymwneud â Chymru, yn arbennig materion ariannol megis codi trethi amhoblogaidd. Roedd yna gryn ddicter ynghylch yr hawl frenhinol ynglŷn ag arlwyaeth—yr hawl i arlwywyr y Brenin fynnu pwrcasu gwartheg o Gymru am bris pitw. Arweiniodd hyn yn y pen draw at storm o brotest yn y prif siroedd a fagai'r gwartheg.

Yr Eglwys

Mae parhad i'w ganfod yn amlwg iawn hefyd pan edrychir ar hanes yr Eglwys a gâi ei hystyried gan Iago yn gyfrwng i atgyfnerthu awdurdod y Goron. Erbyn hyn câi Anglicaniaeth groeso brwd gan y mwyafrif. Roedd addoliad a hyfforddiant drwy gyfrwng yr iaith Gymraeg wedi dod yn fwyfwy cyfarwydd. Roedd llawer o weithiau pwysig wedi cael eu cyfieithu i'r Gymraeg. Yn eu plith roedd *Llyfr yr Homilïau*, a gyhoeddwyd yn y Gymraeg ym 1606 gan Edward James, gŵr eglwysig o Forgannwg. Yn y flwyddyn 1620 cyhoeddwyd cyfieithiad nodedig o'r Fersiwn Awdurdodedig o'r Beibl a Llyfr Gweddi newydd, gwaith yr Esgob Richard Parry a'r Dr John Davies, Mallwyd. Ym 1621 cafwyd cyfieithiad mydryddol o'r Salmau gan Edmwnd Prys, tra ymddangosodd argraffiadau newydd o'r Llyfr Plygain uchel ei barch yn rheolaidd. Ymddangosodd y Beibl coron, y 'Beibl Bach', mewn argraffiad o 500 copi ym 1630. Rhwng 1629 a 1634 cyllidodd Syr Thomas Myddelton a Rowland Heilyn gyhoeddiad nifer fawr o lyfrau defosiynol rhad yn y Gymraeg. Roedd y rhain o fewn cyrraedd y gweddol gefnog. Ceir tystiolaeth o ddefnydd eang o'r Gymraeg mewn pregethau yn nwy esgobaeth gogledd Cymru o leiaf.

Yn bennaf oll, efallai, cafwyd gwaith Rhys Prichard, Llanymddyfri, a adwaenir fel 'yr Hen Ficer', ac a ddaeth yn Ganghellor Tyddewi ym 1626. Rhwng 1615 a 1635 cyfansoddodd rigymau syml, hawdd eu cofio, a ddarparai hyfforddiant crefyddol sylfaenol. Cafodd gwaith yr Hen Ficer ddylanwad anferth yn arbennig yn ne-orllewin Cymru; daeth â Phrotestaniaeth i gyrraedd y dosbarthiadau hynny na allai werthfawrogi Salmau Edmwnd Prys ac na allai naill ai ddarllen na fforddio prynu beibl. Dysgid y rhan fwyaf o'i benillion a'u trosglwyddo ar lafar o'r naill berson i'r llall. Gallai hyd yn oed bobl anllythrennog adrodd nifer fawr ohonynt. Er i Rys Prichard farw ym 1644, ni chyhoeddwyd y detholiad cyntaf o'i benillion hyd 1659. Cafwyd casgliad cyflawn ym 1672, tra defnyddiwyd y teitl *Canwyll y Cymry* ar y gwaith o 1681 ymlaen. Roedd pedwar argraffiad ar ddeg wedi eu cyhoeddi erbyn 1730.

Er hynny roedd diffygion yr Eglwys sefydledig yn cadw safonau moesol a chrefyddol yn gyffredinol isel yng Nghymru. Penodwyd llawer o Saeson yn esgobion Llandaf a Thyddewi yn ne Cymru; byddai'r rhain yn aml yn dewis clerigwyr Seisnig yr oedd bwlch ieithyddol yn eu gwahanu oddi wrth eu plwyfolion. Arhosodd yr Eglwys Gymreig yn dlawd; roedd amlblwyfaeth ac anhrigaeth yn gyffredin. Roedd llawer rhy ychydig o bregethwyr a châi dyletswyddau bugeiliol megis ymweld â'r cleifion, bedyddio babanod a hyd yn oed gladdu'r meirw eu hesgeuluso'n aml. Cyhuddid llawer o'r clerigwyr o anwybyddu dwywreiciaeth a godineb. Roedd arferion ofergoelus mor amlwg ag erioed ac roedd chwarae gêmau, dawnsio a chanu baledau a hyd yn oed fynychu tafarnau ar y Sul yn arferion rheolaidd.

Piwritaniaid cynnar

Yn anochel gwelwyd bod Cymru a oedd yn genedl dlawd, annatblygedig gyda dosbarth canol bychan, yn amharod ar y cyfan i dderbyn Piwritaniaeth a ystyrid yn gyffredinol fel mewnfo.riad estron. Dim ond yn ardaloedd y ffin ac yn nhrefi'r de y ffynnodd gan ymledu o Fryste i Sir Fynwy ac, ar hyd y llwybrau masnachol, i Gaerfyrddin yn y gorllewin a Chaer yn y gogledd-ddwyrain. Daeth ffyniant yn sgil y cysylltiadau rhwng Bryste a Sir Benfro hefyd. Chwaraewyd rhan ddyngarol bwysig gan fasnachwyr Cymreig yn Llundain drwy dalu am addysg a dillad i blant tlawd, drwy sefydlu ysgolion a thlotai, a thrwy ddosbarthu beiblau a llyfrau defosiynol. Ym 1626 ffurfiodd grŵp o fasnachwyr a chyfreithwyr yn Llundain y Ffeodyddion Amfeddiad a ymdrechodd i bwrcasu nawddogaeth bywiolaethau eglwysig gweigion fel y gallent eu llenwi â gweinidogion Piwritanaidd. Codwyd bron i 7,000 a phwrcaswyd un ar ddeg ar hugain o fywiolaethau, nifer ohonynt ar ororau Cymru, a'u llenwi erbyn 1633. Dinistriwyd y cynllun addawol hwn gan yr Archesgob Laud ym 1633. Ond roedd cyflwr Cymru yn parhau i fod o gryn ddiddordeb i lawer o Gymry Llundain a hyrwyddodd gyhoeddi llyfrau defosiynol yn y Gymraeg a chyfieithiadau o'r gweithiau Piwritanaidd pwysicaf gan awduron megis Lewis Bayly, Arthur Dent a William Perkins.

Wrth i'r 1630au fynd rhagddynt daeth yn amlwg bod yr ymgyrch Biwritanaidd yn dioddef oherwydd gelyniaeth ddigymrodedd yr Archesgob Laud. Ond roedd cylch bychan o Biwritaniaid Cymreig yn barod i herio Laud, a'r blaenaf yn eu plith oedd William Wroth a oedd yn enedigol o'r Fenni ac a ddaeth ym 1617 yn rheithor Llanfaches yn Sir Fynwy—y sir Gymreig hawsaf ei chyrraedd o Lundain a Bryste—a William Erbery, offeiriad Eglwys Mair, Caerdydd, lle roedd Walter Cradock yn gurad. Aed â Wroth ac

Morgan Llwyd

Ganed ym 1619 yng Nghynfal Fawr, Maentwrog, Meirionnydd. Fe'i haddysgwyd yn Wrecsam ac yno, ym 1635, y cafodd dröedigaeth wrth wrando ar Walter Cradock a oedd yn gurad yn yr ardal ar y pryd. Symudodd gyda Cradock i'r 'eglwys gynulliedig' gyntaf yn Llanfaches ym 1639, ymunodd â'r fyddin Seneddol ym 1642 a bu'n gwasanaethu yn ne Lloegr. Ym 1644 anfonodd y Senedd ef i fod yn bregethwr teithiol yng ngogledd Cymru. Ymsefydlodd yn Wrecsam ac, ym 1650, daeth yn Aprofwr yng Nghymru dan Ddeddf Taenu'r Efengyl, gyda'r cyfrifoldeb am ddod o hyd i bobl addas i gymryd lle'r gweinidogion oedd wedi eu bwrw allan. Gwnaed ef yn weinidog eglwys y plwyf yn Wrecsam ym 1656. Cyhoeddodd un llyfr ar ddeg, tri yn y Saesneg ac wyth yn y Gymraeg gan gynnwys y pwysicaf ohonynt sef *Llyfr y Tri Aderyn* (1653). Roedd hefyd yn bregethwr huawdl yn y Gymraeg a'r Saesneg. Treuliodd ei flynyddoedd olaf yng nghysgod trasiedi bersonol a bu farw ym 1659.

Erbery gerbron Cwrt yr Uchel Gomisiwn ym 1635; cydymffurfiodd Wroth drwy dyngu llw o ufudd-dod i'w esgob ym 1638 ond ymddiswyddodd Erbery. Collodd Cradock ei drwydded a symudodd i Wrecsam yn gurad i ledaenu'r Efengyl.

Ymunodd Piwritaniaid eithafol eraill â'r cylch bychan hwn ar ororau Cymru; yn eu plith roedd Vavasor Powell, gŵr diorffwys a deinamig, brodor o Gnwclas yn Sir Faesyfed, a gafodd dröedigaeth wrth wrando ar bregethu Walter Cradock—fel yn wir y cafodd Morgan Llwyd a ddaeth yn awdur a diwinydd nodedig. Ffurfiodd y gwŷr hyn frawdoliaeth glòs a thwymgalon a buont yn pregethu'n helaeth ac yn llwyddiannus iawn yn ardaloedd y Gororau. Yn Nhachwedd 1639 anfonwyd Henry Jesse o Lundain i gynorthwyo Wroth a Cradock i sefydlu Eglwys Annibynnol yn Llanfaches yn Sir Fynwy, eglwys a sylfaenwyd ar batrwm y rhai a sefydlwyd gan ymfudwyr Piwritanaidd yn Lloegr Newydd. Daeth Llanfaches yn fam-eglwys Ymneilltuaeth Gymreig ac roedd 'popeth yn ysbryd a bywyd' yno, yn ôl Erbery. Yn anffodus byr fu parhad eu hymdeimlad o lewyrch. Ar ddechrau'r Rhyfel Cartref yn Awst 1642, ffodd y seintiau Piwritanaidd am eu heinioes. Dyma'n wir gyfnod 'unigrwydd y Seintiau Cymreig'.

Siarl I

Dirywiodd y berthynas rhwng y Brenin a'i ddeiliaid Cymreig o'i chymharu â dyddiau Iago I. Ar y cychwyn cydymffurfiwyd â galwadau Siarl am ddynion ac arian i gwrdd â her y pwerau Catholig, ond ar fyr o dro datblygodd amharodrwydd i ddarparu'r llongau a'r arian a'r dynion y gofynnid amdanynt. Cafwyd cwynion fod camau wedi eu cymryd heb ganiatâd seneddol. Ar yr un pryd â chyfnod rheolaeth bersonol Siarl, o 1629 hyd 1640, cafwyd olyniaeth o gynaeafau gwael, pla, prisiau bwyd uchel, dirwasgiad eang a diweithdra. Tramgwyddwyd y Cymry'n fawr gan gyhoeddiad y Llyfr Gorchmynion ym mis Ionawr 1631 gyda'i orfodaeth lem ar ofynion Deddf y Tlodion a rheolaeth cyflenwadau a phrisiau bwyd. Cafwyd gwrthwynebiad hallt i'r arfer o godi'r Dreth Llongau flynyddol a gyflwynwyd ym 1634. Ni chodwyd yr un geiniog yn rhai o siroedd Cymru. Roedd anfodlonrwydd pellach o ganlyniad i ymdrechion rhai esgobion a benodwyd i'r esgobaethau Cymreig gan Laud i adfer egwyddorion Arminaidd yn eu heglwysi a'u gwasanaethau, un ffactor a arweiniodd at gynnydd yn nifer y reciwsantiaid a'r Piwritaniaid Cymreig. Roedd digonedd o wrthwynebiad o dan yr wyneb i Siarl yng Nghymru, gwrthwynebiad a enynnwyd gan ei ymdrechion i godi nifer fawr o filwyr Cymreig i atal gwrthryfel yn yr Alban a achoswyd gan lyfr gweddi newydd oedd yn cael ei orfodi ar y wlad. Roedd yr Aelodau Seneddol Cymreig yn gofidio'n fawr ynglŷn â chwestiwn monopolïau yn ogystal, gan fod caniatáu monopoli i werthu brethyn Cymreig i Gwmni Dilledyddion Amwythig wedi bod yn achos cryn gynnen yng Nghymru. Pan gyfarfu'r Senedd Hir enwog am y tro cyntaf ym mis Tachwedd 1640, roedd nifer o Aelodau Seneddol Cymreig yn ffyrnig yn eu hymosodiadau ar y Brenin, yr esgobion a'r reciwsantiaid megis Iarll Caerwrangon a Herbertiaid Sir Drefaldwyn. Er hynny, erbyn 1642, roedd yn amlwg fod y farn Gymreig wedi uno y tu ôl i'r Brenin, a chodwyd dynion ac arian i'w gefnogi mewn llawer o siroedd yng Nghymru.

Y Rhyfel Cartref Cyntaf

Nid oedd y Piwritaniaid yn ddigon niferus yng Nghymru i greu gwrthwynebiad effeithiol i'r Brenin. Prin bod dosbarth canol trefol i'w gael yng Nghymru, tra oedd arweinwyr cymdeithas yng Nghymru, y bonedd, a oedd fel rheol yn elwa ar weithgarwch Cyngor Cymru, yn cefnogi rhagorfreintiau'r Brenin. Y rhan Seisnig o Sir Benfro a rhai rhannau o Sir Ddinbych oedd yr unig fannau a gefnogodd y Senedd yn erbyn y Brenin. Yn wir roedd Cymru yn arbennig o bwysig i Siarl. Roedd yn lloches ddiogel y gallai gilio iddi pan fyddai pethau'n galed arno yn Lloegr. Roedd yn faes recriwtio defnyddiol—'meithrinfa gwŷr traed y brenin'—ac yn ffurfio ffordd gyswllt gydag Iwerddon Gatholig; yn wir roedd yn lle posib i lanio milwyr o Iwerddon. Caniataodd Ardalydd Caerwrangon oedd â'i ystâd yng Nghastell Rhaglan yn Sir Fynwy, i'w gyfoeth enfawr fod ar gael i'r Brenin.

Cymerodd gwŷr o Forgannwg ran weithredol ym Mrwydr Edgehill. Ym 1643 cynorthwyodd milwyr Cymreig, o dan arweiniad Syr John Owen Clenennau, i oresgyn dinas Biwritanaidd Bryste. Ond aflwyddiannus oedd yr ymdrech i oresgyn Caerloyw a Hull fel rhan o'r un cynllun i roi cychwyn ar ymosodiad triphlyg ar Lundain. Yn Nantwich ym mis Ionawr 1644 gyrrodd byddin y Senedd filwyr y Brenin ar ffo, gorchfygiad a arweiniodd at osod y Tywysog Rupert yng ngofal yr holl ymgyrchoedd yng Nghymru, gyda chymorth Syr John Owen, Clenennau a Charles Gerard. Yn wir, llwyddodd Gerard i adennill Caerfyrddin a Hwlffordd. Ond wedi i'r Brenin gael ei drechu'n llwyr yn Naseby ym mis Mehefin enciliodd i dde Cymru. Yng Nghaerdydd cafodd ei amgylchu gan gwynion ei gefnogwyr ei hun ynglŷn â'r ysbeilio a'r anrheithio ar gefn gwlad, y trethi gorthrymus, a'r ffaith bod Saeson yn cael eu dewis i arwain milwyr y Brenin. Trechwyd Brenhinwyr Sir Benfro yn Colby Moor a chafodd Caerfyrddin ac Aberhonddu eu gorchfygu gan y Senedd ar fyr o dro. Dim ond ychydig gestyll a ddaliodd i sefyll o blaid y Brenin; cawsant eu gorchfygu o un i un nes yn y diwedd y goresgynnwyd Rhaglan ym mis Awst 1646 a Harlech ym mis Mawrth 1647.

Yr Ail Ryfel Cartref

Yn fuan ar ôl diwedd y Rhyfel Cartref cyntaf bu cweryl rhwng y Senedd a'r fyddin fuddugoliaethus a chafodd hynny gryn effaith ar Gymru. Roedd marwolaeth Iarll Essex wedi golygu nad oedd dau o'r arweinwyr Seneddol yn ne Sir Benfro, Laugharne a Powell, mwyach yn deyrngar o angenrheidrwydd i'r fyddin nad oeddynt yn cytuno â'i safbwynt crefyddol. Gwrthododd y trydydd arweinydd yn yr ardal, Poyer, ufuddhau i orchymyn i ddadfyddino'r milwyr hynny nad oedd wedi eu hymgorffori yn y fyddin reolaidd, a daeth allan yn fuan o blaid y Brenin, y Senedd a'r Scotiaid, fel yn wir y gwnaeth Powell. Methodd Horton ag atal y gwrthryfel ar y cychwyn, ond ym Mrwydr fawr Sain Ffagan ar 8 Mai 1648, er bod ganddynt 8,000 o ddynion o dan eu hawdurdod, trechwyd Powell a Laugharne yn llwyr gan Horton a oedd yn arwain 3,000 o filwyr hyfforddedig. Cafodd gwrthryfel a oedd wedi torri allan yng ngogledd Cymru o dan arweiniad Syr John Owen Clenennau ei oresgyn ger Bangor ar 5 Mehefin. Ildiodd Dinbych-y-pysgod yn fuan i Horton, ac ar ôl gwarchae a barodd am saith wythnos ildiodd Penfro i Cromwell ei hun a oedd yn gyfrifol am arwain yr ymgyrch yng Nghymru. Cafodd pob un o'r tri arweinydd eu condemnio i farwolaeth gan Lys Milwrol yn Llundain, ond Poyer yn unig a ddienyddiwyd.

Cymru a'r Werinlywodraeth

Roedd dau Gymro ymhlith y rhai a arwyddodd warant dienyddiad Siarl I—Thomas Wogan, Aelod Seneddol Bwrdeistrefi Ceredigion a'r Cyrnol John Jones, Maesygarnedd ym Meirionnydd a oedd yn briod â chwaer Oliver Cromwell. Ychydig yng Nghymru a gafodd unrhyw gysur o derfyn y rhyfela yr oeddynt wedi dyheu mor daer amdano. Cafodd llawer o Frenhinwyr hi'n anodd i dderbyn y llywodraeth newydd, a bu'n rhaid i rai ohonynt dalu dirwyon trymion ac i eraill weld eu hystadau yn cael eu hatafaelu. Ond

John Jones, Maesygarnedd

Ganed tua 1597 yn aelod o deulu bonheddig Maesygarnedd yn Ardudwy, Meirionnydd. Daeth yn aelod o dylwyth Syr Hugh Myddelton yn Llundain. Ymladdodd dros y Senedd yn ystod y Rhyfel Cartref a chafodd ddyrchafiad buan, gan gymryd rhan yng ngwarchae Talacharn ym 1644 a gwarchae Caer ym 1645. Daeth yn Gyrnol ym 1646 ac yn Aelod Seneddol Meirionnydd ym 1647. Roedd hefyd yn Gomisinydd er Taenu'r Efengyl yng Nghymru o 1650 hyd 1653. Roedd ei ail wraig yn chwaer i Oliver Cromwell a oedd ei hun yn or-orwyr i Morgan Williams o Forgannwg a ddaeth yn fragwr cwrw yn Putney, un o'r llu o Gymry a ddenwyd i Lundain i chwilio am ffortiwn. Roedd Jones yn gydymaith agos i arweinwyr y mudiad Piwritanaidd yng Nghymru. Roedd yn bresennol ym mhrawf Siarl I ac yn un o'r rhai a arwyddodd y warant i'w ddienyddio. Cafodd ei ddienyddio ar 17 Hydref 1660.

gwelodd y blynyddoedd hyn ddosbarthiadau cymdeithasol nad oedd wedi gallu gwneud hynny o'r blaen yn cymryd rhan mewn llywodraeth leol. Yn ychwanegol at hynny manteisiodd y rhai oedd wedi cefnogi'r ochr fuddugol yn y rhyfel yn eiddgar ar y cyfle i bwrcasu tiroedd oedd ar gael yn rhwydd o ganlyniad i atafaelu a gwerthu, a daethant yn deuluoedd sirol newydd o'r radd flaenaf. O ganlyniad newidiwyd patrwm tirberchnogaeth yng Nghymru yn sylweddol. Yn bennaf oll, gwelodd blynyddoedd yr Interregnum ymdrech bendant i biwritaneiddio'r Cymry, ymdrech a osododd sylfaen ar gyfer datblygiad Ymneilltuaeth yng Nghymru yn ddiweddarach. Roedd yr ymgyrch hon hefyd yn cynnwys trefn addysgol dan nawddogaeth y Wladwriaeth na roddwyd cynnig arni cyn hynny ym Mhrydain ac na roddwyd cynnig arni drachefn hyd y bedwaredd ganrif ar bymtheg.

Lledaeniad yr Efengyl Biwritanaidd

Yn ystod blynyddoedd cynnar y rhyfel cydnabu'r Senedd ei rhwymedigaeth i ddarparu gweinidogion duwiol i efengylu 'yng nghornelau tywyll y wlad' megis Cymru. Rhwng 1644 a 1649 penodwyd 130 o glerigwyr i fywiolaethau yng Nghymru i gymryd lle clerigwyr annheilwng. Câi eu hymdrechion eu hatodi gan bregethu gweinidogion teithiol; roedd y Senedd yn hael ei chefnogaeth ariannol i alluogi 'seintiau' megis Powell, Cradock, Llwyd, Symonds a Walter i efengylu ar hyd gororau Cymru. Ceisiodd y Werinlywodraeth biwritaneiddio Cymru drwy basio, ar 22 Chwefror 1650, Ddeddf er Gwella Taenu a Phregethu'r Efengyl yng Nghymru a alluogodd benodi un ar ddeg a thrigain o Gomisiynwyr, y rhan fwyaf ohonynt yn swyddogion blaenllaw a oedd wedi arddangos teyrngarwch i achos y Senedd, i archwilio cwynion yn erbyn clerigwyr ac i fwrw allan y rhai a ystyrient yn anghymwys. Ymhen tair blynedd roedd 278 o offeiriaid (196 yn y de ac 82 yn y gogledd) wedi eu hamddifadu o'u bywiolaethau am amryfal gamweddau yn amrywio o amlblwyfaeth i anwybodaeth, meddwdod, cadw diotai neu am ddim mwy na chefnogi'r Brenin. Penodwyd ail grŵp o bump ar hugain o Aprofwyr o dan y Ddeddf i ddethol 'dynion duwiol a dolurus' i lenwi'r bywiolaethau a adewid yn wag. Yn eu plith roedd Cradock, Llwyd, Powell a John Miles, sylfaenydd eglwys gyntaf y Bedyddwyr yn Llanilltud Gŵyr ym Morgannwg. Ond roedd eu tasg yn un anodd, yn amhosibl yn wir, a bu'n rhaid iddynt dderbyn system o bregethwyr crwydrol oherwydd prinder 'dynion duwiol' y gallent eu cymeradwyo.

Er gwaethaf hyn, bu cryn lwyddiant ar ymdrechion y 'seintiau' Piwritanaidd. Byddai Vavasor Powell, a oedd yn ddigyffelyb yn ei allu i bregethu, ei egni a'i frwdfrydedd, yn mynd yn rheolaidd ar deithiau pregethu rhai cannoedd o filltiroedd o hyd mewn wythnos. Roedd ei gydweithwyr yn mwynhau dylanwad ac apêl ymhell y tu hwnt i'w niferoedd. Ymdrechai'r Ddeddf Taenu i sefydlu system genedlaethol o ysgolion yn ogystal. Gwnaed yr Aprofwyr yn gyfrifol am y dasg o benodi ysgolfeistri addas. Agorwyd tair a thrigain o ysgolion newydd yn nhrefi marchnad Cymru (yn ychwanegol at yr ysgolion gramadeg Tuduraidd) lle câi bechgyn a merched eu dysgu i ddarllen, ysgrifennu a rhifo yn ddi-dâl.

Er hynny daeth cwynion yn erbyn y Comisiynwyr yn gyffredin yng Nghymru. Ymosododd nifer o bamffledwyr llafar megis Alexander Griffith yn fileinig ar yr oes fel un o amddifadiad a diffeithrwydd ysbrydol, ar y gweinidogion crwydrol fel tinceriaid a gweilch cywilyddus ac ar y Comisiynwyr fel rhai a reolai drwy ormes. Yn wir teimlai llawer o Gymry eu bod yn byw dan lywodraeth estron orthrymus; roedd cysgod byddin Cromwell yn cael ei fwrw ar draws ymgyrchoedd y Comisiynwyr. Fel y dywedodd Cyrnol John Jones, Maesygarnedd, wrth geisio cyfiawnhau gweithredoedd y llywodraeth, 'Gwell fyddai gennyf wneud lles i bobl yn erbyn eu hewyllys na'u boddhau o ran ymddangosiad yn unig.' Daeth llawer o arweinwyr Piwritanaidd yng Nghymru, gwŷr ymroddedig i'r Bumed Frenhiniaeth a gredai bod teyrnasiad Crist ar y ddaear ar fin gwawrio, yn feirniaid croch ar y llywodraeth, yn fwy fyth felly ar ôl i Cromwell fabwysiadu'r teitl Arglwydd Amddiffynnydd ym 1653. Er nad adnewyddodd y Comisiwn ym mis Ebrill 1653, y mis Mawrth canlynol ymddiriedwyd ym Mhwyllgor y Profwyr i ddewis gweinidogion cymwys yng Nghymru a Lloegr. Dylanwadodd rhai pregethwyr hynod o ddawnus ar fywyd Cymru yn ystod y Werinlywodraeth, a chafodd amryw o sectau Anghydffurfiol gan gynnwys yr Annibynwyr, y Bedyddwyr, Gwŷr y Bumed Frenhiniaeth a'r Crynwyr, eu sefydlu'n gadarn yng Nghymru am y tro cyntaf yn ei hanes.

Yr Adferiad

Pan laniodd Siarl II yn Dover ar 25 Mai 1660, arddangoswyd gorfoledd a rhyddhad gan y Cymry'n gyffredinol a hynny'n adlewyrchu dyhead cyffredinol am heddwch, undod a sefydlogrwydd. Adfeddiannodd llawer o deuluoedd Brenhinol y swyddi yr oeddynt wedi eu dal yn flaenorol ac yn sgil hynny yr amlygrwydd a'r bri a oedd yn perthyn iddynt gynt. Dychwelwyd mwyafrif o Eglwyswyr a Brenhinwyr Cymreig i'r Senedd ym 1661. Er hynny roedd chwerwder a gwrthgyhuddiadau yn parhau, yn ogystal ag ofn parhaus rhag gweld rhagor o drais a therfysg a adlewyrchid mewn penderfyniad i ddial ar hen elynion. Dienyddiwyd Cyrnol John Jones yn Charing Cross ar 17 Hydref 1660. Cofid am Cromwell fel drylliwr bwriadol lleoedd cysegredig a phlastai gwledig a châi Siarl I ei fawrygu fel sant dilychwin ac uniawn, yr oedd ei ddienyddio wedi bod yn weithred anfad o ddieflig a gâi ei dwyn i gof ar 30 Ionawr bob blwyddyn.

Bywyd crefyddol: y Cod Penyd

Yn sgil yr Adferiad gwelwyd adfer yr Eglwys Sefydledig yr un mor sicr ag adfer y Brenin. Roedd gelyniaeth ddybryd at Biwritaniaeth yn parhau yng Nghymru, ac roedd hynny'n un o'r rhesymau sy'n egluro'r croeso cynnes a roddwyd i Siarl II. Doedd dim rhagor na phump y cant o boblogaeth Cymru yn Biwritaniaid. Amddifadwyd llawer o weinidogion Piwritanaidd o'u bywiolaethau yn syth, ymddiswyddodd eraill o'u gwirfodd, a dioddefodd llawer ddialedd ffyrnig. Yn gyfan gwbl gadawodd 130 o weinidogion Piwritanaidd eu bywiolaethau a chymerwyd lle amryw ohonynt gan y rhai oedd wedi cael eu bwrw allan eu hunain ddegawd cyn hynny. Mynnai Deddf Unffurfiaeth Ebrill 1662 bod yn rhaid i bob gweinidog gydsynio â defodau a litwrgïau'r Eglwys, mesur a greodd raniad cymdeithasol parhaol a phoenus yng Nghymru. Cafodd cyfres o fesurau llesteiriol o'r enw 'Cod Clarendon' eu derbyn a oedd yn gosod penydiau llym ar y rhai a wrthodai gydymffurfio â'r Eglwys Sefydledig. Gwaharddai Deddf gyntaf y Confentiglau ym mis Mai 1664, yn arbennig, anghytunwyr rhag ymgynnull ar gyfer addoliad crefyddol mewn grwpiau o ragor na phum person ac eithrio yn ôl arferion yr Eglwys. Roedd cosbau llym yn cael eu pennu, gan gynnwys penydwasanaeth tramor am saith mlynedd am y drydedd drosedd. Bwriad y Ddeddf Pum Milltir ym 1665 oedd dryllio Anghydffurfiaeth yn y trefi, tra oedd Deddf Brawf 1673 yn anghymwyso Ymneilltuwyr rhag dal swydd o dan y Goron oni bai eu bod yn cydsynio â phrawf sacramentaidd. Er bod y ddeddfwriaeth benydiol yn aml yn cael ei gweithredu'n llym, roedd llawer o Ymneilltuwyr, yn arbennig Bedyddwyr ac Annibynwyr, yn parhau i gyfarfod yn ddirgel mewn mannau anghysbell a thrwy hynny'n ffurfio cnewyllyn llawer o achosion Ymneilltuol diweddarach. Roedd yr erledigaeth fwyaf di-ildio yn cael ei hanelu at Gatholigion a Chrynwyr.

Deddf Goddefiad 1689

Cyhoeddwyd Datganiadau Pardwn gan Iago II ym 1687 a 1688, ac ym mis Mai 1689 caniataodd y Ddeddf Goddefiad i Ymneilltuwyr addoli mewn tai cwrdd trwyddedig di-glo. Bellach câi Ymneilltuwyr addoli mewn heddwch a chodi eu capeli eu hunain. Er hynny roeddynt yn parhau i gael eu gwahardd rhag cymryd rhan mewn llywodraeth drefol a rhag mynychu'r prifysgolion, hyd nes i'r Deddfau Prawf a Chorfforaeth gael eu dirymu ym 1828. Ond yn ystod blynyddoedd olaf yr ail ganrif ar bymtheg y plannodd Ymneilltuwyr hadau eu twf rhyfeddol yn ddiweddarach; roeddynt yn neilltuol o lwyddiannus mewn plwyfi mawr a chymunedau diarffordd lle'r oedd trefniadaeth Eglwysig ar ei wannaf. Roedd Anghydffurfiaeth ar ei chryfaf yn ne Cymru (tua deuddeg y cant o'r boblogaeth erbyn 1700), mewn cymunedau masnachol a threfi Seisnigedig lle'r ymunodd nifer fawr o fasnachwyr, artisaniaid a chrefftwyr yn y rhengoedd, pobl annibynnol eu hysbryd gyda'r modd i sefyll ar eu traed eu hunain nad oedd yn rhaid iddynt ofni dialedd yr yswain a'r person lleol, pobl yr oedd addoliad cymedrol ac urddasol y capel yn apelio atynt. Rhoddent bwys mawr ar addysg ac ar sicrhau llythrennedd a daeth llawer ohonynt yn athronwyr a dadleuwyr chwim eu meddwl ac ystwyth eu tafod. Roedd eu nifer yn parhau'n fychan—tua phump y cant o'r boblogaeth yng Nghymru erbyn 1715–18—ond roeddynt yn mwynhau dylanwad anghymesur drwy eu pregethu, eu hadeiladu capeli, y llenyddiaeth grefyddol a gynhyrchid ganddynt a thrwy ledaenu gwerthoedd Piwritanaidd.

Y sefyllfa gymdeithasol

Roedd Cymru'n parhau'n wlad hynod wledig gyda phoblogaeth fechan o ryw 370,000 ym 1670 a thua un o bob chwech ohonynt yn byw mewn tref. Roedd y boblogaeth yn cynyddu, ond nid yn gyson, gan fod cyfres o gynaeafau gwael a chlefydau heintus yn gadael eu hôl o dro i dro. Roedd ardaloedd tlawd yr ucheldir yn arbennig o dueddol o gael eu heffeithio gan yr argyfyngau naturiol hyn. Roedd dosbarth, teitl a safle genedigol yn dal i fod yn bwysig, a'r rheini yn eu tro yn adlewyrchu cyfoeth a pherchenogaeth tir. Roedd y bwlch sylfaenol rhwng bonedd a gwreng yn parhau, mynegiant o anghyfartaledd a chamddosbarthiad cyfoeth.

Parhaodd y bonedd yng Nghymru i gynyddu'n gyflym. O ddefnyddio dyfeisiadau cyfreithiol yn ddoeth a threfnu priodasau'n ofalus llwyddodd y tirfeddianwyr mwyaf i ymestyn eu tiroedd, a hynny'n aml ar draul eu cymdogion llai pwerus a llai cefnog yr oedd

Plastai

Mae llawer o'r plastai a godwyd gan y bendefigaeth Gymreig yn sefyll hyd heddiw. Mae Castell Sain Ffagan, tua thair milltir a hanner y tu allan i Gaerdydd, sydd erbyn hyn yn gartref Amgueddfa Werin Cymru, yn adeilad Tuduraidd amldalcennog, plasty caerog mewn gwirionedd, yn cynnwys rhai meini o gaer gynnar a godwyd gan Syr Peter le Sore yn ei furiau. Ychydig y tu hwnt i gyrion gorllewinol Casnewydd saif Tŷ Tredegar a ddisgrifiwyd fel 'tŷ brics mwyaf ardderchog Cymru yn yr ail ganrif ar bymtheg'. Ger Crucywel ym Mhowys mae Plas Tre-tŵr, maenordy caerog o'r bedwaredd ganrif ar ddeg sydd wedi ei adfer yn dda, ac wrth ei ymyl mae adfeilion castell o'r ddeuddegfed ganrif a godwyd gan y Normaniaid i amddiffyn dyffryn Wysg rhag y Cymry. Erbyn heddiw mae Gogerddan, plasty ym mhlwyf Trefeurig ger Aberystwyth a chartref teulu'r Prysiaid, yn lleoliad Bridfa Planhigion Cymru. Tua milltir a hanner y tu allan i'r Trallwng mae Neuadd Trelydan, tŷ o fframwaith pren du a gwyn, ac iddo ffrynt hir, deniadol, a oedd yn yr ail ganrif ar bymtheg ym meddiant disgynnydd un o dywysogion Powys ac aelod o lys Siarl I. Roedd Plas Penmynydd ym Môn unwaith yn gartref i gyndadau Tuduraidd Harri VII, tra mae Plas Newydd, cartref Ardalydd Môn, wedi bod yng ngofal yr Ymddiriedolaeth Genedlaethol er 1976. Yr Ymddiriedolaeth sydd hefyd yn gyfrifol am Blas Erddig ger Wrecsam a adeiladwyd ar gyfer Joshua Edisbury ym 1683 ac a fu'n gartref i Philip Yorke yn y ddeunawfed ganrif.

llawer ohonynt yn dwyn baich o helbulon ariannol. Yn y genhedlaeth ar ôl yr Adferiad, ymddangosodd y Cewri Cymreig; y mwyaf ohonynt oedd Sir Watkin Williams Wynn o Wynnstay, ac yna teulu'r Morganiaid o Dredegar yn Sir Fynwy. Ffynnodd rhai teuluoedd, megis Prysiaid Gogerddan yng Ngheredigion, drwy ddatblygu adnoddau mwynol eu hystadau. Daeth y tirfeddianwyr mawr i ddominyddu bywyd gwleidyddol drwy eistedd yn San Steffan. Daeth rhai unigolion, megis Syr John Vaughan o Drawscoed a Syr John Trevor o Drefalun yn ffigurau cenedlaethol o bwys ac, o ganlyniad, yn fwyfwy Seisnigedig. Ond bellach nid oedd yr Aelodau Seneddol Cymreig yn gweithredu fel corff yn

Nhŷ'r Cyffredin, daethant yn rhan o'r Llys neu o garfanau gwleidyddol Seisnig.

Cymerodd rhai ohonynt ran yn ymlediad Ymerodraeth Lloegr: ym 1612 glaniodd Syr Thomas Button o Ddyffryn ym Morgannwg yng ngogledd Canada pan oedd yng ngofal alldaith i ddarganfod tramwyfa'r gogledd-ddwyrain i Asia, ac ym 1620 comisiynwyd Syr Robert Mansel o Fargam, Is-Lyngesydd Lloegr, i ddarostwng môr-herwyr Algiers. O ganlyniad i gysylltiadau masnachol a mordeithiau fforio sefydlwyd planigfeydd mewn gwledydd tramor. Er gwaethaf y ffaith eu bod yn Seisnigo fwyfwy, cyfrannodd rhai o'r boneddigion Cymreig tuag at ddatblygiad ysgolheictod Cymreig, y rhai amlycaf yn eu plith oedd Robert Vaughan o Hengwrt ym Meirionnydd a gasglodd lyfrgell bwysig o lyfrau a llawysgrifau Cymraeg, a Dr John Davies o Fallwyd a gynhyrchodd ramadeg a geiriadur Cymraeg.

Ychydig o gysuron materol a oedd ar gael i'r dosbarthiadau hynny a oedd islaw'r bonedd yng nghymdeithas Cymru. Roedd dosbarth yr iwmyn yn gwisgo ac yn bwyta'n eithaf da, roedd llawer ohonynt yn llythrennog a gallai ychydig ohonynt anfon eu meibion i ysgolion gramadeg a phrifysgolion. Byddent yn gwasanaethu fel gweinyddwyr lleol a swyddogion plwyf. Ffermio ar raddfa fechan y byddai'r hwsmyn fel rheol gan fyw o'r llaw i'r genau. Byddai rhai ohonynt yn ymarfer rhyw grefft ran amser er mwyn cael dau ben llinyn ynghyd. Yn yr un modd byddai llawer o grefftwyr gwlad—megis cyfrwywyr, cowperiaid a thurnwyr—yn tyfu cnydau ac yn cadw da byw. Roedd cyfran weddol o'r rhain yn llythrennog ac yn ddiwylliedig. Roedd tua thraean o'r boblogaeth ym mlynyddoedd olaf cyfnod y Stiwartiaid yn llafurwyr symudol a di-grefft heb dir ar eu meddiant a fyddai'n derbyn y nesaf peth i ddim am oriau meithion o lafurwaith ac yn byw mewn hofelau bychain. Roedd nifer sylweddol o dlodion yn byw ar ris isaf y pyramid cymdeithasol ac wedi eu dosbarthu'n gaeth yn dlodion haeddiannol a thlodion anhaeddiannol. Câi'r math cyntaf—yr hen, yr amddifad, y gwael a'r anabl—beth cymorth gan y plwyf, yr Eglwys a boneddigion haelionus. Byddai'r ail fath—crwydriaid afradlon, gweilch a dihirod digartref—yn cael eu restio a'u fflangellu a'u cosbi yn y tlotai a'u hanfon yn ôl i'w plwyfi genedigol.

6 Methodistiaeth a Radicaliaeth

Yr Eglwys Gymreig

Roedd llawer o'r clerigwyr ym mlynyddoedd cynnar y ddeunawfed ganrif yng Nghymru yn dlawd ac annysgedig. Mewn llawer o achosion roedd ysweiniaid y siroedd wedi cymryd lle'r offeiriaid plwyf fel derbynwyr y degwm; roedd hyn wedi digwydd mewn cymaint â 250 o'r 300 plwyf yn esgobaeth Tyddewi. O ganlyniad roedd y cyflogau a delid i'r clerigwyr yn fychan iawn, ac roedd yn rhaid i lawer ohonynt ddal rhagor nag un bywoliaeth. Roedd cyflwr curadiaid yn waeth hyd yn oed, a llawer ohonynt yn gorfod goddef yr un safon byw echrydus â'u plwyfolion tlotaf. Ychydig o glerigwyr oedd wedi cael addysg brifysgol. Roedd llawer o'r esgobion a gâi eu penodi i'r esgobaethau Cymreig tlawd yn byw y tu allan i'w hesgobaethau gan ystyried eu hesgobaethau yn ddim mwy na chyfrwng i'w dyrchafu i swyddi brasach yn Lloegr, ac roedd llawer ohonynt yn ymhél ag arferion megis nepotiaeth. Yn rhy aml o lawer câi camweddau o'r fath eu derbyn yn anochel. Roedd yr Eglwys yn parhau i raddau helaeth yn sefydliad canoloesol heb na'r modd na'r ewyllys i'w diwygio ei hun. Ni chafodd yr un esgob a allai bregethu yn y Gymraeg ei benodi i esgobaeth yng Nghymru rhwng 1713 ac 1870.

Llyfrau printiedig Cymraeg

Er gwaethaf y diffyg arweiniad ysbrydol, cynyddodd nifer y llyfrau printiedig yng Nghymru yn ddramatig yn ystod y ddwy genhedlaeth ar ôl yr Adferiad. Cyhoeddwyd o leiaf 545 o lyfrau Cymraeg rhwng 1660 a 1730, cynnydd pumplyg ar y cyfanswm a ymddangosodd rhwng 1546 a 1660. Digwyddodd y trawsnewidiad dramatig hwn o ganlyniad i waith dyngarol yr Ymddiriedolaeth Gymreig, y Ddeddf Oddefiad ym 1689, methiant y Ddeddf Drwyddedu ym 1695 (a fu'n gyfrifol am sensoriaeth), ffurfio'r Gymdeithas Er Hyrwyddo Gwybodaeth Gristionogol ym 1699, ac ymddangosiad y gweisg argraffu cyntaf yng Nghymru—yn Nhrefhedyn yng Ngheredigion ym 1718 ac yng Nghaerfyrddin ym 1721. Cyfieithiadau o lyfrau Saesneg poblogaidd oedd llawer o'r gweithiau—llyfrau megis *Yr Ymarfer o Dduwioldeb* gan Bayly a *Holl Ddyled-swydd Dyn* gan Allestree—a oedd wedi eu hamcanu i gyflwyno credoau sylfaenol Protestaniaeth drwy annog addoli a gweddïo preifat o fewn yr uned deuluol. Ymddangosodd chwe phrif argraffiad o'r Beibl yn ystod yr un cyfnod, a daeth y Beibl yn eiddo etifeddol uchel ei barch yn arbennig ymhlith amaethwyr, masnachwyr a chrefftwyr llythrennog. Roedd argraffiadau rhad o'r Llyfr Gweddi Cymraeg a'r catecismau yn bur gyffredin. Gweithgaredd llafar a ymarferid mewn cylchoedd darllen anffurfiol o gylch yr aelwyd deuluol oedd darllen i raddau helaeth.

Yr Ymddiriedolaeth Gymreig

Symbylodd ymddangosiad llyfrau printedig ymwybyddiaeth o'r angen am lythrennedd ac addysg. Roedd sylfaen system addysg wladwriaethol wedi ei sefydlu yn ystod blynyddoedd y Werinlywodraeth. Cafodd y gwaith ei ymestyn drwy ymdrechion yr Ymddiriedolaeth Gymreig, corff elusengar a sefydlwyd ym 1674 gan weinidog a fwriwyd allan o'i swydd, Thomas Gouge, a ymddiddorodd yn fawr yng nghyflwr Cymru ac a ymrestrodd foneddigion a masnachwyr yn Llundain, a rhai yng Nghymru, i gyfrannu symiau sylweddol o arian i sefydlu ysgolion Saesneg yng Nghymru ac i gyhoeddi llyfrau Cymraeg. Cynorthwywyd Gouge gan Charles Edwards a Stephen Hughes a sicrhaodd gefnogaeth bob enwad, Anglicaniaid ac Anghydffurfwyr fel ei gilydd, i'r fenter. Erbyn 1675 roedd 2,225 o blant yn cael eu dysgu i ddarllen, ysgrifennu a pharatoi cyfrifon yn Saesneg mewn 87 o ysgolion yn nhrefi marchnad Cymru a oedd i fod yn 'arsiynau bychain i wrthsefyll Pabyddiaeth'. Meirionnydd yn unig o holl siroedd Cymru oedd heb ysgol, er bod yna gyfartaledd uwch o ran nifer yn ne Cymru a'r Gororau. Yn gyfochrog â'r ymdrechion hyn roedd dosbarthiad llyfrau Cymraeg; cafodd rhagor na 5,000 eu cylchredeg ym 1678 yn unig, a llawer o'r llenyddiaeth fucheddol hon yn addas ar gyfer y teulu. Ond creodd yr ymdrechion hyn gryn elyniaeth a dicter yng Nghymru, a seiniodd marwolaeth Gouge ym 1681 gnul mudiad cymeradwy.

Yr SPCK

Ym mis Mawrth 1699 rhoddwyd cychwyn ar fenter addysgol newydd dan nawdd y Gymdeithas er Hyrwyddo Gwybodaeth Gristionogol, menter a gafodd groeso brwd yng Nghymru fel cyfrwng i gael gwared â 'chlefydau gormesol' anwybodaeth a thlodi. Unwaith yn rhagor cafodd plant tlawd eu dysgu i ddarllen, ysgrifennu a rhifo mewn nifer fawr o ysgolion elusengar a sefydlwyd ym mhob rhan o Gymru, tua 68 erbyn 1714. Câi disgyblion hŷn hefyd hyfforddiant mwy ymarferol mewn amaethu, morwriaeth, gwau, gwehyddu a nyddu. Y Beibl, y Llyfr Gweddi a gweithiau defosiynol oedd asgwrn cefn y dysgu. Roedd offeiriaid a churadiaid tlawd yn fwy na pharod i weithredu fel ysgolfeistri tra oedd llawer o farwnigiaid a boneddigion lleol yn darparu cefnogaeth ariannol, yr amlycaf yn eu plith oedd Syr John Philipps o Gastell Pictwn yn Sir Benfro.

Yn wahanol i'r Ymddiriedolaeth Gymreig, caniatâi'r SPCK i'r Gymraeg gael ei defnyddio ochr yn ochr â'r Saesneg yn yr ysgolion, o leiaf yng ngogledd Cymru. Roedd y gymdeithas yn gyfrifol hefyd am gyhoeddi argraffiad newydd o'r Beibl yn y Gymraeg, dosbarthu miloedd o lyfrau a llyfrynnau crefyddol yn y Gymraeg a'r Saesneg, a sefydlu nifer o lyfrgelloedd gan gynnwys canolfannau pwysig yng Nghaerfyrddin, y Bont-faen, Bangor a Llanelwy, lle roedd gwerth £60 o lyfrau ar gael. Sefydlwyd nifer o fân lyfrgelloedd lleol hefyd ac agorwyd cant namyn pedair o ysgolion yn gyfan gwbl yng Nghymru. Ond dechreuodd cyfnod o ddirywiad brawychus gydag esgyniad yr Hanoferiaid ym 1714. Golygodd yr holl anghydfod chwerw a ddeilliodd o'r Ddeddf Sgism yn yr un flwyddyn i lawer o gefnogaeth yr Anghydffurfwyr gael ei golli. Condemniwyd yr ysgolion fel athrofeydd Jacobiaeth. Roeddynt wedi llwyddo orau yn nhrefi marchnad Seisnigedig Cymru lle trigai cnewyllyn o fasnachwyr, gwŷr busnes a chrefftwyr cefnog a oedd yn argyhoeddedig o werth llythrennedd a chanddynt y modd a'r cymhelliad i anfon eu plant i'r ysgolion dyddiol. Roedd ar ffermwyr bychain a llafurwyr angen eu plant i'w helpu gyda'r gwaith gartref, yn arbennig yn nhymor cynhaeaf ac roeddynt yn amharod i'w rhyddhau. Achosodd y defnydd helaeth o'r Saesneg yn yr ysgolion yn ne Cymru elyniaeth bellach ymhlith llawer o rieni ac ysgolfeistri fel ei gilydd.

Ysgolion cylchynol Griffith Jones

Daeth cynllun a gychwynnwyd ym 1731 yn un o'r llwyddiannau mwyaf yn hanes Cymru. Daeth Griffith Jones, brodor o Benboyr yng Nghaerfyrddin, yn offeiriad Llandeilo Abercywyn ym 1711. Pum mlynedd yn ddiweddarach cafodd ei gyflwyno i fywoliaeth Llanddowror gan Syr John Philipps y daeth yn ŵr i'w chwaer. Trallodwyd ef yn fawr gan farwolaeth nifer fawr o'i blwyfolion o ganlyniad i bla o'r dwymyn heintus rhwng 1727 ac 1731. Ym 1731, gan ei fod yn argyhoeddedig nad oedd pregethu ynddo'i hunan yn fodd digonol i sicrhau iachawdwriaeth, apeliodd i'r SPCK am stoc o oddeutu tua deugain i hanner cant o feiblau Cymraeg y bwriadai eu defnyddio i ddysgu oedolion ei blwyf i ddarllen. Dyfeisiodd gynllun i ddefnyddio gweinidogion teithiol oherwydd yr anhawster i gynnal ysgol ym mhob plwyf. Cynyddodd y nifer o ysgolion yn rhyfeddol ar ôl 1737. Byddai llawer o offeiriaid plwyf yn cynnal yr ysgolion neu byddai athrawon teithiol yn cynnal dosbarthiadau yn eglwys y plwyf am gyfnod o oddeutu tri neu bedwar mis, yn ystod yr hydref neu'r gaeaf fel rheol pan fyddai gan deuluoedd amaethyddol fwy o amser ar eu dwylo. Gwahoddid oedolion a phlant i fynychu'r dosbarthiadau a oedd yn anelu'n unig i'w dysgu i ddarllen Cymraeg drwy ddefnyddio'r Beibl a'r Catecism fel gwerslyfrau sylfaenol. Trefnid dosbarthiadau nos ychwanegol i alluogi tenantiaid, crefftwyr, llafurwyr a gweision a morynion fferm i'w mynychu ar ôl diwrnod caled o waith. Yn Llanddowror byddai Griffith Jones ei hun yn arolygu hyfforddiant ei athrawon gan ddibynnu ar yr SPCK a nifer o noddwyr cefnog i dalu'r gost sylweddol. Y blaenaf o'r rhain oedd Madam Bevan o Dalacharn. Byddai'r rhai oedd yn tanysgrifio i'r ysgolion yn derbyn adroddiad blynyddol o nifer yr

Thomas Charles o'r Bala

Ganed ym 1755 yn Llanfihangel Abercywyn, Sir Gaerfyrddin, ac fe'i haddysgwyd yn Llanddowror a Rhydychen. O 1778 hyd 1783 gwasanaethodd fel offeiriad Anglicanaidd yng Ngwlad yr Haf, ond yna symudodd i'r Bala. Ymunodd â'r Methodistiaid ym 1784 a chysegrodd weddill ei oes i hyrwyddo'r achos. Argyhoeddwyd ef gan ei waith addysgol yn sefydlu mudiad Ysgolion Sul llwyddiannus yng ngogledd Cymru o bwysigrwydd y Catecism a chyhoeddodd weithiau megis *A Short Evangelical Catechism* (1801). Roedd yn arweinydd ac yn amddiffynnwr abl i'r Methodistiaid rhag yr ymosodiadau mynych arnynt o gyfeiriad yr Eglwys Sefydledig. Mewn geiriadur Beiblaidd a gyhoeddwyd yn bedair cyfrol rhwng 1805 a 1811 cyflwynodd wybodaeth newydd am hanes a daearyddiaeth gwledydd y Beibl. Camp fawr arall o'i eiddo oedd safoni testun y Beibl Cymraeg cyntaf i'w gyhoeddi gan y Gymdeithas Feiblaidd Brydeinig a Thramor. Ym 1806 ymddangosodd argraffiad o'r Testament Newydd wedi ei olygu ganddo o dan nawdd yr SPCK. Ei gamp olygyddol olaf oedd Beibl 1814, argraffiad mwy manwl-gywir yn adlewyrchu blynyddoedd o astudiaeth ddwys. Bu farw ym 1814.

Capel Soar-y-Mynydd ger Llanddewibrefi, Dyfed, capel diarffordd yn perthyn i'r Methodistiaid Calfinaidd a godwyd ym 1828.

ysgolion a'r disgyblion dan y teitl *Welch Piety*. Dengys yr adroddiadau hyn i 158,237 o ddisgyblion gael eu dysgu mewn 3,495 o ddosbarthiadau erbyn marw Griffith Jones ym 1761. Yn gyfan gwbl cafodd tua 250,000 o oedolion a phlant eu dysgu i ddarllen yn yr ysgolion cylchynol, rhagor na hanner poblogaeth Cymru!

Dirywiodd yr ysgolion yn gyflym ar ôl 1780. Er i Madam Bevan adael £10,000 i gynnal yr ysgolion pan fu farw ym 1779, nid oedd yr arian ar gael hyd 1809 oherwydd ymryson ynglŷn â'i hewyllys. Bwriad Griffith Jones oedd defnyddio hyfforddiant crefyddol i achub eneidiau; bu ei ymdrechion yn gymorth yn ogystal i gadw'r iaith Gymraeg drwy ddod â chyfran helaeth o'r boblogaeth yn gyfarwydd ag iaith lenyddol safonol y Beibl. O ganlyniad i'w ymdrechion cafwyd cyhoedd darllengar sylweddol a ymatebodd yn barod, o ganlyniad, i apêl Methodistiaeth.

Thomas Charles a'r Ysgolion Sul

Ar ôl marwolaeth Griffith Jones, ceisiodd Thomas Charles o'r Bala sefydlu trefn gyffelyb o ysgolion cylchynol yng ngogledd Cymru.

Datblygodd hynny yn y pen draw yn fudiad yr Ysgolion Sul a ddarparai addysg a hyfforddiant i oedolion a phlant fel ei gilydd. Sicrhaodd yr ysgolion hyn fod yr Ysgrythurau yn dod yn rhan o iaith bob dydd y Cymry ac yn symbyliad newydd i ddatblygiad ysbrydol ac athronyddol y genedl. Cafodd pobl gyffredin eu hannog i ffurfio ac i fynegi barn, i ymarfer eu meddyliau ac i drafod yn ystyrlon ymhlith ei gilydd. Roedd yr Ysgolion Sul yn hwb ac yn ysbrydiaeth i Fethodistiaeth ac i Ymneilltuaeth yn gyffredinol yng Nghymru.

Howel Harris

Ganed ym 1714 yn Nhrefeca ym mhlwyf Talgarth, Sir Frycheiniog. Bu'n gweithio fel ysgolfeistr yn Llangors o 1732 hyd 1735 pan gafodd dröedigaeth o dan bregethu ficer Talgarth. Dechreuodd yntau efengylu yn y gymdogaeth ac aeth i Neuadd Mair yn Rhydychen yn y gobaith o dderbyn urddau eglwysig, ond gadawodd ar ôl ychydig ddyddiau. Gwrthododd yr Esgob ei ordeinio ar bedwar achlysur oherwydd ei weithgarwch yn pregethu yn yr awyr agored ac mewn tai preifat. Daeth i gysylltiad â selogion crefyddol tebyg iddo'i hun megis Daniel Rowland a William Williams, Pantycelyn, yng Nghymru a George Whitefield a'r brodyr Wesley yn Lloegr. Daeth Harris yn drefnydd y Diwygiad Methodistaidd yng Nghymru ac yn grëwr y 'seiadau' a'r 'sasiynau'. Daliodd yn awyddus i gadw drysau Cymru yn agored i John Wesley, a dyna oedd wrth wraidd rhwyg rhyngddo a'i gydarweinwyr ac a arweiniodd at 'Y Sgism Mawr' yn eu rhengoedd. Ym 1754 enciliodd i Drefeca o'i rôl gyhoeddus ac ymgynnull 'Teulu' o ddychweledigion i fyw a gweithio gydag ef, a chychwynnodd wasg yno ym 1757. Tair blynedd yn ddiweddarach fe'i cymodwyd ef a'i hen ffrindiau a dychwelodd at waith y Diwygiad. Nid oedd yn bregethwr arbennig ond roedd yn meddu ar garisma, ynni dihysbydd a'r ddawn i berswadio ac argyhoeddi. Roedd yn un o sylfaenwyr Cymdeithas Amaethyddol Brycheiniog ym 1755 a gwasanaethodd fel capten milisia yng ngofal cwmni o'r 'Teulu'. Cadwai 'ddyddiaduron' manwl, ysgrifennodd ychydig o emynau a rhoddodd gynnig ar hunangofiant. Bu farw ym 1773.

Y Diwygiad Methodistaidd

Roedd y Diwygiad Methodistaidd yn arwyddo dyfodiad y Diwygiad Protestannaidd i'w lawn oed yng Nghymru, a cheisiodd yr arweinwyr Methodistaidd cynnar atgyfodi ac ailddeffro'r athroniaethau Protestannaidd traddodiadol. Yn dilyn ei dröedigaeth ym 1735, daeth Howel Harris yn drefnydd y mudiad Methodistaidd yng Nghymru. Er na chaniatawyd iddo erioed dderbyn urddau Anglicanaidd, roedd Harris yn bregethwr effeithiol, ac ymunwyd ag ef yn fuan yn ei groesgad gan William Williams o Bantycelyn yn Sir Gaerfyrddin, Daniel Rowland o Langeitho yng Ngheredigion a llu o rai eraill megis Howel Davies a Peter Williams. Roedd pob un ohonynt wedi cael profiad personol ysgubol o dröedigaeth a daethant yn argyhoeddedig eu bod yn rhan o arfaeth Duw i drawsnewid cwrs hanes Cymru.

O ganlyniad i lwyddiant cyffredinol eu cynulliadau pregethu gwelwyd twf rhwydwaith o gymdeithasau bychain a fyddai'n cwrdd mewn tai preifat i drafod crefydd. Yr hyn oedd yn mynd â'u sylw uwchlaw popeth oedd cyflwr enaid a chynnydd ysbrydol yr aelodau unigol. Nodweddid eu dulliau a'u cyfarfodydd gan frwdfrydedd— pregethu byrlymus, cyffrous, emosiynol, dawnsio a llamu o gwmpas a chaneuon syml canadwy. Teimlent eu bod wedi derbyn comisiwn i gyhoeddi neges Crist ac i achub eneidiau ymhobman. Câi llawer o'r pregethau eu traddodi yn yr awyr agored mewn

Daniel Rowland

Ganed ym 1713, yn fab i offeiriad Nantcwnlle a Llangeitho yng Ngheredigion. Ordeiniwyd ef ym 1735 a bu'n gwasanaethu'n gurad yn yr un plwyfi cyn troi at Fethodistiaeth ar ôl gwrando ar bregeth gan Griffith Jones. Cyfarfu â Howel Harris ym 1737; rhyngddynt cymerasant at arweinyddiaeth y Diwygiad Methodistaidd, ond bu cweryl rhyngddynt yn ddiweddarach ac aeth y ddau i'w ffyrdd eu hunain ym 1752. Arhosodd yn ffyddlon i Galfiniaeth Whitefield yn hytrach nag Arminiaeth Wesley. Cododd gapel yn Llangeithio ac ef a arweiniodd y diwygiad a darddodd o'r pentref hwnnw ym 1762. Roedd yn bregethwr gwych a byddai ei bregethau yn denu miloedd o bob rhan o Gymru. Roedd yn awdur nifer o lyfrau Cymraeg a chyhoeddwyd llawer o'i bregethau mewn dwy gyfrol ym 1772 a 1775. Bu farw ym 1790.

ffeiriau, marchnadoedd a mynwentydd, er y byddent hefyd yn pregethu mewn eglwysi plwyf pan na cheid gwrthwynebiad. Byddai llawer o Fethodistiaid, fodd bynnag, yn cael tröedigaeth yn y seiadau—dosbarthiadau bychain gyda rhwng pump a deuddeg aelod—a oedd yn anelu at feithrin datblygiad ysbrydol yr unigolyn, a lle byddai'r aelodau yn cael eu hannog i gyffesu eu gwarth a'u pechodau, i roi mynegiant i'w profiadau a'u hofnau, ac i geisio cael cysur, gras a thröedigaeth. Cynnyrch profiadau personol dwfn a deimlwyd yn y seiadau hyn yw llawer o emynau pwysicaf William Williams, Pantycelyn, ac ef yn anad neb a lwyddodd i fynegi ac i gyfleu bywiogrwydd, egni ac yn wir orfoledd y mudiad i genedlaethau'r dyfodol.

William Williams, Pantycelyn

Ganed ym 1717 yng Nghefn-coed, Llanfair-ar-y-bryn, Sir Gaerfyrddin. Amaethwr ac un o henaduriaid Eglwys Annibynnol Cefnarthen oedd ei dad. Addysgwyd ef yn lleol ac yn Academi Ymneilltuol Chancefield ger Talgarth, Sir Frycheiniog. Rhoddodd heibio ei fwriad o fod yn feddyg pan gafodd dröedigaeth dan bregethu Howel Harris yn Nhalgarth ym 1737. Ym 1740 urddwyd ef yn ddiacon a daeth yn gurad i Theophilus Evans yn Llanwrtyd, Llanfihangel Abergwesyn a Llanddewi Abergwesyn yn Sir Frycheiniog. Fodd bynnag, golygodd ei weithgarwch Methodistaidd y tu allan i'w blwyfi iddo gael ei wahardd rhag debyn urddau offeiriad ym 1743. Cysegrodd weddill ei oes i'r mudiad Methodistaidd fel pregethwr teithiol a sylfaenydd a goruchwyliwr seiadau Methodistaidd. Priododd ym 1748 ac ymsefydlu ym Mhantycelyn. Ei gyhoeddiad cyntaf oedd *Aleluia* (1744), y casgliad cyntaf o ffrwd faith o emynau a'i gwnaeth yn emynydd pwysicaf hanes Cymru. Mae ei waith yn cyfleu nwyd grefyddol gydag uniongyrchedd anghyffredin a golud symbolaidd er bod ei ansawdd yn anwastad a'i ddefnydd o'r iaith yn aml yn wallus. Ysgrifennodd hefyd nifer o gerddi crefyddol pwysig a thua deg ar hugain o farwnadau i'w gyd-Fethodistiaid, yn ogystal â gweithiau rhyddiaith enwog a fwriedid i annog twf ysbrydol dychweledigion y Diwygiad Methodistaidd. Cyhoeddodd tua deg a phedwar ugain o lyfrau a phamffledi i gyd. Bu farw ym 1791.

William Williams, Pantycelyn (1717–91), emynydd mawr y Diwygiad Methodistaidd.

Enillodd y Methodistiaid, a apeliai at y galon yn ogystal â'r pen, ddilynwyr o blith y werin ddifreintiedig, yr ieuenctid, y gwragedd a'r tlodion. Ond yn bennaf oll roedd Methodistiaeth yn fudiad y 'math canolig o bobl' yng nghymdeithas Cymru yn y ddeunawfed ganrif, ffermwyr a chrefftwyr yn arbennig, pobl lythrennog, sobr, gymharol gefnog a oedd yn llafar a chroyw eu barn ac yn barod eu hymateb. Mae hyn yn gwrthgyferbynnu'n hollol ag apêl John Wesley ymhlith y tlodion yn Lloegr. Cyn 1760 roedd Methodistiaeth yn fwyaf llwyddiannus yn ne Cymru lle roedd traddodiad nerthol o Anghydffurfiaeth ac o ddadlau diwinyddol yn parhau, a mwy o barodrwydd i dderbyn dylanwadau allanol. Arweiniodd anghydfod rhwng Harris a'r arweinwyr eraill ym 1752 at rwyg ac at wanhad mewn cefnogaeth hyd nes y cafwyd cymod rhwng y ddwy blaid ym 1763. Ar ôl hynny cafwyd llwyddiant nodedig yn nhir newydd y gogledd, a nodwyd gan ail don o ddiwygiad gydag emynau Pantycelyn yn rhan ganolog ohoni. Efelychwyd technegau'r Methodistiaid yn fwriadol gan sectau Anghydffurfiol eraill megis y Bedyddwyr a'r Annibynwyr a dyfodd yn rhyfeddol tua diwedd y ganrif.

Arhosodd Methodistiaeth y tu mewn i'r Eglwys Anglicanaidd hyd 1811 pan sefydlwyd y cyfundeb Calfinaidd Cymreig. Amcangyfrifwyd ym 1816 bod 343 o achosion Methodistaidd yng Nghymru; dyma'r corff an-Anglicanaidd mwyaf o bell ffordd ac un a fwynhâi ddylanwad llawer mwy na'i faint. Roedd chwyldro crefyddol wedi digwydd.

Ann Griffiths

Ganed ym 1776 yn Nolwar Fach yn Llanfihangel-yng-Ngwynfa yn Sir Drefaldwyn. Ym 1796 profodd dröedigaeth grefyddol a dod yn aelod o gyfeillach Fethodistaidd ym Mhontrobert. Ar ôl hynny cysegrodd ei bywyd yn gyfan gwbl i Dduw a'r achos Methodistaidd, a daeth Dolwar Fach yn ganolfan pregethu Methodistaidd.

Heddiw cofir amdani oherwydd ei llythyrau a'i hemynau. Mae'r llythyrau yn adlewyrchu awyrgylch y cyfarfodydd Methodistaidd yn fyw, tra bo'r emynau, y mae pedwar ar ddeg a thrigain ohonynt yn dal ar gael, yn cyfleu ei phrofiadau personol, ysbrydol, dwys. Roedd hefyd yn meddu ar gryn allu barddonol, ac yn defnyddio iaith rythmig, felodaidd yn nhraddodiad y Methodistiaid Calfinaidd. Bu farw ym 1805 yn fuan ar ôl genedigaeth ei merch.

Pam y cafodd y Methodistiaid Cymreig y fath lwyddiant ysgubol? Roedd eu dulliau yn newydd a gwahanol, yn gyffrous, yn ddramatig a phellgyrhaeddol, gan eu galluogi i dreiddio'n ddwfn i gymdeithas Gymreig. Roedd dadfeiliad rhannol hen gymunedau a hen ffurfiau lled-baganaidd o ddiwylliant poblogaidd wedi gadael rhyw fath o wagle ar adeg pan oedd ymdeimlad yr unigolyn o'i bersonoliaeth ei hun yn datblygu. Cynigiai Methodistiaeth orfoledd a drama ar yr un pryd yn ogystal ag ymdeimlad o drefn a disgyblaeth a lle pendant i'r unigolyn o fewn cymdeithas gythryblus. Heblaw hynny, roedd grym anferth Anglicaniaeth a'i threfniadaeth effeithiol a lesteiriodd dwf Anghydffurfiaeth a

Methodistiaeth yn Lloegr yn gystadleuydd llawer eiddilach yng Nghymru, lle roedd yr Eglwys yn llwm a hynafol, ac yn analluog i ddarparu dysg digonol na gwasanaethau addas. I ryw raddau edrychid ar Fethodistiaeth yng Nghymru fel cyfrwng i brotestio yn erbyn dominyddiaeth draddodiadol yr yswain a'r person. Roedd Cymru'n brin o lawer o'r atyniadau oedd gan Loegr i'w cynnig yn y ddeunawfed ganrif: y posibilrwydd o gael bywyd aristocrataidd datblygedig, masnach, busnes a diwydiant ar raddfa fawr, a bywyd diwylliannol neu wleidyddol egnïol. Felly roedd Methodistiaeth yn gallu cynnig y cyffro a sicrhaodd ei lwyddiant yng Nghymru.

Trawsffurfiodd y mudiad fywydau lliaws o unigolion ac yn y diwedd bu'n symbyliad i enwadau Ymneilltuol eraill. Arweiniodd at adnewyddiad yr Eglwys ac Ymneilltuaeth. Atgyfnerthwyd y rhinweddau Piwritanaidd traddodiadol—megis cyfiawnder, darbodaeth, gonestrwydd a dirwest—gan y difrifoldeb newydd a chan y pwyslais a osodid ar bechod a drygioni. Lansiodd y Methodistiaid yn ogystal ymosodiad ar y llawenydd a darddai o arferion gwerin traddodiadol y cymunedau Cymreig. Negyddol fu eu dylanwad ar wleidyddiaeth hefyd; eu hathroniaeth sylfaenol oedd derbyn eu tynged mewn bywyd, cadw'n dawel a pheidio ag ymhél â materion gwleidyddol, ac anogent eu dilynwyr i gadw'n glir oddi wrth fudiadau Radicalaidd. Er hynny cawsant ddylanwad dwfn a phellgyrhaeddol ar fywyd crefyddol, athronyddol, llenyddol a chymdeithasol Cymru. Daeth y capel yn ganolbwynt bywyd cymdeithasol gan ddominyddu ar weithgareddau pobl yn yr ardaloedd gwledig a'r ardaloedd diwydiannol newydd fel ei gilydd, a chan weithredu 'fel cyffur rhag y dioddef a achoswyd gan y Chwyldro Diwydiannol'.

Llenyddiaeth a'r Eisteddfod

Cafwyd dadeni llenyddol rhyfeddol yng Nghymru yn ystod y ddeunawfed ganrif. Roedd *Gweledigaetheu Y Bardd Cwsc* gan Ellis Wynne a gyhoeddwyd ym 1703 yn ymgorffori'r gwerthoedd Piwritanaidd yn ei gondemniad ffyrnig ar ddrygioni ac oferedd, ond mae ei arddull a'r ddelweddaeth sydd ynddo yn gwbl arbennig. Roedd tarddiad yr adfywiad yn hynafiaethol. Roedd yr *Archaeologia Britannica* (1707), gwaith Edward Lhuyd, Ceidwad Amgueddfa Ashmole yn Rhydychen, yn archwilio tarddiad yr iaith Gymraeg a dylanwadodd ar yr holl astudiaethau Celtaidd ar ôl hynny. Roedd dull Theophilus Evans, er iddo geisio efelychu Lhuyd, yn bell o fod yn ysgolheigaidd yn ei fersiwn o hanes Cymru yn *Drych y Prif Oesoedd* (1716). Ond cafodd ei waith gryn effaith gan mai ei adroddiad chwedlonol oedd unig syniad y mwyafrif o Gymry llythrennog am hanes eu cenedl. Ysgrifennodd Goronwy Owen, un o feirdd amlycaf Cymru, yn y mesurau barddol traddodiadol Cymreig gyda manylder mawr ac mewn iaith ddisgybledig, adlewyrchiad o ysgol Awgwstaidd y ddeunawfed ganrif yn llenyddiaeth Lloegr. Meithriniwyd astudiaeth o lenyddiaeth Gymraeg gan Gymdeithas Anrhydeddus y Cymmrodorion a sefydlwyd ym 1751 a Chymdeithas y Gwyneddigion a sefydlwyd ym 1771 gan Gymry Llundain. Dyma pryd yr aeth hanes a golygfeydd Cymru â sylw llawer o awduron Saesneg ar raddfa nas gwelwyd ei thebyg cyn hynny, ac adlewyrchwyd hynny mewn corff o lenyddiaeth dopograffigol. Daeth y diddordeb cynyddol mewn

Edward Lhuyd

Ganed tua 1660 ym mhlwyf Lappington, yn fab anghyfreithlon i Edward Lloyd, Llanforda, Croesoswallt, ac addysgwyd ef yn lleol ac yng Ngholeg Iesu, Rhydychen. Nid enillodd radd yno, a hynny'n bennaf oherwydd iddo ymserchu'n llwyr yng ngwaith arbrofol gwyddonol Amgueddfa Ashmole, lle daeth yn gofrestrydd y cyrsiau cemeg, yn Is-Geidwad ym 1687 ac yn Geidwad ym 1691. Teithiodd yn helaeth drwy'r gwledydd Celtaidd yn sgil ei waith ymchwil, a chafwyd rhagflas o ffrwyth ei ymchwil yng nghyfrol gyntaf ei *Archaeologia Britannica* (1707), man cychwyn astudiaethau modern ieithoedd a henebion Celtaidd. Derbyniodd lu o anrhydeddau, ond bu ei ddiwydrwydd anghyffredin yn dreth ar ei iechyd a bu farw ym 1709. Claddwyd ef yn Rhydychen. Roedd yn ŵr eang ei orwelion a'i ddiddordebau; ymddiddorai mewn planhigion pan oedd yn blentyn, a daeth yn fotanegydd brwd, ond o 1693 ymlaen ffiloleg a hynafiaethau oedd prif feysydd ei astudiaethau. Cadwai nodiadau manwl, copïai lawysgrifau'n ofalus a gohebai'n eang â nifer fawr o ysgolheigion. Ar ôl ei farw aeth ei lawysgrifau ar chwâl a chollwyd amryw mewn tanau, ond ceir rhai ohonynt yn Llyfrgell Caerdydd ac eraill yn y Llyfrgell Genedlaethol. Rhydychen yw cartref ei lythyron niferus. Ni chafwyd erioed olynydd teilwng i barhau â'i waith, ond bu ei ddylanwad yn drwm ar nifer o'i ddisgyblion, gan gynnwys Moses Williams, William Wootton a Morrisiaid Môn.

Iolo Morganwg (1747–1826), saer maen, bardd, hynafiaethydd, ffugiwr a chrëwr Gorsedd y Beirdd yn yr Eisteddfod Genedlaethol.

hynafiaethau Cymreig a dylanwad y mudiad Rhamantaidd ag adnewyddiad i'r eisteddfod na chlywsid sôn amdani er chwedegau'r unfed ganrif ar bymtheg. Ei phrif noddwyr oedd Thomas Jones o Gorwen ac Iolo Morganwg, creawdwr seremoni'r orsedd a ffugiwr hynod lwyddiannus barddoniaeth Dafydd ap Gwilym.

Bywyd gwleidyddol
Daeth cynrychiolaeth seneddol Cymru i gael ei dominyddu gan gylch hynod ddewisol a chefnog o deuluoedd sirol a âi o nerth i

Iolo Morganwg

Ganed ym 1747 yn Edward Williams yn Llancarfan, Morgannwg. Enilliai ei fywoliaeth fel saer maen. Dylanwadwyd arno pan oedd yn ŵr ifanc gan nifer o eiriadurwyr a beirdd a chan yr adfywiad hynafiaethol a diwylliannol yng Nghymru. Daeth ef ei hun yn fardd yn y Gymraeg a'r Saesneg, yn gasglwr a chopïwr llawysgrifau ac yn hynafiaethydd. Daeth yn aelod gweithgar o Gymdeithas y Gwyneddigion yn Llundain yn y 1770au, mynychai gylchoedd Radicalaidd ac ym 1802 cynorthwyodd i sefydlu'r Gymdeithas Undodaidd yn ne Cymru. Dioddefodd nifer o golledion trymion mewn busnes ac fe'i gwnaed yn fethdalwr. Ef a gyflwynodd yr Orsedd, ei ddyfais ef ei hun, fel rhagarweiniad i'r eisteddfod a gynhaliwyd yn Nhafarn yr Ivy Bush yng Nghaerfyrddin ym 1819.

Ym 1789 cyhoeddodd gyfrol o farddoniaeth yr hawliai ef ei bod yn waith Dafydd ap Gwilym, ond a ysgrifennwyd ganddo ef ei hun mewn gwirionedd. Cyhoeddodd farddoniaeth Saesneg yn ogystal, nifer fawr o emynau, traethawd ar fydryddiaeth Gymraeg a llawer o ryddiaith a barddoniaeth amrywiol yr ymddangosodd llawer ohonynt ar ôl ei farw. Gwnaeth gyfraniad o bwys i'n dealltwriaeth o hanes a llenyddiaeth Morgannwg. Ond roedd ganddo ddychymyg toreithiog ac roedd yn barod i ddefnyddio ei ddoniau mawr i ffugio ffynonellau hanes Cymru ac i gamarwain ei gyfoeswyr. Yn y diwedd dangosodd ymchwiliadau Griffith John Williams yn y ganrif hon mai ffugiwr ydoedd. Treuliodd Iolo ei flynyddoedd olaf yn paratoi defnyddiau llenyddol a hanesyddol ar gyfer y wasg. Bu farw yn Nhrefflemin ym Mro Morgannwg ym 1826.

---

nerth yn economaidd ac yn wleidyddol. Drwy gydol y ddeunawfed ganrif cynrychiolwyd Cymru yn San Steffan gan gylch cyfyng o deuluoedd sirol megis teulu Williams-Wynn, Morganiaid Tredegar, Manseliaid Margam, Vaughans y Golden Grove a Bulkeleys Baron Hill. Daethant i ystyried y seddau sirol fel eu heiddo personol, adlewyrchiad o'u ffyniant economaidd diamheuol a ddôi â grym a bri cyffredinol iddynt. Ystyrid etholaethau fel eiddo teuluol etifeddol i'w cymynnu o'r naill genhedlaeth i'r llall. Roedd cynrychiolwyr o'r fath, a oedd yn argyhoeddedig o lwyddiant a gwerth Uno 1536, yn eu huniaethu eu hunain yn agos â Lloegr ac yn dod i fawrygu'r cyfansoddiad Seisnig a ystyrient yn barhaol, yn ddiysgog a chyfiawn, ac yn batrwm o berffeithrwydd. Daeth diogelu eiddo yn bennaf diddordeb iddynt.

Teulu Williams-Wynn

Teulu o Wynnstay, Rhiwabon, Sir Ddinbych. Hwy oedd tirfeddianwyr mwyaf Cymru, yn meddu 150,000 o erwau yn siroedd Dinbych, Meirionnydd a Threfaldwyn erbyn y bedwaredd ganrif ar bymtheg. Daeth William Williams (1634–1700) yn Llefarydd Tŷ'r Cyffredin ac yn Dwrnai Cyffredinol, a phrynodd ystad Llanforda ger Croesoswallt. Enillodd aelodau olynol y teulu ystadau Glascoed, Plas-y-Ward, Gwydir, Wynnstay, Llwydiarth a Mathafarn drwy briodas. Cynrychiolodd olyniaeth hir o Wyniaid Sir Ddinbych yn y Senedd o 1716 hyd 1885 pan drechwyd y seithfed barwnig gan George Osborne Morgan. Cynrychiolodd Charles Williams Wynn, un o'r ychydig Gymry a fu'n aelod o'r Cabinet yn y bedwaredd ganrif ar bymtheg, Sir Drefaldwyn yn ogystal o 1799 hyd 1850. Mor helaeth oedd y tiroedd a grynhowyd gan y teulu fel y gelwid hwy yn 'frenhinoedd digoron gogledd Cymru'. Pan fu farw'r degfed barwnig ym 1951 daeth y plasty yng Nglanllyn ger y Bala yn un o ganolfannau Urdd Gobaith Cymru ac mae'n parhau felly hyd heddiw. Erbyn hyn mae Wynnstay yn gartref i Goleg Lindisfarne.

Nid oedd y nifer bychan, annigonol, o etholwyr Cymreig—dim rhagor na 25,000 o ddynion, tua phedwar y cant o'r boblogaeth—â'r gallu i greu sialens effeithiol i'w penarglwyddiaeth; roedd gwleidyddiaeth yn fater o ddifrawder. Roedd pleidleisio i feistr gwleidyddol yn cael ei ystyried yn weithred o wrogaeth yn gymaint yn y gymdeithas ddiwydiannol newydd ag mewn hen gymunedau gwledig. Câi agwedd o'r fath ei chyfnerthu gan ddysgeidiaeth yr ysgolion cylchynol a'r seiadau Methodistaidd. Pa un bynnag, roedd ymryson etholiadol yn achlysur hynod o brin yn yr etholaethau sirol a'r etholaethau bwrdeistrefol fel ei gilydd, a hynny'n rhannol oherwydd bod y costau a olygai hynny yn sylweddol. Nodweddid yr ychydig etholiadau a gâi eu cynnal gan gynhennau teuluol, mân gynllwynion a chamymddwyn a llygredd o bob math. Byddai swyddogion etholiadol yn gwbl haerllug yn eu parodrwydd i ddangos eu cefnogaeth a chymerent ran mewn gweithredoedd annheg yn aml.

Digon di-nod oedd record yr Aelodau Seneddol Cymreig yn San Steffan ar yr adeg yma. Roedd labelau plaid yn ddiystyr i raddau helaeth, ac fel rheol yn adlewyrchu traddodiad a chynhennau teuluol yn hytrach na pholisi, ac ni ddaeth unrhyw bynciau amlwg Gymreig i'r amlwg mewn bywyd gwleidyddol. Roedd llawer o aelodau na fyddai'n mynychu dadleuon ond yn anaml, gan ddewis sianelu eu hegnïon yn hytrach i sicrhau dyrchafiad i aelodau eu teuluoedd a'u gweision. Nid oedd gan rai ohonynt unrhyw ddiddordeb o gwbl mewn gwleidyddiaeth genedlaethol ac ystyrient arweinyddion gwleidyddol cenedlaethol gyda chymysgedd o amheuaeth a dirmyg.

Jacobiaeth

Ychydig o bobl yng Nghymru a brotestiodd yn erbyn esgyniad Siôr y Cyntaf ym 1714. Roedd y Jacobyddion dygn a cefnogai hawl y Stiwartiaid Catholig i deyrnas Lloegr, yn cynnwys Syr Watkin Williams-Wynn o Wynnstay, Arglwydd Bulkeley a Lewis Pryse o Ogerddan. Roedd y mwyafrif o Anghydffurfwyr yn ymfalchïo yn esgyniad yr Hanoferiaid ac allan o'r 300 o glerigwyr a wrthododd dyngu llw o deyrngarwch i Gwilym a Mari dim ond deunaw ohonynt oedd yn dod o Gymru. Ychydig iawn o bleidwyr Cymreig a ddilynodd Iago i'w alltudiaeth, ond ceir tystiolaeth o fodolaeth clybiau Jacobyddol yng Ngheredigion a Threfaldwyn. Cafodd cymdeithas Jacobyddol yn ne-orllewin Cymru a adwaenid fel y Sea Serjeants ei hadnewyddu ym 1725, ac roedd cymdeithas gyffelyb yn gweithredu ym Môn yn y 1730au a chyfarfyddai clwb Jacobyddol cyfrinachol o'r enw Cylch y Rhosyn Gwyn yn Wrecsam o dan arweiniad Syr Watkin Williams-Wynn. Ond ni wnaed unrhyw ymdrech i gyd-drefnu gweithgareddau nac i greu corff cenedlaethol. Cafwyd ychydig o gyffro yn Wrecsam i gyd-fynd â gwrthryfel 1715 ac achosodd torf Jacobyddol yn cario pastynau beth braw yn Sir Benfro, ond roedd Cymru ar y cyfan yn heddychlon ac yn parchu'r gyfraith. Yn yr un modd, pan ddechreuodd gwrthryfel 1745, ychydig iawn o gefnogaeth a gafwyd o Gymru. Ofer fu cenhadaeth y milwr ifanc, Harri Llwyd o Gwmbychan ym Meirionnydd, i ddeffro gogledd Cymru i gefnogi achos yr Ymhonnwr Ifanc. Roedd y gweithgareddau yng Nghymru yn dangos diffyg cynllunio a rhagwelediad llwyr. Yn wir, mudiad cymdeithasol yn bennaf, un anymarferol a goroptimistig, oedd

Jacobiaeth yng Nghymru, ac roedd wedi ei gyfyngu i grŵp bychan dethol o'r bonedd gwledig. Trosglwyddodd y rhan fwyaf o'r ysgwieriaeth Gymreig ei theyrngarwch i Dŷ Hanofer gan ymhyfrydu yn eu cysylltiad â'r orsedd ac yn eu rhagolygon am wobrwyon gwleidyddol a hunanddyrchafiad drwy eu cysylltiadau ag aelodau o'r llys ac â gwleidyddion dylanwadol. Roedd llawer o deuluoedd mawr Cymru—Y Waun, Glynllifon, Margam a Mostyn yn eu plith—yn elynion anghymodlon i'r achos Jacobyddol, tra bu Williams-Wynn farw ym 1749.

Y Radicaliaeth newydd

Ond fe greodd y newidiadau yn ail hanner y ddeunawfed ganrif (oes Rhesymoliaeth) hinsawdd newydd yng Nghymru a brofodd yn fagwrfa gydnaws i syniadau radicalaidd. Hon oedd oes y Goleuo ac oes athronwyr megis Voltaire, Diderot, Rousseau a Montesquieu. Darllenid eu gwaith yn eang gan fyfyrwyr Cymreig yn yr academïau Ymneilltuol, lle yr anogid hwy i gwestiynu cysyniadau megis gwirionedd y Beibl ac ymyriad dwyfol. Erbyn y 1740au roedd

Richard Price

Ganed yn Llangeinor, Morgannwg, ym 1723, a'i addysgu mewn nifer o academïau Anghydffurfiol, a daeth yn gaplan teuluol i George Streatfield yn Stoke Newington. Pan fu Streatfield farw ym 1757 daeth yn weinidog ar nifer o dai cwrdd yn Llundain. Ar yr un pryd cyhoeddodd gyfres o draethodau sylweddol ar ddiwinyddiaeth, a daeth yn arbenigwr ar ystadegau yswiriant a demograffiaeth gan ddylanwadu ar bolisïau cyllidol Shelburne a William Pitt.

Sicrhaodd ei *Observations on the Nature of Civil Liberty* (1776) a'i bamffledi eraill fod ei enwogrwydd yn ymledu ymhellach. Ni phetrusodd erioed yn ei farn fod gan y trefedigaethau Americanaidd hawl absoliwt i wrthwynebu'r hyn a fynnai Senedd Prydain, agwedd a dynnodd gryn warth ar ei ben ond a enillodd gryn barch iddo hefyd am iddo godi safon y ddadl. Derbyniodd nifer o anrhydeddau yn Lloegr ac America, ond gwrthododd wahoddiad i ddod yn ddinesydd Americanaidd. Erbyn heddiw fe'i cofir yn bennaf am ei *A Discourse on the Love of our Country* (1789), sy'n amlygu ei frwdfrydedd tanbaid ynglŷn â digwyddiadau dechreuol y Chwyldro Ffrengig. Bu farw ym 1791.

daliadau Arminiaidd wedi gwreiddio yn yr ardal rhwng afonydd Aeron a Theifi yng Ngheredigion. Ymledodd syniadau 'hereticaidd', cynnyrch yr Arminiaid, yr Ariaid, yr Undodwyr a'r Deïstiaid, drwy lawer rhan o Gymru.

Rhoddodd Rhyfel Annibyniaeth America hwb i'r syniadau radicalaidd newydd hyn a gwestiynai hen gredoau. Ym 1776 cyhoeddwyd y Datganiad o Annibyniaeth enwog gan gyd-daro ag ymddangosiad y gwaith dylanwadol ac arloesol *Observations on the Nature of Civil Liberty* gan Dr Richard Price, yr athronydd Radicalaidd. Gwerthwyd 60,000 o gopïau o'r pamffled ar fyr o dro a chafwyd deuddeg argraffiad erbyn diwedd y flwyddyn. Mynnai Price fod gan bob cymuned yr hawl i'w llywodraethu ei hun, mai dim ond ymddiriedolwyr a oedd yn gyfrifol am weithredu dymuniadau eu hetholwyr oedd Aelodau Seneddol a bod gwadu'r cyfrifoldeb hwnnw yn gyfystyr â bradwriaeth. Dylanwadodd ei ddadleuon ar ffordd y gwladychwyr Americanaidd o feddwl. Bu Cymro arall, David Williams, brodor o Gaerffili a Deïstydd pybyr, yn ddylanwadol erbyn y 1780au oherwydd ei draethodau miniog a di-dderbyn-wyneb ar addysg, rhyddid crefyddol a'r etholfraint. Ei gyhoeddiad mwyaf dylanwadol oedd *Letters on Political Liberty* a ymddangosodd ym 1782 ac a gynigiai syniadau gwleidyddol arloesol a oedd yn achub y blaen ar yr hyn y galwai'r Siartwyr amdano. Dim ond cyfran fechan iawn o boblogaeth Cymru a ddarllenodd waith Price a Williams, ond dechreuwyd cyhoeddi pamffledi gwleidyddol yn y Gymraeg o'r 1770au ymlaen, a byddai'r baledwyr yn lleisio beirniadaeth agored ar y llywodraeth yn ystod y rhyfel Americanaidd ac yn pledio achos egwyddorion democrataidd.

Yn y cyfamser dechreuodd y galw am ddiwygiadau seneddol—pleidlais gyffredinol, seneddau blynyddol ac etholaethau cyfartal eu maint—hawlio sylw'r Ymneilltuwyr Cymreig a oedd fel grŵp yn gymharol gefnog ac o bosibl wedi cael eu haddysgu'n well na neb arall o fewn y gymdeithas Gymreig. Roedd Ymneilltuwyr yn dal i fod dan rai anfanteision: roeddynt yn gyfarwydd ag amddiffyn rhyddid crefyddol yr unigolyn yn erbyn y Wladwriaeth a daethant yn fuan i ddechrau amddiffyn rhyddid gwleidyddol yr unigolyn. Ond ni ellir gwadu mai dim ond lleiafrif bychan o'r Cymry, Anghydffurfwyr llythrennog a llafar, pobl fywiog, ymwybodol, gymedrol, gan mwyaf, oedd yn coleddu syniadau democrataidd ar ddechrau'r Chwyldro Ffrengig. Am y bobl gyffredin sicrhâi'r Eglwys, y Methodistiaid a'r ysgolfeistri na wyddent ddim oll am eu hawliau gwleidyddol nac am eu hawl i lunio eu tynged eu hunain.

Y Chwyldro Ffrengig

Croesawodd Richard Price y chwyldro fel cam cyntaf yng ngwelliant hanes y ddynoliaeth. Yn ei bregeth, *A Discourse on the Love of our Country*, a draddododd ar 4 Tachwedd 1789, haerodd fod sofraniaeth yn perthyn i'r bobl a bod y Brenin yn atebol iddynt hwy, ymresymiad a symbylodd Burke i ysgrifennu ei *Reflections on the Revolution in France*. Daeth cydymdeimlad pellach â'r chwyldro o gyfeiriad Cymry eraill yn Llundain a oedd wedi meithrin cysylltiadau agosach â'u mamwlad yng Nghymru ac o gyfeiriad rhai gweinidogion Ymneilltuol yn ne Cymru. Aeth Morgan John Rhys, gweinidog gyda'r Bedyddwyr o Forgannwg, i Baris ym 1791 i ddosbarthu beiblau, a dychwelodd adref a golygu pum rhifyn o'r *Cylch-grawn Cymraeg*, y cyfnodolyn Cymraeg cyntaf i drafod themâu crefyddol a gwleidyddol, a cheisiodd sefydlu clybiau gwleidyddol yn ne Cymru. Cyhoeddodd y gweinidog Undodol, Thomas Evans (Tomos Glyn Cothi) dri rhifyn o *The Miscellaneous Repository or Y Drysorfa Gymmysgedig* ym 1795, ac fe'i carcharwyd ym 1801 am ganu caneuon bradwrus. Cyhoeddodd John Jones (Jac Glan-y-Gors) ddau bamffled Cymraeg pwysig ym 1795 a 1797, y naill a'r llall yn dibynnu i raddau helaeth ar *The Rights of Man* gan Tom Paine. Pamffledwyr a oedd yn awyddus i wrthsefyll gormes a gorthrwm ond nad oedd ganddynt unrhyw gynllun pendant ar gyfer diwygio, oedd dynion o'r fath yn y bôn. Roedd y mwyafrif o Gymry yn deyrngar i'r frenhiniaeth.

Pan laniodd y Ffrancwyr yng Ngharreg Wastad yn Sir Benfro ar 22 Chwefror 1797 fel rhan o gynllun i oresgyn Iwerddon, ymledodd braw a dychryn drwy dde-orllewin Cymru a chafodd hynny ei gynyddu gan sibrydion bod Anghydffurfwyr lleol yn rhan o'r cynllwyn. Yn y diwedd methiant llwyr fu'r ymgais. Ar ôl hynny tyfodd brwdfrydedd gwladgarol yn erbyn y bygythiad Napoleonaidd yng Nghymru, brwdfrydedd a atgyfnerthwyd gan ddigwyddiadau eithafol y Chwyldro, yn arbennig yr ymosodiadau ar Gristionogaeth, a chan galedi rhyfel a threthi'r rhyfel.

Er hynny parhaodd olion y cwynion Radicalaidd Cymreig: gorthrwm y system wleidyddol, y degwm (a gâi ei gasáu yn neilltuol gan y nifer cynyddol o Ymneilltuwyr), y modd y gweithiai'r system gyfreithiol (a ystyrid yn faes i'r dosbarthiadau breintiedig yn unig) ac anghyfiawnder economaidd a deimlid yn llawer gwaeth oherwydd newidiadau diwydiannol ac effeithiau economaidd y Rhyfeloedd Ffrengig ar bris grawn, prinder bara, chwyddiant a chyflogau isel. Câi'r cwynion hyn eu mygu gan afael caethiwus economaidd a gwleidyddol y 'Lefiathaniaid Mawr' ar Gymru,

Jemima Nicholas

Arwres a fu o gymorth, yn ôl y traddodiad, i drechu glaniad y Ffrancwyr ym 1797. Roedd byddin o Ffrainc, o dan arweiniad Americanwr o'r enw Tate, wedi cael ei hanfon i fyny Môr Hafren i gychwyn gwrthryfel ymhlith y werin yn Lloegr. Gorfodwyd i'r fyddin gan y gwyntoedd lanio ar arfordir Cymru lle, ar ôl iddynt dreulio rhai dyddiau yn ysbeilio, yr ildiodd y Ffrancwyr i Iwmyn Castellmartin dan arweiniad yr Arglwydd Cawdor. Dywed traddodiad iddynt gael eu dal oherwydd i'r Ffrancwyr gamgymryd tyrfa o ferched lleol, dan arweiniad Jemima Nicholas, wedi eu gwisgo yn eu siolau cochion a'u hetiau uchel duon, am dwr o filwyr. Dywedir iddi ddefnyddio fforch wair i ddal nifer o Ffrancwyr ar ei phen ei hun. Bu farw ym 1832.

dylanwadau'r Eglwys a Methodistiaeth, a chan weithgareddau gorthrymus a deddfwriaeth y llywodraeth yn ystod y Rhyfeloedd Ffrengig. Roedd rhagorfraint ac eiddo yn dal i deyrnasu ym 1815, ond o leiaf roedd hadau ymgais y Radicaliaid i sicrhau rhyddid a chyfiawnder wedi eu plannu yng Nghymru, ac roeddynt i ddwyn ffrwyth yn fuan yng nghynghrair nerthol Ymneilltuaeth Radicalaidd a dosbarth gweithiol llafar a gwleidyddol ymwybodol yn y bedwaredd ganrif ar bymtheg.

7 Y Chwyldroadau Amaethyddol a Diwydiannol

Amaethyddiaeth Cymru

Parhaodd amaethyddiaeth Cymru yn gyntefig ymhell i'r bedwaredd ganrif ar bymtheg; roedd daliadau yn fychain, ac roedd technegau ffermio yn ddigyfnewid ac yn cael eu hetifeddu o'r naill genhedlaeth i'r llall. Roedd y rhan fwyaf o'r tir yn nwylo ffermwyr bychain o denantiaid a oedd yn talu rhent blynyddol. Roedd yr aredig yn aneffeithiol, prin y gwyddid am y defnydd o wreiddlysiau, anaml y câi cnydau eu cylchdroi a defnyddid calch yn ddiwahaniaeth fel yr unig wrtaith. Ceirch a haidd oedd prif ffynhonnell cynhaliaeth. Roedd y tywydd llaith a'r tir mynyddig yn anochel yn golygu bod llawer mwy o sylw'n cael ei roi i fugeilio nag i drin y tir. Roedd magu defaid a gwartheg yn cynnal amrywiaeth o ddiwydiannau atodol a oedd yn hanfodol i economi Cymru: masnach egnïol mewn nwyddau gwlân, nyddu gwlân yn edafedd (diwydiant cartref a oedd yn arbennig o addas i ferched mewn cymunedau amaethyddol) a gwerthiant ymenyn a chaws ym marchnadoedd Llundain, Bryste ac ardaloedd y Gororau. Câi gwartheg eu magu yn bennaf i ddarparu cig ar gyfer Llundain a chanolfannau eraill yn Lloegr, ac roedd porthmyn yn aelodau uchel eu bri mewn cymdeithas hyd ddyfodiad y rheilffyrdd, er eu bod yn amhoblogaidd yn fynych am eu bod yn twyllo'r gwerinwyr.

Y Chwyldro Amaethyddol

Roedd y ddeunawfed ganrif wedi gweld newidiadau pellgyrhaeddol a chyflym mewn technegau amaethyddol yn Lloegr, a'r rheini yn cael eu hannog gan yr angen i fodloni poblogaeth a oedd yn tyfu yn ei maint ac a oedd yn dod yn fwyfwy trefol a diwydiannol yn ei natur. Roedd Cymru yn anorfod yn llusgo ymhell y tu ôl i ardaloedd tir âr pwysig a blaenllaw megis East Anglia, er mai Sir Frycheiniog, ym 1755, oedd cartref un o'r cymdeithasau amaethyddol cyntaf ym Mhrydain. Araf iawn fu'r syniadau newydd i greu unrhyw argraff ar Gymru lle roedd y ffyrdd yn gul ac yn cael eu hesgeuluso, lle nad oedd braidd neb yn darllen y llawlyfrau ffermio Saesneg newydd, lle roedd y tirfeddianwyr mawrion yn aml yn absennol a lle roedd dosbarth yr iwmyn yn brin o gyfalaf a mentr.

Bu newid, fodd bynnag, yn ystod Rhyfeloedd Napoleon (1793–1815) pan welwyd cynnydd aruthrol mewn chwyddiant yng Nghymru fel ymhobman arall, a chynnydd mawr hefyd ym mhris grawn. Dechreuodd ffermwyr Cymru, oherwydd y pwysau arnynt i gynyddu eu cynnyrch o fwyd, aredig mwy a mwy o dir, gan gynnwys tir glas, tir ymylol a llawer o dir mynyddig. Câi tir comin a thir diffaith eu hamgáu ar raddfa fawr. Yn ail, daeth arloeswyr megis Arthur Young, Syr John Sinclair a William Marshall â'r technegau amaethyddol newydd i Gymru. Dyma pryd y dechreuodd rhai o'r tirfeddianwyr mawr a oedd yn awyddus i gynyddu eu helw hyd yr eithaf, ddangos diddordeb brwd yn y dulliau newydd. Erbyn diwedd y rhyfeloedd roedd gan bob rhan o Gymru gymdeithasau amaethyddol sirol neu leol. Uwchlaw popeth, anogid gwella tir glas o ran ansawdd porfa a magu stoc. Yn hytrach na lladd yr holl wartheg yn yr hydref ar Galan Gaeaf oherwydd diffyg porthiant yn y gaeaf, roedd y ffermwyr yn eu cadw'n fyw drwy'r flwyddyn ac roedd y boblogaeth yn gallu cael cig ffres yn hytrach na'r cig wedi ei halltu a fu'n gyfrifol am ddiffyg maeth ar raddfa eang. Dechreuwyd ar yr arfer o gylchdroi cnydau yn ardaloedd y tir âr yn dilyn y patrymau llwyddiannus a ddefnyddid yn Norfolk lle roedd patrwm o dyfu maip, ceirch, meillion a gwenith yn cael ei ddefnyddio'n gyffredinol. O ganlyniad cynyddodd y cynnyrch, lleihaodd costau cynhyrchu a chafwyd rhagor o elw. Rhoddwyd blaenoriaeth i gyfnewidiadau ac arbrofion yn arbennig wrth fridio gwartheg a defaid yn wyddonol.

Er hynny, roedd Cymru yn llusgo y tu ôl i lawer rhan o Loegr yn y gwelliannau hyn. Yn anochel, y bonedd tirog a ffermwyr y tir gorau a fyddai'n elwa fwyaf; roedd diffyg cyfalaf yn cyfyngu ar ymdrechion y ffermwyr bychain. Dengys arolwg a wnaed ym 1801 mai ceirch oedd y prif gnwd mewn llawer rhan o Gymru o hyd; dim ond yn ne Sir Benfro, Penrhyn Gŵyr a Dyffryn Clwyd yr oedd haidd yn cael y lle blaenaf, a gwenith yn nwyrain Mynwy, Bro Morgannwg a thiroedd isel dyffrynnoedd Hafren, Gwy a Wysg yn unig. Roedd Arthur Young wedi mynegi syndod at gyflwr cyntefig amaeth ym Morgannwg yn y 1760au a'r 1770au. Er i'r sefyllfa wella llawer yn ystod y deugain mlynedd canlynol, nid oedd yn welliant cyffredinol ac roedd yn digwydd yn gymharol hwyr ac araf.

Trafnidiaeth mewn ardaloedd gwledig

O ddatblygiadau diwydiannol y deilliodd gwelliannau mewn ffyrdd, ond roeddynt hefyd yn hwyluso newidiadau amaethyddol. O'r 1790au ymlaen cafwyd camlesi i gysylltu rhai o ardaloedd amaethyddol yr iseldir a'r canolfannau diwydiannol a'r prif borthladdoedd. Ond ar y ffyrdd y cludid y rhan fwyaf o gynnyrch amaethyddol. O 1555 ymlaen, y plwyfi oedd yn gyfrifol am gynnal y ffyrdd, ac o 1675 ymlaen roedd ganddynt hawl i godi tollbyrth i gwrdd â'r gost. Oddeutu 1750 sefydlwyd cwmnïau a elwid yn gwmnïau tyrpeg a chawsant ganiatâd y llywodraeth i ddarparu ffyrdd newydd neu i wella rhai oedd ar gael eisoes. Er mwyn codi'r arian angenrheidiol, byddai'r cwmnïau yn cyhoeddi bondiau ffyrdd ac yn talu llog arnynt ac, er mwyn eu digolledu eu hunain, byddent yn codi rhagor o dollbyrth lle byddai'n rhaid i deithwyr ar gefn ceffyl neu mewn cerbyd dalu tollau. Cynhyrchodd y cwmnïau rwydwaith o ffyrdd a gafodd dderbyniad ffafriol gan sylwebwyr cyfoes; cynyddwyd y cysylltiadau â Lloegr, yn arbennig â phrif drefi marchnad y Gororau, hyrwyddwyd masnach a chafodd sianelau cyfathrebu eu gwella, yn arbennig pan gwblhawyd ffordd y post Gwyddelig drwy Gaerfyrddin ym 1787. Codwyd llawer o bontydd yn sgil y ffyrdd, megis y bont enwog ym Mhontypridd a godwyd gan William Edwards. Ond ceir tystiolaeth i rai o'r cwmnïau gamreoli'r ffyrdd oedd yn eu gofal a chynyddu nifer y tollbyrth i'r fath raddau nes iddynt ddod yn faich ar amaethyddiaeth a meithrin anfodlonrwydd yng nghefn gwlad Cymru.

Amgáu tiroedd

Galluogodd amgáu caeau agored a thir diffaith i fwydydd gael eu cynhyrchu ar raddfa lawer mwy. Yng Nghymru cafodd tiroedd ar hyd ochrau'r mynyddoedd, a oedd cyn hynny wedi cael eu trin gan ffermwyr bychain ar eu liwt eu hunain, eu hamgáu ar raddfa eang. Roedd amgáu tir diffaith drwy ddeddf Seneddol breifat yn bosibl er yn gynnar yn y ddeunawfed ganrif. Cafodd llawer deddf o'r fath yn ymwneud â Chymru eu pasio cyn 1793, ond rhwng 1793 a 1815 cyflwynwyd un ar bymtheg a thrigain o ddeddfau o'r fath a oedd yn ymwneud â 200,000 o erwau, tua'r wythfed ran o'r holl dir comin a thir diffaith. Roedd y Comisiynwyr a gâi eu henwi yn y Ddeddf (stiwardiaid yr ystadau mwyaf yn aml) yn rhannu'r comin ac yn tueddu i ffafrio'r tirfeddianwyr mawr ar draul y 'sgwatwyr' yr oedd yn rhaid iddynt fod wedi trigo ar eu daliadau am un mlynedd ar hugain cyn y caent hawl gyfreithiol i'w meddiannu. Roedd anghydfod ynglŷn â pherchenogaeth yn gyffredin yn y gweundiroedd a gallai gwrthwynebiad lleol i amgáu tir fod yn ffyrnig; cafwyd terfysgoedd yn Llanddeiniolen yn Sir Gaernarfon ym 1809 ac ar y Mynydd Bach yng Ngheredigion ym 1812, ond prin iawn oedd adweithiau ffyrnig o'r fath. Roedd tri math o dir a oedd yn agored i gael ei amgáu: gweundiroedd mynyddig, diffeithdir arfordirol a chorsydd ar dir isel yn y dyffrynnoedd. Yn y modd hwn gweddnewidiwyd rhannau helaeth o gefn gwlad Cymru: crewyd ffermydd newydd, codwyd cloddiau a ffensys newydd a chrewyd ffyrdd newydd. Hwyluswyd bridio gwyddonol drwy rwystro anifeiliaid rhag crwydro fel y mynnent. Ond roedd pris i'w dalu: ni allai llawer o ffermwyr bychain a thenantiaid fforddio cost amgáu a chodi cloddiau o amgylch eu tiroedd a gorfodwyd i rai ohonynt fudo i'r ardaloedd diwydiannol newydd. Gadawyd eraill heb ddigon o dir i gynnal eu gwartheg a dioddefwyd cryn galedi yn sgil hynny.

Anfodlonrwydd yn yr ardaloedd gwledig

Yn ystod y rhyfeloedd yn erbyn Ffrainc yn arbennig, dioddefodd y ffermwr bach yn arw: collodd ei hawliau pori, cododd y rhenti, roedd ŷd yn brin ac yn ddrud, a chafwyd cyfres o gynaeafau gwlyb a gwael rhwng 1795 a 1800 a thrachefn rhwng 1808 a 1812. Ar ben hynny, gwelwyd cyflymu dramatig yng nghyfradd cynnydd y boblogaeth a hynny'n rhoi straen ychwanegol ar adnoddau annigonol cefn gwlad Cymru. Y canlyniad oedd tlodi truenus gydag ardaloedd cyfan ar fin newynu, ac felly y parhaodd pethau hyd ddiwedd y Pedwardegau Newynog. Bu'n rhaid i laweroedd o ffermwyr Cymru roi'r gorau i ffermio a chollodd llawer ohonynt y cwbl pan fethodd y banciau gwledig yn yr 1820au. Cyflwynid prydlesi tymor byr yn aml, roedd rhacrentu yn gyffredin, ac roedd ofn cael eu troi allan o'u fferm yn bryder parhaus. Ar ôl diwedd y rhyfel ym 1815, gostyngodd prisiau cynwyddau amaethyddol, dychwelodd rhai gweithwyr diwydiannol i'w hen ardaloedd yn y wlad er mwyn osgoi effeithiau dirwasgiad diwydiannol, gwneid defnydd helaethach o beiriannau newydd gan gymryd lle gweision ffermydd, roedd trethi yn uchel ac roedd anfodlonrwydd cyffredinol ar led. Erbyn hyn roedd yna fwlch eglur i'w ganfod rhwng dau ddosbarth yng nghefn gwlad Cymru, rhaniad sylfaenol rhwng y bonedd Seisnigedig, Anglicanaidd, goludog a oedd i raddau helaeth yn byw i ffwrdd, a'r werin Ymneilltuol, Gymraeg ei hiaith, a oedd yn dioddef dygn dlodi. Diddymwyd cymorth allanol i'r tlodion gan Ddeddf Newydd y Tlodion ym 1834 a ddaeth â threfn lawer llymach i ymdrin â thlodion iach o gorff drwy greu'r tlotai. Ddwy flynedd yn ddiweddarach, pan orfodwyd talu'r degwm, a oedd yn aml yn nwylo lleygwyr erbyn hyn, mewn arian parod, cafwyd ymateb ffyrnig gan Ymneilltuwyr Cymru.

Terfysgoedd Beca

Dechreuodd aflonyddwch sifil difrifol yn ne-orllewin Cymru ym 1839. Roedd llawer o resymau am hyn, ond symbolau mwyaf diriaethol ac amlwg yr anfodlonrwydd oedd y tollbyrth ar y ffyrdd tyrpeg a ddaeth yn rhy niferus a lle roedd y tollau yn afresymol o uchel. Roedd y tollau ar galch yn arbennig o amhoblogaidd. Roedd clwydi newydd yn cael eu codi'n gyson gan yr ymddiriedolaethau er mwyn osgoi methdaliad, ac roedd rhai trefi megis Caerfyrddin wedi eu hamgylchu gan dollbyrth. Dilynwyd llosgi'r wyrcws newydd yn Narberth ym mis Ionawr 1839 gan ddryllio clwyd newydd yn yr Efailwen ar gyrion siroedd Caerfyrddin a Phenfro ym mis Mai. Ailgodwyd yr un tollborth ond fe'i drylliwyd drachefn rai wythnosau yn ddiweddarach, pan yrrwyd mintai o gwnstabliaid oedd wedi eu penodi'n arbennig ar ffo gan tua 400 o bobl wedi eu gwisgo mewn dillad merched. Dywedir bod eu harweinydd— Thomas Rees (Twm Carnabwth yn ôl y sôn)—wedi gwisgo dillad gwraig leol o'r enw Rebecca rhag i neb ei adnabod.

Yna dychwelodd heddwch i gefn gwlad Cymru am dair blynedd a hanner. Yna, yn ddirybudd, yng ngaeaf 1842, dinistriwyd clwyd newydd yn Sanclêr, ac ymledodd y trais yn fuan o siroedd Caerfyrddin a Phenfro i dde Ceredigion a gorllewin Morgannwg a hyd yn oed i Sir Faesyfed. Ym mis Mehefin 1843 ysbeiliwyd y wyrcws yng Nghaerfyrddin gan dyrfa fawr o ragor na dwy fil. Aeth y dinistrio rhagddo yn ddiosteg er i finteioedd mawrion o gwnstabliaid arbennig, plismyn o Lundain a milwyr gael eu hanfon i Gymru. Bu marwolaeth hen wreigan a ofalai am un o'r clwydi, yn hydref 1843, yn gyfrwng i amddifadu'r mudiad o lawer o gydymdeimlad a chefnogaeth y bobl, a thawelodd yr un mor ddirybudd ag y cychwynnodd.

Carcharwyd rhai o'r terfysgwyr a thrawsgludwyd ychydig ohonynt i Wlad Van Diemen. Ym 1843 roedd y llywodraeth wedi sefydlu Comisiwn Ymchwil i archwilio i achosion y terfysg. Drwy ddeddf a basiwyd ym 1844 cafodd ymddiriedolaethau pob sir yn ne Cymru eu cyfuno, hanerwyd y doll ar galch, symleiddiwyd patrwm y taliadau, a diddymwyd dyledion yr ymddiriedolaethau hynaf. Yn wir roedd Beca wedi ennill buddugoliaeth sylweddol.

'Pwnc y Tir'

Cafwyd gwelliant dramatig mewn amgylchiadau economaidd yng Nghymru wledig yn y 1850au pan fu galw cynyddol am gynnyrch ffermydd yn sgil twf y boblogaeth ddiwydiannol. Am y tro cyntaf, oherwydd dyfodiad y rheilffyrdd i rannau diarffordd cefn gwlad, roedd gan ffermwyr Cymru ffordd gyflym ac uniongyrchol i gyrraedd marchnadoedd pell ac, o ganlyniad, daeth gwerthu llaeth yn broffidiol. Hwylusodd dyfodiad y rheilffyrdd yn ogystal ymfudiad pobl nad oedd gwaith ar eu cyfer yng nghefn gwlad Cymru i'r ardaloedd diwydiannol.

Er gwaethaf y ffyniant newydd hwn, roedd problemau'n aros: lleoliadau anghysbell, gweithio ar raddfa fechan ac amgylchedd gerwin. Yn bennaf oll, roedd bwlch anferth wedi agor rhwng tenantiaid Ymneilltuol y ffermydd a'r meistri tir Seisnigedig, a oedd yn aelodau pybyr o'r Eglwys Sefydledig. Daliai llawer ohonynt i ystyried eu hystadau uwchlaw popeth arall fel ffynonellau incwm heb dalu nemor ddim sylw i broblemau eu tenantiaid. Byddent yn aml yn cyflogi Albanwyr neu Saeson yn stiwardiaid tir am y rheswm syml eu bod yn barod i fod yn ddideimlad, a hyd yn oed yn ddidostur, wrth godi'r rhenti eithafol ac wrth droi allan denantiaid na fyddai'n talu eu rhent neu a fyddai'n pleidleisio yn groes i fuddiannau gwleidyddol eu meistri tir. Dyma oedd craidd 'Pwnc y Tir' yn rhan olaf y bedwaredd ganrif ar bymtheg yng Nghymru.

Ymfudiad

Un ffordd o ddianc rhag trallodion tlodi cefn gwlad yn y bedwaredd ganrif ar bymtheg oedd ymfudo i wlad dramor. Yn wir, hwyliodd ffrwd gyson o bobl Cymru i America drwy gydol y ganrif. Ym 1796 prynodd Morgan John Rhys dir yng ngorllewin Pennsylvania er mwyn sefydlu'r *Cambrian Company* yn Philadelphia, trefedigaeth o Gymry gyda'r Gymraeg yn iaith swyddogol. Nid oedd gobaith i'w gynllun lwyddo gan ei fod yn gwbl groes i bolisi llywodraeth yr Unol Daleithiau o asio mewnfudwyr yn un genedl. Gadawodd minteioedd o deuluoedd o Gymru am Dde Affrica ym 1820 a Brasil ym 1850. Ym mhumdegau'r ganrif prynodd Samuel Roberts o Lanbrynmair 100,000 acer o dir yn nwyrain Tennessee i sefydlu gwladfa o sefydlwyr Cymreig, ond achosodd effeithiau Rhyfel Cartref America iddynt ddychwelyd adref ymhen deng mlynedd. Yng Ngorffennaf 1865 glaniodd mintai o 150 o Gymry o dan arweiniad Michael D. Jones yn Nyffryn Chubut ar arfordir dwyreiniol Patagonia. Gyda chymorth llywodraeth yr Ariannin ac esiampl llwythau'r Indiaid lleol, goresgynnodd y wladfa galedi mawr ac mae'n dal mewn bodolaeth i ryw raddau hyd heddiw.

Achosodd y dirwasgiad a ddioddefodd amaethyddiaeth Cymru yn saithdegau'r ganrif ymfudo ar raddfa lawer mwy i Awstralia, Canada a'r Unol Daleithiau, ac yn gyfochrog â hynny ymfudodd nifer fawr o bobl o'r ardaloedd diwydiannol i fwynfeydd a

Y Wladfa

Sefydlwyd Gwladfa Gymreig ym Mhatagonia, yr Ariannin, yn ne America ym 1865, fel ymgais ar ran Cymry America i sianelu'r ymfudo cyson a fu i ogledd America yn ystod y ganrif i wlad lle ceid amodau mwy ffafriol o safbwynt gwarchod iaith a diwylliant y Cymry. Aeth tua 163 o Gymry yno ar y cychwyn, y mwyafrif ohonynt o gymoedd y de ond â'u gwreiddiau'n ddwfn yn ardaloedd cefn gwlad Cymru. Bu'n rhaid iddynt ddioddef blynyddoedd o galedi enbyd oherwydd meithder anial Dyffryn Camwy, ond buont yn ddigon ffodus i sicrhau cymorth ymarferol llywodraeth yr Ariannin a'r Indiaid brodorol—sef y *Tuelche*—a'u dysgodd i hela. Aeth grwpiau eraill o Gymry allan i'r Wladfa o bryd i'w gilydd hyd at 1914.

Llwyddwyd i gynnal bywyd trwy gyfrwng yr iaith Gymraeg hyd at o leiaf droad y ganrif—cyhoeddid gwerslyfrau a phapurau Cymraeg, codid capeli a chynhelid eisteddfodau—ond yna torrwyd ar y patrwm gan fewnfudwyr o Sbaen a'r Eidal. Torrwyd y cysylltiad â Chymru yn ystod yr Ail Ryfel Byd, ond fe'i hadferwyd i ryw raddau ar ôl 1965. Erbyn heddiw, mae llai na phum mil o siaradwyr Cymraeg ar ôl yn y Wladfa a'r mwyafrif ohonynt yn oedrannus neu'n ganol oed. Cynhyrchodd y Wladfa ddau lenor Cymraeg o bwys, sef Eluned Morgan ac R. Bryn Williams.

gweithfeydd haearn yr Unol Daleithiau, ymfudiad a symbylwyd gan effaith tariff gwarthus McKinley ar y diwydiant alcam yng Nghymru. Yn y cyfamser, ym 1869, ymfudodd John Hughes, brodor o Ferthyr Tudful, i Rwsia ac, ar wahoddiad llywodraeth Rwsia, ffurfiodd y Cwmni Rwsiaidd Newydd er mwyn datblygu diwydiannau haearn a dur yn y wlad. Rhoddwyd yr enw Yuzovka ar y dref a dyfodd o amgylch ei ffowndrau, ac ymfudodd llawer o bobl o Gymru i fyw yno.

Diwydiant Cymru

Roedd cyflymdra cynyddol y newid diwydiannol yn un o nodweddion trawiadol economi Cymru a ddaeth yn fwy cynhyrchiol ac amrywiol nag erioed o'r blaen yn y ddeunawfed ganrif. Daeth nifer o ffactorau ynghyd i greu'r chwyldro diwydiannol yng Nghymru: ymddangosiad dyfeisiadau newydd a oedd yn cynyddu'r gyfradd gynhyrchu ac yn gostwng costau llafur; mewnlifiad cyfalaf sylweddol a gâi ei ddarparu fel rheol gan Saeson mentrus; ac effaith rhyfel a oedd yn galw am ddyfeisiadau newydd ac yn symbylu galwadau newydd am haearn, copr, plwm, alcam a glo. Fel y gwelsom, cyn tua 1750 roedd mentrau diwydiannol yng Nghymru yn rhai lleol ar raddfa fechan a gyflogai weithwyr rhan amser neu dymhorol. Newidiodd hyn i gyd ar fyr o dro. Ym Môn roedd mwynfeydd copr Mynydd Parys a Mona a oedd ym meddiant Thomas Williams, y 'brenin copr', yn cyflogi 1,200 o ddynion ac yn galluogi Williams i bennu pris y metel ar y farchnad rhwng 1787 a 1792. Sefydlodd weithiau mwyndoddi yn Amlwch ac yn ardal Abertawe a daeth yn berchennog nifer fawr o longau. Cafodd chwareli llechi Gwynedd eu hymestyn yn helaeth gan Richard Pennant, Arglwydd Penrhyn. Daeth sefydlu gweithfeydd copr a phres yn Nhreffynnon â bywyd newydd i ddiwydiant a oedd wedi hen ymsefydlu yng ngogledd-ddwyrain Cymru. Ffynnodd y gweithfeydd cynhyrchu alcam ym Mhontypŵl a chrochenwaith yn Ewenni, Abertawe a Nantgarw.

Y diwydiant haearn

Trefnwyd gweithfeydd haearn Bersham yng ngogledd-ddwyrain Cymru gan John Wilkinson, tra cafodd dwy ardal yn y de eu diwydiannu'n helaeth, ardal Abertawe–Castell-nedd a oedd yn nodedig am ei gweithfeydd mwyndoddi copr, ac ardal ddeunaw milltir o hyd rhwng Blaenafon a Hirwaun a oedd yn ymestyn ar hyd ffin ogleddol y maes glo. Erbyn 1815 roedd yr ardal hon yn cynnwys wyth o weithfeydd haearn mawr yn ogystal ag amrywiaeth o rai llai. Roedd angen cyflenwad mawr o fetel ar gyfer cynhyrchu arfau rhyfel yn ystod y Rhyfel Saith Mlynedd 1756–63 pan gwtogwyd ar gyflenwadau metel tramor. Roedd yr holl ddefnyddiau crai angenrheidiol ar gael yn yr ardal: mwyn haearn, calchfaen ar gyfer y toddyddion a ddefnyddid wrth fwyndoddi, glo ar gyfer golosg, a choed a cherrig addas ar gyfer adeiladu. Rhoddwyd y cyllid angenrheidiol gan fasnachwyr o Fryste a Llundain, a daeth yr arbenigrwydd technegol oddi wrth nifer o feistri haearn o ganolbarth Lloegr.

Daeth John Guest o Broseley yn Swydd Stafford i reoli gweithfeydd Dowlais ym 1759 (a rhoddodd gychwyn ar weithfeydd Plymouth ym 1763), ac yn yr un flwyddyn cychwynnodd Anthony Bacon a William Brownrigg, meistri haearn o Cumberland,

Gwaith haearn Cyfarthfa, Merthyr Tudful, Canol Morgannwg. Ysgythriad cyfoes gan J G. Wood dyddiedig 1811.

weithfeydd Cyfarthfa a brynwyd yn ddiweddarach gan Richard Crawshay, gŵr o Swydd Efrog. Prynodd Bacon weithfeydd Plymouth hefyd oddi wrth Guest a gwneud ei ffortiwn wrth gynhyrchu magnelau yn ystod Rhyfel Annibyniaeth America. Ym 1784 sefydlodd Francis Homfray a'i fab Samuel, a oedd fel Guest yn dod o Broseley, weithfeydd ym Mhenydarren. Felly, meistri haearn Seisnig fu'n gyfrifol am y pedwar gwaith haearn byd-enwog ym Merthyr Tudful. Cafodd y ffyniant yn y diwydiant haearn ei gynnal gan y galw am gyflenwadau milwrol yn ystod y Rhyfeloedd Ffrengig o 1793 hyd 1815, gan ddyfodiad oes y rheilffyrdd gartref a thramor yng nghanol y ganrif, a chan yr amrywiaeth helaeth o gynhyrchion diwydiannol a domestig a wneid o haearn. Erbyn 1827 roedd diwydiant haearn de Cymru yn cyflenwi hanner allforion haearn Prydain.

Roedd newidiadau ac arbrofion technolegol yn rhan hanfodol o'r llwyddiant hwn, yn arbennig y ffaith bod gwell fersiwn o beiriant ager James Watt ar gael yn fasnachol ym 1775, a darganfyddiad pwdlo yn wythdegau'r ganrif, sef y 'dull Cymreig' o drawsnewid haearn bwrw yn haearn hydrin drwy ei ddatgarboneiddio mewn ffwrnais ddatseiniol, a berffeithiwyd yn gyntaf, yn ôl pob tebyg, gan Henry Cort yng ngweithfeydd haearn Hampshire. Dyfeisiodd Homfray lawr haearn ar gyfer ei ffwrneisi yn ne Cymru a

110

datblygodd Wilkinson ddull newydd o dyllu silindrau yn Bersham. Ym 1838 cafwyd dyfais a'i gwnaeth yn bosibl defnyddio glo carreg mewn ffwrneisi blast a thrwy hynny alluogi sefydlu gweithfeydd haearn newydd ym maes glo'r gorllewin, yn arbennig yng nghymoedd Gwendraeth ac Aman. Ond bu cyflwyno proses Bessemer ym 1856 (a ddaeth â chryn welliant yn ansawdd dur ac a leihaodd yr amser a gymerid i'w gynhyrchu), a phroses tân agored newydd ym 1867 yn gyfryngau a'i gwnaeth yn bosibl i ddur gael ei ddefnyddio ar gyfer adeiladaeth gyffredinol. Roedd y prosesau hyn yn galw am fwynau wedi eu mewnforio ac yn arwain o'r herwydd at ail-leoli'r diwydiant ar yr arfordir, yng Nghasnewydd, Caerdydd, Port Talbot, Abertawe a Llanelli.

Y diwydiant glo

Ar y cychwyn, nid oedd glo, a ddefnyddid mewn prosesau mwyndoddi, yn ddim mwy na changen o'r diwydiant haearn. Ond dechreuwyd defnyddio glo de Cymru yn danwydd domestig yn Llundain yn nhridegau'r ganrif a daeth yn boblogaidd dramor yn fuan, yn arbennig ar ôl i'r tollau gael eu diddymu ym 1834 a 1850. Dechreuodd y rheilffyrdd a'r llongau stêm ddefnyddio mwy a mwy o lo rhydd Cymru, a oedd yn dod yn gynyddol boblogaidd gyda llawer o lyngesau a diwydiannau tramor. Arweiniodd y newidiadau hyn at agor pyllau glo newydd heb unrhyw gysylltiad rhyngddynt a'r diwydiant haearn, yn arbennig yng nghymoedd Rhondda Fawr a Rhondda Fach lle roedd y gwythiennau glo ymhell o dan yr wyneb. Erbyn hyn Cymry brodorol oedd yr arloeswyr, yn eu plith Walter Coffin a George Insole, y ddau yn enedigol o Forgannwg. Rhagflaenodd adeiladu rhwydwaith o reilffyrdd drwy'r maes glo yn y pumdegau a'r chwedegau ymlediad anferth yn y diwydiant pan ddaethpwyd i wir werthfawrogi cyfoeth unigryw'r glo oedd ar gael. Ar yr adeg honno, David Davies o Landinam, a gymerodd brydles yn Rhondda Fawr ym 1864, oedd perchennog pyllau glo amlycaf de Cymru ac ym 1887 ffurfiodd yr *Ocean Coal Company Limited*. Ef hefyd ym 1880 a ddechreuodd adeiladu rheilffordd i gysylltu cymoedd Rhondda gyda'r porthladd newydd yn y Barri.

Ymddangosai'r cynnydd sydyn yn y defnydd o beiriannau stêm symudol, llongau ager a pheiriannau ager mewn diwydiant yn warant o ffyniant. Trodd llawer o'r cwmnïau a fu'n cynhyrchu haearn cyn hynny yn gwmnïau cynhyrchu glo yn unig. Ym 1913, codwyd 57 miliwn tunnell o lo yn ne Cymru, dros ei hanner ar gyfer ei allforio, a chyflogid 250,000 o fwynwyr yn y diwydiant. Dim ond ar ôl 1880 pan sylweddolwyd bod glo carreg yn arbennig o addas ar gyfer ei losgi mewn stofau caeedig a systemau gwres canolog, y daeth mwyngloddio ac allforio yn bwysig yn y maes glo caled i'r

---

David Davies, Llandinam ('Top Sawyer')

Ganed yn Llandinam, Sir Drefaldwyn, ym 1818, a gadawodd yr ysgol ym 1829 i helpu ei dad yn y fasnach goed. Ym 1846 cafodd ei gomisiynu i godi pont ar draws Afon Hafren yn ei bentref genedigol—gwaith a'i harweiniodd i ddod yn gontractwr ar gyfer adeiladu rheilffyrdd. Daeth yn berchennog glofeydd mwyaf blaenllaw cymoedd Rhondda, ac ymgorfforwyd ei byllau glo yn yr *Ocean Coal Company* ym 1887, a sicrhaodd ei waith yn adeiladu porthladd y Barri ym 1884 ddatblygiad cyflym y dref honno. Crynhodd ffortiwn anferth, cyfrannodd yn hael i achosion crefyddol ac addysgol, ac roedd yn llwyrymwrthodwr ac yn Fethodist Calfinaidd defosiynol. Bu'n Aelod Seneddol Rhyddfrydol dros Fwrdeistrefi Ceredigion o 1874 hyd 1886, roedd yn un o lywodraethwyr Coleg Prifysgol Cymru, Aberystwyth, o 1872 ymlaen, a chynrychiolodd Landinam ar Gyngor Sir Trefaldwyn o 1889 ymlaen. Bu farw ym 1890.

Gwasanaethodd ei ŵyr o'r un enw, y cyntaf i ddal y teitl y Barwn Davies o Landinam, fel Aelod Seneddol Rhyddfrydol dros Sir Drefaldwyn o 1906 hyd 1929. Ef a sylfaenodd y cylchgrawn *The Welsh Outlook* ym 1914 a dangosodd ddiddordeb parhaus mewn heddwch a materion rhyngwladol a chynorthwyodd i sefydlu'r Deml Heddwch yng Nghaerdydd ym 1938. Trigai chwiorydd yr Arglwydd Davies, Gwendoline a Margaret, yn Neuadd Gregynog ger y Drenewydd (sydd erbyn hyn yn ganolfan cynadleddau preswyl o dan ofal Prifysgol Cymru), roeddynt yn noddwyr Gwasg Gregynog ac etifeddodd Amgueddfa Genedlaethol Cymru eu casgliad gwerthfawr o waith celf.

---

gorllewin o Gwm Nedd. Cafwyd marchnadoedd yr oedd mawr angen amdanynt yn y gwledydd ar arfordir Môr Llychlyn ac yng ngwledydd gogledd-orllewin Ewrop.

Trafnidiaeth a ffyrdd

Roedd y ffyrdd newydd a adeiladwyd yn sgil y Chwyldro Diwydiannol yn cysylltu'r meysydd glo a'r môr, a'r bwysicaf ohonynt oedd y ffordd o Ferthyr i Gaerdydd a adeiladwyd ym 1767 ac yr ychwanegwyd canghenffordd o Aberdâr ati yn fuan ar ôl hynny. Cyn bo hir roedd ffyrdd yn cysylltu Merthyr ag Abertawe a'r Fenni. Y meistri haearn oedd yn bennaf cyfrifol ym mhob achos. Pan ddaeth y 'chwiw camlesi' i Gymru yn ystod degawd olaf y ddeunawfed ganrif gwariwyd symiau anferth o arian wrth geisio goresgyn y problemau a achosid gan y tir mynyddig. Cysylltai Camlas Morgannwg, a ddechreuwyd ym 1791, Ferthyr ac Aberdâr â Chaerdydd, tra oedd Casnewydd wedi ei chysylltu â Chrymlyn ac â'r Fenni ac Aberhonddu. Roedd camlesi yn rhedeg ar hyd cymoedd Nedd a Thawe yn ogystal, ac roedd y Drenewydd a'r Trallwng wedi eu cysylltu â chamlas ag Afon Merswy.

Er bod y camlesi yn darparu cludiant rhatach na'r ffyrdd, cawsant eu disodli o bumdegau'r ganrif ymlaen gan dramffyrdd a rheilffyrdd a oedd yn aml yn dilyn yr un llwybrau o'r canolfannau diwydiannol i'r arfordir. Ym mis Chwefror 1804 llwyddodd Richard Trevethick i redeg ei locomotif a yrrid gan ager, o Benydarren i Abercynon gan dynnu llwyth o ddeg tunnell a deg a

Pontydd Telford

Brodor o Swydd Dumfries yn yr Alban oedd Thomas Telford (1757–1834) a ddaeth yn enwog oherwydd ei waith peirianyddol yn Swydd Amwythig ar Gamlas Ellesmere. Roedd yn gyfrifol am y traphontydd dŵr dros Afon Ceiriog yn y Waun (1796–1801) a thros Afon Dyfrdwy ym Mhontcysylltau (1795–1805), y cyfeiriwyd atynt yn ddigon teg gan ei gyfoeswyr fel gwrthrychau 'oedd ymhlith ymdrechion glewaf dyfeisgarwch dyn yn yr oes fodern'. Ar ôl derbyn gwahoddiad gan lywodraeth y dydd i roi ei sylw i'r ffordd o Amwythig i Gaergybi, cynlluniodd bont dros Afon Menai i gymryd lle'r fferi beryglus ym Mangor, pont grog a oedd bryd hynny yn rhywbeth dieithr i beirianwyr Prydain. Ar ôl i'r Senedd gydsynio i ddarparu'r cyllid angenrheidiol aeth y gwaith ar y bont yn ei flaen o 1819 hyd 1825. Bu Telford yn gyfrifol hefyd am bont gyffelyb dros aber Afon Conwy a godwyd rhwng 1822 a 1826, ac am arolygu ffyrdd de-orllewin Cymru. Cafodd ei gladdu yn Abaty San Steffan.

thrigain o bobl—un o'r locomotifau ager cyntaf yn y byd. Ym 1841, agorodd Cwmni Cwm Taf reilffordd o Ferthyr i Gaerdydd a oedd wedi ei harolygu gan y peiriannydd enwog, Isambard Kingdom Brunel, y rheilffordd gyntaf o bwys yng Nghymru. Agorwyd rheilffyrdd eraill yn fuan i gysylltu Rhiwabon a Chaer yn y gogledd, canolfannau diwydiannol Mynwy â Chasnewydd, a Chwm Nedd ag Aberdâr. Ym 1849, am y tro cyntaf, aed â'r post ar gyfer Iwerddon ar y rheilffordd o Gaer i Gaergybi, dolen gyswllt hanfodol bwysig, a chwblhawyd rheilffordd o Gaerloyw i Hwlffordd ym 1854. Ym 1864 o'r diwedd cysylltwyd Amwythig ac Aberystwyth â rheilffordd. Cwblhawyd Twnnel Hafren ym 1888.

Un o ganlyniadau adeiladu rhwydwaith o reilffyrdd oedd twf cyflym trefi a bywyd trefol yng Nghymru. Pan gynhaliwyd y cyfrifiad cyntaf ym 1801, Merthyr Tudful, gyda phoblogaeth o 7,700, oedd y dref fwyaf yng Nghymru o ddigon. Daliai i fod ar y blaen ym 1861 gyda phoblogaeth o dros 50,000, ond golygodd y dirywiad ar ôl hynny yn y diwydiant dur iddi gael ei goddiweddyd yn fuan gan drefi eraill. Sicrhaodd yr amrywiaeth o ddiwydiannau yn ardal Abertawe dwf cyson yn y boblogaeth drwy gydol y bedwaredd ganrif ar bymtheg, tra tyfodd Caerdydd, a oedd yn bentref heb ragor na 1,870 o bobl yn byw yno ym 1801, ar raddfa enfawr ar ôl i gymoedd Rhondda gael eu datblygu. Roedd y porthladd cyntaf wedi ei adeiladu gan Ardalydd Bute mor gynnar â 1839, ond ychwanegwyd rhai eraill yn fuan ar ôl hynny, gan gynnwys Penarth ym 1865, y Barri ym 1889, yr oedd yn rhaid wrthynt er mwyn lleddfu'r dagfa yng Nghaerdydd.

Effeithiau diwydiannaeth

Dichon mai'r canlyniad gweledol amlycaf oedd anharddu cefn gwlad gan ffwrneisi, simneiau uchel a rhesi o dai erchyll. Dinoethwyd llawer i fangre a oedd yn enwog am ei phrydferthwch o bob tyfiant. O safbwynt dynol roedd cost diwydiannaeth yn uchel. Roedd trefi yn ymddangos yn gyflym, heb eu cynllunio na'u rheoli, ac yn cael eu poblogi i raddau helaeth gan bobl o'r wlad a oedd wedi eu dadwreiddio a'u drysu o ganlyniad, ac a orfodid i fyw yn deuluoedd mawr mewn tai bychan eu maint a bregus eu hadeiladwaith. Roedd yn rhaid codi'r terasau hir o dai ar gyfer y gweithwyr y naill uwchben y llall oherwydd bod cymoedd Morgannwg mor gul. Roedd y cyflenwadau dŵr yn aml wedi eu llygru ac roedd y trefniadau iechydol o angenrheidrwydd yn gyntefig; roedd carthffosydd agored yn gyffredin mewn llawer man.

Robert Owen

Ganed ym 1771 yn y Drenewydd, Sir Drefaldwyn, yn fab i gyfrwywr a gwerthwr nwyddau haearn. Ym 1781 aeth yn brentis i ddilledydd Albanaidd yn Stamford, Swydd Lincoln. Daeth yn argyhoeddedig bod natur dyn yn cael ei ddylanwadu gan ei amgylchedd uwchlaw popeth arall, cred y mynnodd yn nes ymlaen iddi blannu ynddo 'gariad diderfyn' tuag at ei gyd-ddyn. Bu'n gweithio fel cynorthwywr i ddilledydd yn Llundain, a symudodd i Fanceinion i geisio gwneud ei ffortiwn. Pan oedd yn ugain oed cafodd ei benodi'n rheolwr melin nyddu gyda gweithlu o oddeutu 500. Ym 1795 daeth yn bartner reolwr y *Chorlton Twist Company*, ac ymhen pedair blynedd ar ôl hynny prynodd weithfeydd New Lanark a oedd i ddod ag ef i enwogrwydd. Ei fwriad yno oedd gwella amgylchiadau mewn ffatrïoedd, lleihau oriau gwaith, addysgu plant y ffatri a chyflwyno 'cytgord diwydiannol'.

Arweiniwyd ef gan ei lwyddiant amlwg yn New Lanark fel arloeswr ym maes diwygio ffatrïoedd i ddadlau o blaid darparu system addysg wladwriaethol a chymorth i'r di-waith gan y Wladwriaeth. Breuddwydiai am sefydlu 'pentrefi cydweithredol' lle byddai bywyd cydweithredol yn dod yn ddiben ynddo'i hunan. O 1824 hyd 1828 gwariodd tua £40,000 ar arbrawf cydweithredol yn New Harmony, Indiana, UDA, a fu'n aflwyddiannus yn y pen draw. Daeth i gael ei barchu'n fawr gan lawer o fudiadau poblogaidd, yn arbennig yn America. Cynrychiolai ei Undeb Llafur Unedig Cenedlaethol, a ffurfiwyd ym Mhrydain ym 1834, benllanw ymdrech Owen i drefnu llafur, bu'n gyfrwng heddychol ar gyfer dyheadau cyfreithlon y dosbarthiadau gweithiol ac roedd yn symbyliad o bwys i ddatblygiad y mudiad undebau llafur. Yn ystod ei flynyddoedd olaf dirywiodd i fod yn hunangyfiawn a ffurfiodd 'grefydd' Owenaidd gyda'i hemynau ei hun. Bu farw yn y Drenewydd ym 1858. Ym 1903 talwyd am godi adran Robert Owen yn Llyfrgell Gyhoeddus y Drenewydd gan yr Undeb Cydweithredol. Codwyd cerflun ohono yng nghanol y dref ym 1956 ac agorwyd amgueddfa er cof amdano yn y Drenewydd ym 1983. Dylanwadodd ei gredoau ar syniadau Sosialaeth Gymreig fodern ac ar arbrofion mewn economi cydweithredol. Un o'i ddisgyblion pwysicaf yng Nghymru oedd R. J. Derfel (1824–1905).

O ganlyniad roedd twymyn heintus, twymyn yr ymysgaroedd ac, o 1831 ymlaen, colera yn digwydd yn aml, tra oedd anhwylderau ar yr ysgyfaint yn gyffredin. Roedd marwoledd ymhlith babanod yn arbennig o uchel ac roedd disgwyliad oes yn isel. Cyn pasio Deddf Mwyngloddiau 1842 byddai plant yn aml yn gweithio dan ddaear tra câi merched eu cyflogi'n anghyfreithlon i weithio yn y pyllau hyd ymhell ar ôl hynny. Gweithiai dynion oriau eithafol o hir o dan amgylchiadau peryglus ac afiach mewn pyllau glo a gweithfeydd metel fel ei gilydd, roedd y cyflogau yn gyffredinol yn isel ac yn aml yn cael eu talu ar ffurf arian tryc na ellid eu defnyddio yn unman ond yn siopau'r cwmni (neu'r siop dryc) lle roedd prisiau bwyd gwael ei ansawdd yn afresymol o uchel. Er gwaethaf hynny roedd yn well gan lawer o Gymry ddioddef amgylchiadau o'r fath yn hytrach na'r tlodi diobaith, y syrthni a'r diffyg cyfle i ddod ymlaen yn y byd a nodweddai'r ardaloedd cefn gwlad. I lawer o'r rhai a fudodd ymddangosai bwrlwm y cymunedau diwydiannol, a'r ymdeimlad o gyffro a chydlyniad cymdeithasol, yn dâl digonol ac argyhoeddid hwy eu bod wedi gwella eu byd.

Anfodlonrwydd diwydiannol: Terfysgoedd Merthyr

Roedd amodau o'r fath yn creu diflastod ac anfodlonrwydd ymhlith y dosbarthiadau gweithiol a oedd ar drugaredd amrywiadau masnachol yn barhaus. Roedd y dull llym o weithredu deddfau'r tlodion yn ennyn atgasedd arbennig. Ysgogwyd rhyw hunanymwybyddiaeth ymhlith y dosbarthiadau gweithiol hyn gan y galw am ddiwygio seneddol, rhyw ymwybyddiaeth newydd o'r gwrthdaro a ymddangosai'n anorfod rhwng y meistr a'i weithwyr, ac ymddengys bod gan Ferthyr draddodiad gwleidyddol arbennig o fywiog. Dwysawyd y tensiynau gan gynnydd sydyn yn y boblogaeth yn y 1820au, gan ddosbarthiad anghyfartal diwydiant, a chan y gostyngiad mewn cyflogau ym 1831. Ym mis Mehefin 1831 dinistriodd torf ym Merthyr yr adeilad lle cedwid cofnodion y llys o'u dyledion i fasnachwyr. Lladdwyd tuag ugain o bobl yn y terfysgoedd anghyffredin o ffyrnig a ddaeth yn sgil anfon mintai o filwyr Ucheldir yr Alban i adfer trefn. Diarfogwyd mintai o Iwmyn Abertawe gan y terfysgwyr y diwrnod canlynol. Alltudiwyd Lewis Lewis, un o'r arweinwyr, am ei oes a chafodd Richard Lewis (Dic Penderyn), a gyhuddwyd o anafu un o'r Ucheldirwyr, ei ddienyddio yng ngharchar Caerdydd er iddo fynnu nad oedd yn euog.

Bu Deddf a basiwyd ym 1831 i wneud y system dryc yn anghyfreithlon yn gymorth i atal drygau gwaethaf y system.

Ceisiodd rhai gweithwyr wella amodau drwy ffurfio undebau llafur, ond gwrthododd llawer o'r meistri haearn â chyflogi rhai oedd yn aelodau o undeb. Yn nauddegau, tridegau a hyd yn oed ym mhedwardegau'r ganrif, mynnodd minteioedd o weithwyr a elwid y Tarw Scotch ddial yn ystod oriau'r nos drwy ymosod ar ddynion nad oeddynt yn perthyn i'r undeb ac ar y cyflogwyr mewn ymgais i greu undod. Mae'r ffaith i'r mudiad undebau llafur Prydeinig ddod i'r amlwg yn ddyledus i raddau helaeth i ymdrechion y Cymro, Robert Owen, a oedd yn fab i gyfrwywr o'r Drenewydd.

John Frost

Ganed yng Nghasnewydd ym 1784. Prentisiwyd ef gyda'i dad-cu yn wneuthurwr esgidiau ac yn nes ymlaen bu'n gweithio fel cynorthwywr i ddilledydd ym Mryste a Llundain. Agorodd ei fusnes ei hun yng Nghasnewydd ym 1806 a phriododd wraig weddw leol ym 1812. Ym 1823 cafodd ei ddedfrydu i chwe mis o garchar ar ôl ei ddyfarnu'n euog o enllibio Thomas Prothero, clerc tref Casnewydd. Daeth yn weithgar mewn gwleidyddiaeth leol a chafodd ei ethol yn gynghorydd tref ym 1835 gan ddal nifer o swyddi dinesig a dod yn Faer Casnewydd. Etholwyd ef yn gynrychiolydd i Gynulliad y Siartwyr ym mis Hydref 1838. Roedd Frost yn y bôn yn ddylanwad cymedrol ar Siartaeth Sir Fynwy, ond roedd teimladau mwynwyr a gweithwyr haearn lleol wedi eu cynhyrfu. Methiant llwyr oedd yr orymdaith i Gasnewydd ar 2 Tachwedd 1839, pan arweiniwyd mintai'r Coed-duon gan Frost. Condemniwyd Frost, fel ei gyd-arweinwyr Zephaniah Williams a William Jones, i'w grogi a'i bedrannu oherwydd brad yn wreiddiol, ond newidiwyd y ddedfryd i alltudiaeth am oes. Gorfodwyd ef i ymgymryd â dwy flynedd o lafur caled oherwydd sylw difrïol a wnaeth am yr Arglwydd John Russell, Ysgrifennydd y Trefedigaethau. Fe'i hymrwymwyd i weithio mewn siop a bu'n gweithio hefyd fel ysgolfeistr. Derbyniodd bardwn amodol ym 1854 ac aeth i UDA, ond dychwelodd adref ym 1856 a chael croeso arwrol. Aeth i fyw i Stapleton ger Bryste lle y bu farw ym 1877 yn dair ar ddeg a phedwar ugain mlwydd oed.

Terfysg y Siartwyr yng Nghasnewydd, Gwent, ym 1839.

Siartaeth

Anfodlonrwydd ynglŷn â chyfyngiadau Deddf Diwygio 1832 a'r modd y gweithredid Deddf Newydd y Tlodion 1834 oedd y cymhelliad y tu ôl i dwf mudiad y Siartwyr a geisiai siarter o ddiwygiadau gwleidyddol fel y ffordd i iachawdwriaeth y bobl gyffredin. Anfonodd Hugh Williams, cyfreithiwr o Gaerfyrddin, negeswyr i drefi gwledig ac i ardaloedd diwydiannol de Cymru. Ym mis Ebrill 1839, cafwyd terfysg yn Llanidloes—adwaith i ddirwasgiad yn y diwydiant gwlanen—a olygodd anfon milwyr yno. Yng Nghasnewydd ar 3–4 Tachwedd trodd gwrthdystiad enfawr yn fethiant llwyr, oherwydd i drefniadau gofalus gael eu llesteirio gan storm fawr a alluogodd yr awdurdodau i atal ymdrechion y Siartwyr. Lladdwyd deg o ddynion o flaen Gwesty'r Westgate. Alltudiwyd y tri arweinydd, John Frost, Zephaniah Williams a William Jones. Yna, yn y pedwardegau a'r pumdegau, daeth Merthyr yn ganolfan y mudiad, ond erbyn hynny roedd wedi colli llawer o'i gefnogaeth. Ni fu'r arweinyddiaeth yn ddigon cadarn eu penderfyniad ac roeddynt yn rhanedig ynglŷn â dulliau a thactegau. Er hynny roedd yn fudiad dosbarth gweithiol o bwys a adawodd gynhysgaeth o ymwybyddiaeth wleidyddol ar ei ôl.

118

8 Gwleidyddiaeth, Ymneilltuaeth ac Addysg

Gwleidyddiaeth Cymru

Gwelodd y bedwaredd ganrif ar bymtheg ddeffroad gwleidyddol Cymru, a ddaeth yn sgil anfodlonrwydd cymdeithasol parhaus a dwys. Roedd y deffroad hwn yn gwrthgyferbynnu'n gryf â'r tawelwch a'r syrthni a nodweddai fywyd gwleidyddol y ddeunawfed ganrif, ac fe'i hachoswyd yn bennaf oll gan dwf syfrdanol Ymneilltuaeth. Roedd grŵp bach o Ymneilltuwyr wedi cefnogi gwrthryfeloedd America a Ffrainc ac wedi ymgyrchu o blaid ymestyn y bleidlais a diwygiadau seneddol. Cydddigwyddodd cynnydd yn eu nifer ag ymddangosiad dosbarth canol sylweddol o siopwyr a masnachwyr a phroletariat diwydiannol niferus. Roedd Deddf Ddiwygio Fawr 1832, er na wnaeth lawer i drawsnewid bywyd gwleidyddol, eisoes wedi codi gobeithion a disgwyliadau'r werin ddibleidlais; arweiniodd y siom a'r dadrithiad a ddilynodd at gefnogaeth i'r amryfal symudiadau i gael diwygiad radical. Datgelwyd naws yr anfodlonrwydd cyffredinol yn nhridegau a phedwardegau'r ganrif yng ngweithgareddau'r Tarw Scotch a therfysgwyr Beca. Gweithredu'n uniongyrchol mewn gobaith y gellid sicrhau gwelliant radical yn eu hamgylchiadau cymdeithasol ac economaidd oedd adwaith llawer o'r Cymry, gan eu bod yn gwbl anabl i ddylanwadu ar y broses o ddeddfu a llywodraethu gan ddynion a oedd yn gwbl ddifater ynglŷn â'u trallodion.

O tua chanol y ganrif daeth y symbyliad gwirioneddol i'r galw am newid sylfaenol o gyfeiriad yr enwadau Ymneilltuol a ddaeth i ymgeisio, yn bennaf oll, am ddatgysylltiad yr Eglwys Anglicanaidd ac am ymestyn y bleidlais; teimlent y byddai diwygiadau eraill yn dilyn yn anorfod o sicrhau'r amcanion hynny. O 1844 ymlaen darparodd y Gymdeithas Ryddhad, a sefydlodd lawer o gelloedd lleol yng Nghymru, raglen gydlynol a threfniadaeth effeithiol ar eu cyfer. Daeth ei gwaith â ffrwyth yn Neddf Ddiwygio 1867, a ymestynnodd gryn lawer ar y bleidlais drefol, a chyda Deddf y Bleidlais Ddirgel ym 1872.

Y wasg gyfnodol

Un o'r arwyddion cadarnaf o ymwybyddiaeth gymdeithasol a gwleidyddol gynyddol Cymru oedd ymddangosiad gwasg gyfnodol egnïol Gymraeg rhwng 1814 a 1850. Un arwydd o aileni diddordeb mewn trafodaeth wleidyddol oedd cyhoeddi papur newydd Cymraeg newydd, *Seren Gomer*, a sefydlwyd yn Abertawe ym 1814. Golygodd problemau dosbarthu a thalu treth mai dim ond hyd Awst 1815 y goroesodd fel wythnosolyn, ond ailymddangosodd fel cyhoeddiad misol ym 1818. Cyn hynny roedd y rhan fwyaf o golofnau'r wasg Gymraeg wedi bod yn trafod materion diwinyddol a diwylliannol, ond dechreuodd *Seren Gomer* ystyried dadleuon o blaid masnach rydd a hawliau gwerin wledig Cymru yn eu hymwneud â'u meistri tir, gan leisio'r dicter ynglŷn â thalu'r degwm. Roedd yr *Efangylydd* a sefydlwyd gan David Owen (Brutus) ym 1830, hyd yn oed yn fwy radical a dadleuai achos

---

Thomas Gee

Ganed yn Ninbych ym 1815. Ym 1829 daeth yn brentis yn argraffdy ei dad, treuliodd ddwy flynedd yn Llundain yn dysgu ei grefft ac ailymunodd â'r busnes teuluol ym 1838. O 1845 ymlaen roedd yn gyfrifol am ddatblygiad Gwasg Gee, gwasg gyhoeddi a gynhyrchodd nifer fawr o gylchgronau, papurau newydd, llyfrau barddoniaeth a gweithiau academaidd a diwinyddol. Daeth yn un y rhannai llawer o arweinwyr crefyddol a gwleidyddol yr oes eu cyfrinachau ag ef ac roedd yn ffigur dylanwadol ym mywyd cyhoeddus Cymru. Roedd yn Fethodist brwd, yn bregethwr rheolaidd ac yn un o gefnogwyr yr Ysgolion Sul. Gwasg Gee oedd yn gyfrifol am gynhyrchu'r cylchgrawn *Y Traethodydd*, *Y Gwyddoniadur Cymreig* a'r papur newydd *Baner ac Amserau Cymru*, a oedd yn bybyr Ryddfrydol a Radicalaidd ei safbwynt. Pwysai Gee am i addysg anenwadol gael ei darparu ar gyfer Ymneilltuwyr, am i'r bleidlais gael ei hymestyn, ac am i'r Eglwys gael ei datgysylltu, achosion y daeth â hwy i amlygrwydd ym mywyd gwleidyddol Cymru wledig, er mai prin oedd ei ddylanwad ar ardaloedd diwydiannol de Cymru. Bu farw ym 1898. Arhosodd y busnes yn nwylo'r teulu hyd 1914 ac mae'n parhau i gyhoeddi llyfrau a chylchgronau Cymraeg hyd heddiw.

pleidlais gudd a diwygiad yr etholfraint. Dechreuodd papurau newydd Saesneg ymddangos yng Nghymru hefyd, yn eu plith y *Cambrian* (1804) yn Abertawe, y *North Wales Chronicle* (1807) a'r *Welshman* a'r *Carnarvon and Denbigh Herald* ym 1832. Cafwyd ynddynt addysg wleidyddol ar gyfer y dosbarth canol Cymreig. Ar ôl hynny, gwelwyd sefydlu'r *Diwygiwr* a'r *Haul*, tra ymddangosodd y misolyn *Y Cronicl* dan olygyddiaeth Samuel Roberts, a'r pythefnosolyn *Yr Amserau* dan olygyddiaeth William Rees (Gwilym Hiraethog) ym 1843. Roedd y papurau hyn yn barod iawn i gefnogi diwygio tir, masnach rydd a system o addysg elfennol. Gwelodd *Baner Cymru*, a olygid gan Gwilym Hiraethog o dan ddylanwad Thomas Gee, olau dydd am y tro cyntaf ym 1887, fe'i hunwyd â'r *Amserau* ddwy flynedd ar ôl hynny, ac ar fyr o dro roedd wedi ennill cylchrediad o 50,000 o gopïau yr wythnos. Ynghyd â'r *Traethodydd* a sefydlwyd gan Dr Lewis Edwards y Bala ym 1845, dylanwadai'r cyhoeddiadau hyn yn drwm ar ddatblygiad meddwl a diwylliant Cymru.

Llais gwrthdystiad Ymneilltuol a'r Gymdeithas Ryddhad

Dangosodd cyfrifiad crefyddol 1851 yn gwbl glir nad oedd gan gyfartaledd uchel o'r gymdeithas Gymreig, yn arbennig yn y trefi mawr, ddim cysylltiad ag unrhyw le o addoliad. Er hynny ni ellir gwadu nad oedd Ymneilltuaeth Gymreig wedi llwyddo i ennyn diddordeb y dosbarthiadau gweithiol Cymreig ar raddfa na welwyd mo'i thebyg yn unman arall yn Ewrop. Roedd yr enwadau Ymneilltuol hynaf, y Bedyddwyr a'r Annibynwyr, wedi etifeddu corff o syniadau radicalaidd diwinyddol a gwleidyddol. Roedd hyd yn oed y Methodistiaid, er iddynt bwyso ar eu haelodau i beidio ag ymhél â gwleidyddiaeth, yn gwbl ymwybodol o'r ffaith bod eu hawliau dinesig yn israddol i rai oedd yn ymarfer y grefydd Anglicanaidd. Yn yr un modd ag yr effeithiodd sêl efengylaidd y Methodistiaid ar y Bedyddwyr a'r Annibynwyr, etifeddodd y Methodistiaid hwythau radicaliaeth gynhenid yr enwadau hŷn, nes bod yr Ymneilltuwyr Cymreig erbyn canol y ganrif yn arddangos gwrthdystiad unfryd yn erbyn y breintiau a fwynheid gan Eglwyswyr.

O 1844 ymlaen anogwyd yr Ymneilltuwyr hyn gan y Gymdeithas Ryddhad, er mai corff Seisnig ydoedd, i ymgyrchu dros ddiddymu'r Eglwys Sefydledig a thros ddileu anfanteision eraill, drwy gyflwyno'r syniad o strategaeth a threfniadaeth wleidyddol i'r etholaethau Cymreig. O ddiwedd pumdegau'r ganrif mabwysiadodd y gymdeithas bolisi mwy ymosodol, gan ymrestru cymorth cynrychiolwyr gyda phrofiad helaeth o dactegau gwleidyddol a thrwy gychwyn ar deithiau propaganda drwy Gymru mewn ymdrech 'i ddysgu gwleidyddiaeth i'r bobl'. Yn y modd hwn trawsffurfiwyd nifer o sectau neu grwpiau yng Nghymru yn 'genedl Ymneilltuol'. O hyn ymlaen byddai anghenion Ymneilltuaeth yn rheoli cwrs gwleidyddiaeth Radicalaidd.

Etholiad 1859

Cynhaliwyd yr ornest hon pan oedd diwygiad crefyddol mawr yn ysgubo drwy Gymru, gan ddwysáu teimladau'r Ymneilltuwyr Cymreig a chwerwi eu brwydr yn erbyn y tirfeddianwyr Anglicanaidd. Ym Meirionnydd roedd yr aelod Toriaidd, W. W. E. Wynne o Beniarth, yn wrthrych atgasedd arbennig gan yr Ymneilltuwyr oherwydd ei egwyddorion Uchel Eglwysig. Cafwyd perswâd ar David Williams o Gastell Deudraeth i sefyll yn erbyn Wynne, symudiad a ddehonglwyd gan dirfeddianwyr lleol fel bygythiad i'w safle breintiedig. Cafodd tenantiaid ystad Rhiwlas ger Y Bala a geisiodd yr hawl i atal eu pleidleisiau eu holi'n bersonol gan y tirfeddiannwr. Er i Wynne gael ei ailethol o drwch y blewyn cafodd tri o denantiaid Rhiwlas a oedd wedi atal eu pleidlais a dau a oedd wedi mentro pleidleisio i Williams eu taflu allan o'u ffermydd. Gwelwyd troi pobl allan o'u ffermydd a chodiadau llym ar y rhent ar ystad Wynnstay yn ogystal, tra gorchmynnwyd tenantiaid tirfeddiannwr yng Ngheredigion, ym 1860, naill ai i ymaelodi yn Eglwys Loegr neu adael eu tiroedd. Gwibiodd 'ias o arswyd' drwy Gymru yn sgil y digwyddiadau hyn gan fod ymarfer pwysau economaidd mewn etholiadau wedi dod yn amlwg i bawb. Codwyd tanysgrifiadau i ddigolledu'r ffermwyr a gollodd eu ffermydd ac anfonodd etholwyr Meirionnydd ddeisebau i'r Senedd yn hawlio y dylid cael pleidlais gudd.

Deddf Ddiwygio 1867 ac etholiad 1868

Rhoddodd Deddf Ddiwygio 1867 y bleidlais i weithwyr diwydiannol y trefi ac i denantiaid ffermydd bychain. O ganlyniad cododd nifer yr etholwyr yng Nghymru oddeutu 263 y cant, cododd etholwyr Caerdydd ac Abertawe fwy na theirgwaith ac yn syfrdanol ddigon cynyddodd nifer etholwyr Merthyr ddengwaith. O hyn ymlaen roedd yr etholaethau bwrdeistrefol hyn yn cynnwys elfen ddosbarth weithiol gref. Ar yr un pryd rhoddwyd ail sedd yn y Senedd i Ferthyr Tudful. Yn yr etholiad cyffredinol a ddilynodd ym 1868, yn uchaf yn y pôl ym Merthyr roedd Henry Richard, heddychwr nodedig ac Ymneilltuwr a gynrychiolodd yr etholaeth hyd ei farw ym 1888. Daeth â safbwynt Ymneilltuaeth Gymreig i Dŷ'r Cyffredin a thanlinellodd y rheidrwydd i drefnu ar gyfer heddwch mewn oes o genedlaetholdeb buddugoliaethus ac o dywallt gwaed drwy rannau helaeth o Ewrop.

Henry Richard

Ganed ym 1812 yn Nhregaron, Ceredigion. Gwasanaethodd fel gweinidog Annibynnol yn Llundain o 1835 hyd 1850 a daeth yn Ysgrifennydd y Gymdeithas Heddwch ym 1848. Câi ei adnabod fel 'yr Apostol Heddwch' yng Nghymru, a daeth yn gyfeillgar â Richard Cobden. Teithiodd ar led drwy Ewrop gan annog defnyddio cyflafareddiad mewn anghydfodau rhyngwladol. Etholwyd ef yn Aelod Seneddol Rhyddfrydol dros Ferthyr Tudful ym 1868, buddugoliaeth a roddodd lais i Ymneilltuaeth Gymreig yn Nhŷ'r Cyffredin. Parhaodd i ymddiddori'n frwd mewn addysg Gymraeg, diwygio'r tir, datgysylltiad a buddiannau'r iaith Gymraeg. Cyflwynodd faterion dadleuol Cymreig i gynulleidfa ehangach a daeth i gael ei adnabod fel 'yr Aelod dros Gymru'. Roedd yn awdur a ysgrifennai'n goeth ac yn eglur yn y Gymraeg a'r Saesneg, yn arbennig yn y Saesneg fel y gwelir yn glir yn ei *Letters on the Social and Political Condition of Wales* (1866), ac yn ei amryfal bamffledi a dyddiaduron. Roedd yn ŵr mawr ei barch a gwnaeth lawer i ymestyn delwedd Radicaliaeth Ymneilltuol Gymreig. Bu farw ym 1888.

Yn y cyfamser, ym 1868, etholodd Sir Ddinbych George Osborne Morgan yn Aelod Seneddol, ac er ei fod yn aelod o Eglwys Loegr ef hefyd oedd pleidiwr mwyaf blaenllaw datgysylltiad Cymru, gyda chefnogaeth gref Thomas Gee. Roedd un ar hugain o Aelodau Seneddol Rhyddfrydol o Gymru yn Senedd 1868, a thri ohonynt yn Ymneilltuwyr. Cafwyd o leiaf ddeg a thrigain o achosion o denantiaid yn cael eu bwrw allan am resymau gwleidyddol yng Ngheredigion a Sir Gaerfyrddin yn unig, a chondemniwyd hynny'n gryf yn Nhŷ'r Cyffredin gan Richard a Morgan a gynorthwyodd i sicrhau pasio Deddf y Bleidlais Ddirgel ym 1872, ac a ddôi â chwynion Ymneilltuol i sylw eu cyd-aelodau yn rheolaidd. Pasiwyd deddfau ychwanegol ym 1875 a 1883 a'i gwnâi yn ofynnol i dirfeddianwyr ddigolledu ffermwyr a anfonwyd o'u ffermydd am unrhyw welliannau a wnaed ganddynt i'w daliadau. Roedd etholiad 1868 wedi agor cyfnod newydd (a barhaodd hyd 1922) pan ddaeth Rhyddfrydwyr Radicalaidd i gynrychioli mwyafrif mawr yr etholaethau Cymreig.

Bywyd crefyddol: dylanwad Ymneilltuaeth

Dylanwadodd twf dramatig Ymneilltuaeth ar lawer agwedd ar fywyd Cymru ar wahân i fywyd gwleidyddol. Yn sicr, fe gyfrannodd y capeli'n enfawr tuag at emynyddiaeth a llenyddiaeth Gymraeg. Chwaraewyd rhan ddirfawr o bwysig ganddynt yn nhwf addysg Gymreig drwy fudiad yr Ysgolion Sul, drwy sefydlu ysgolion cynradd, a thrwy gefnogi'r mudiad i sefydlu prifysgol anenwadol yng Nghymru. Anogid yr aelodau i ymarfer y safonau uchaf mewn moesoldeb preifat a chyhoeddus. Condemnid meddwdod yn arbennig o chwyrn; roedd yn frawychus o gyffredin yn hanner cyntaf y ganrif ac yn un o brif achosion diraddiad

Samuel Roberts

Ganed ym 1800 yn Llanbrynmair, Sir Drefaldwyn, a'i addysgu yn lleol, yn Amwythig ac yn Academi Annibynnol Llanfyllin. Ym 1827 daeth yn gyd-weinidog gyda'i dad ar Yr Hen Gapel yn Llanbrynmair. Ym 1843 rhoddodd gychwyn ar y newyddiadur *Y Cronicl* a gafodd dderbyniad cynnes gan Ymneilltuwyr Cymreig. Gwrthwynebai ymyrraeth y Wladwriaeth mewn addysg a gwrthdystiodd yn ffyrnig yn erbyn adroddiad y Llyfrau Gleision ym 1847. Condemniodd gaethwasiaeth, imperialaeth Seisnig, Rhyfel y Crimea a'r gosb eithaf, tra cefnogai bleidlais gyffredinol (gan gynnwys menywod), dirwest ac adeiladu rheilffyrdd. Credai'n gryf y dylai cynulleidfaoedd fod yn rhydd oddi wrth awdurdod canolog ac roedd yn bleidiwr cyson hawliau'r unigolyn ac ymosodai'n chwyrn ar landlordiaeth (yr oedd ei deulu ei hun wedi bod yn ysglyfaeth iddo). Condemniodd yn ogystal sefydlu Undeb yr Annibynwyr Cymreig ym 1872, a dyfodiad undebaeth llafur ym myd diwydiant. Ymfudodd i UDA ym 1857 er mwyn ceisio osgoi gelyniaeth stiward ystad Wynnstay. Methiant fu'r wladfa a dychwelodd i Gymru ymhen deng mlynedd ac aros yno hyd ei farw ym 1885.

cymdeithasol. Roedd Deddf Cau Tafarnau Cymru ar y Sul a basiwyd ym 1881 ac a oedd yn cyfuno tri mater oedd o bwys i Ymneilltuwyr Cymreig—ymdeimlad o Gymreictod, llwyr-ymwrthod a pharchu'r Sabath—yn arwydd clir o ddylanwad 'pŵer y capeli'. Yn ychwanegol at hynny, dyma'r eitem gyntaf o ddeddfwriaeth seneddol a ganiataodd statws uned genedlaethol wahanol i Gymru.

Sefydlwyd nifer fawr o newyddiaduron a chylchgronau enwadol a fu'n gymorth i fagu ymwybyddiaeth gymdeithasol a gwleidyddol yn eu darllenwyr. Rhoddodd y profiad a gawsant wrth drefnu eu materion mewnol flas ar ddadlau ac ar weithgareddau ymarferol llywodraeth ddemocrataidd i lawer o Ymneilltuwyr, a chwaraeodd rhai ohonynt ran mewn llywodraeth leol ar ôl pasio Deddf Llywodraeth Leol 1888 pan ymgymerodd y cynghorau sir â'r rhan fwyaf o'r dyletswyddau gweinyddol a ysgwyddwyd cyn hynny gan yr ustusiaid heddwch. Yn arwyddocaol iawn, daeth Thomas Gee yn gadeirydd cyntaf Cyngor Sir Ddinbych, adlewyrchiad trawiadol o'r dirywiad yn nylanwad yr ysgwieriaeth. Fel hyn y cafodd sawl agwedd ar fywyd Cymru ei threiddio gan ddylanwad Ymneilltuaeth Radicalaidd.

Datgysylltiad

Lledodd twf Ymneilltuaeth y bwlch rhwng y tenantiaid fferm a'u landlordiaid ac yn wir rhwng y gweithwyr diwydiannol a'r meistri haearn yr oedd llawer ohonynt yn cymdeithasu â'r boneddigion ac yn barod iawn i fabwysiadu eu Hanglicaniaeth. Rhoddodd y drydedd Ddeddf Ddiwygio Fawr ym 1884 y bleidlais i weision ffermydd a bu'r ailddosbarthu ar etholaethau a ddilynodd ym 1885 yn fanteisiol i Forgannwg a Sir Fynwy. Roedd y tenantiaid fferm, a gâi eu diogelu gan y bleidlais ddirgel, yn mwynhau rhyddid newydd i weithredu a arweiniodd at ethol deg ar hugain o Ryddfrydwyr yn yr etholaethau Cymreig (a dim ond pedwar Ceidwadwr) ym 1885, canlyniadau a adleisiwyd gan fuddugoliaethau yr un mor ddramatig yn etholiadau cyntaf y cynghorau sir bedair blynedd yn ddiweddarach.

Roedd yn anorfod y byddai Ymneilltuwyr Cymraeg yn ymdrechu i sicrhau datgysylltiad Eglwys Loegr yng Nghymru. Roedd llawer o wendidau Eglwys y ddeunawfed ganrif yn parhau yn y bedwaredd ganrif ar bymtheg. Roedd yr esgobion yn parhau i beidio â rhoi arweiniad ysbrydol, ac roedd llawer ohonynt yn byw y tu allan i'w hesgobaethau, yn dal rhagor nag un swydd, ac yn benodiadau gwleidyddol heb fod ganddynt unrhyw gysylltiad â

Chymru. Roedd hyd yn oed rai o'r offeiriaid cyffredin yn byw y tu allan i'w plwyfi; roedd ychydig ohonynt yn aelodau o deuluoedd bonheddig ac yn meddu tiroedd helaeth eu hunain neu yn gwasanaethu fel stiwardiaid tir i berthnasau oedd yn dirfeddianwyr. Roedd llawer ohonynt yn aelodau o deuluoedd llawer mwy cyffredin a chan fod eu tâl yn annigonol a'u bod yn anllythrennog neu'n ysglyfaeth i'r ddiod feddwol, roeddynt yn llawer rhy dueddol o esgeuluso eu dyletswyddau. Ychydig ohonynt oedd wedi gallu fforddio addysg brifysgol. Tua chanol y ganrif bu adfywiad trawiadol yn effeithiolrwydd yr Eglwys, adfywiad a ysgogwyd gan bedwar o esgobion diwygiadol hynod o abl a aildrefnodd eu hesgobaethau ac ailffurfio patrwm eu plwyfi, a chodi eglwysi newydd i ddarparu ar gyfer anghenion ysbrydol poblogaeth dra digyfeiriad a oedd yn cynyddu'n gyflym.

Er hynny roedd problemau yn aros; roedd y mwyafrif o bobl Cymru a fynychai eglwys neu gapel yn Ymneilltuwyr, ac roedd talu degwm i 'Eglwys estron' yn ennyn cryn atgasedd, yn arbennig ar ôl i'r Eglwys Wyddelig gael ei datgysylltu ym 1869. Cyflwynwyd mesurau seneddol oedd yn cynnig yr un ateb ar gyfer Cymru yn rheolaidd yn Nhŷ'r Cyffredin. Yn wythdegau'r ganrif torrodd rhyfel y degwm allan yng ngogledd Cymru, a chafwyd terfysgoedd ffyrnig yn Sir Ddinbych lle'r anafwyd amryw o bobl yn ddifrifol. Ym 1891, pasiwyd Mesur a wnâi'r degwm yn daladwy gan y tirfeddiannwr, ond yn ymarferol, wrth gwrs, y tenant fferm oedd yn parhau i dalu. Cyflwynwyd nifer o fesurau datgysylltu yn Nhŷ'r Cyffredin yn ystod tymor llywodraeth Ryddfrydol 1892–5, ond ni fu'r un ohonynt yn llwyddiannus. Yn y diwedd daeth mesur yn gyfraith ym 1914 ond fe'i gohiriwyd dros gyfnod y Rhyfel Byd Cyntaf, ac ym 1920 y daeth i rym. Cafodd yr Eglwys ei dadgwaddoli yn ogystal â'i datgysylltu, a rhoddwyd yr arian i'r Brifysgol, y Llyfrgell Genedlaethol a'r cynghorau sir i ddibenion cenedlaethol. Un o ganlyniadau'r newid hwn oedd dirywiad yn y cyswllt agos rhwng Ymneilltuaeth a gwleidyddiaeth Ryddfrydol yng Nghymru.

Undebaeth llafur

Nid y llwyddiant i sicrhau datgysylltiad o'r diwedd oedd yr unig ddigwyddiad a effeithiodd ar fywyd gwleidyddol Cymru. Er nad oedd undebaeth llafur yn rym arwyddocaol ym mywyd Cymru yn ystod blynyddoedd cymharol ffyniannus y 1850au a'r 1860au, cynyddodd yr *Amalgamated Association of Miners* yn fawr a sicrhaodd well cyflogau hyd yn oed drwy gynnal streic lwyddiannus. Ond aeth yr undeb yn fethdalwyr ac fe'i diddymwyd o

William Abraham (Mabon)

Ganed ym 1842 yng Nghwmafan, Morgannwg, a'i addysgu yn yr ardal. Daeth yn weithiwr mewn gwaith alcam, yn löwr ac ym 1870 yn gynrychiolydd y glowyr. Cymerodd ran yn y cytundeb a arweiniodd at lunio graddfa gyflog symudol yn y maes glo, ym 1875, a oedd yn cysylltu elw, prisiau a chyflogau. O 1892 hyd 1898 daeth y dydd Llun cyntaf ym mhob mis i gael ei adnabod fel 'Dydd Llun Mabon' pan gâi'r glowyr ddiwrnod yn rhydd o'r gwaith er mwyn cyfyngu ar gynnyrch a chynnal cyflogau. Etholwyd ef yn Aelod Seneddol 'Lib-Lab' dros Rondda ym 1885, cynrychiolydd cyntaf y glowyr o dde Cymru i ddod yn Aelod Seneddol a bu'n cynrychioli Gorllewin Rhondda o 1918 hyd 1922. Ym 1906, daeth y Blaid Lafur yn gyfundrefn wleidyddol ar wahân y daeth Ffederasiwn y Glowyr yn rhan ohoni ym 1909. Ar y cychwyn ymdrechodd Mabon i ddiogelu ymreolaeth yr undebau llafur bychain annibynnol yn niwydiant glo de Cymru, ond collodd y dydd pan ffurfiwyd Ffederasiwn Glowyr De Cymru ym 1898. Daeth yn Llywydd y Fed ac ymdrechodd i fod yn ddylanwad cymedrol cymodlon ar y diwydiant, ond yn y diwedd fe'i goddiweddwyd gan arweinwyr mwy radical y glowyr megis Noah Ablett, Arthur Cook ac Arthur Horner. Roedd hefyd yn adnabyddus fel arweinydd eisteddfodau a byddai'n aml yn canu i'r cynulleidfaoedd mewn llais tenor gwych. Cynorthwyodd i ffurfio Cymdeithas yr Iaith Gymraeg ym 1885. Daeth yn aelod o'r Cyfrin Gyngor ym 1911 a bu farw ym 1922.

ganlyniad i streic bellach ym 1875 a ymladdwyd yn chwyrn gan berchenogion y pyllau glo. Arweiniodd y ffaith i'r glowyr gael eu trechu at sefydlu'r 'raddfa symudol' fondigrybwyll, a gefnogwyd gan William Abraham (Mabon), a olygai bod lefelau cyflog yn rhwym wrth bris gwerthu'r glo. Yn dilyn streic chwe mis aflwyddiannus arall ym 1898, gwelwyd ysbryd milwriaethus newydd ac arweinyddion newydd megis William Brace yn dod i'r amlwg yng nghysylltiadau diwydiannol y maes glo, a ffurfiwyd Ffederasiwn Glowyr De Cymru a drefnid yn effeithiol ac a oedd yn dra milwriaethus. Rhoddwyd terfyn ar y raddfa symudol ym 1902, ac ym 1908 daeth deddf i rym a roddodd ddiwrnod gwaith wyth awr i'r diwydiant. Bedair blynedd yn ddiweddarach cyflwynwyd Deddf Lleiafswm Cyflog.

Teimlai perchenogion y pyllau glo a oedd erbyn hyn wedi eu trefnu yn gwmnïau cyfunol pwerus, yn flin iawn tuag at y diwygiadau hyn ac ymladdasant yn daer yn eu herbyn. Dirywiodd cysylltiadau diwydiannol yn gyflym, fel y dangosodd terfysgoedd Tonypandy ym 1910. Ar drothwy'r Rhyfel Byd Cyntaf, roedd maes glo de Cymru yn fwrlwm o aflonyddwch diwydiannol yn erbyn cefndir o ddamweiniau rheolaidd a marwolaethau mynych yn y pyllau, trychineb Senghennydd ym 1913 ymhlith y mwyaf nodedig lle lladdwyd 439 o ddynion a bechgyn gan danchwa danddaearol. Yng ngogledd Cymru hefyd roedd dwy streic fawr 1896–7 a 1900–3 yn y chwareli llechi yn ganlyniad uniongyrchol gwrthwynebiad digyfaddawd yr Arglwydd Penrhyn i Undeb Chwarelwyr Gogledd Cymru, ac o ganlyniad bu cwtogi llym ar y diwydiant llechi yng Nghymru.

Hugh Owen

Ganed ym 1804 yn Llangeinwen, Môn. Addysgwyd ef yn lleol ac ym 1825 aeth i Lundain i weithio fel clerc. Ym 1836 daeth yn glerc yng Nghomisiwn Deddf y Tlodion ac fe'i dyrchafwyd yn Brif Glerc ym 1853. Roedd wedi dod i amlygrwydd yn gyntaf ym 1843 pan gyhoeddodd lythyr agored i'r Cymry ar addysg elfennol gan eu hannog i dderbyn ysgolion y Gymdeithas Ysgolion Prydeinig a Thramor. Roedd yn weithgar ym materion yr Eisteddfod Genedlaethol, Cymdeithas Anrhydeddus y Cymmrodorion a'r Coleg Normal ym Mangor, a sefydlwyd ym 1858, sef y coleg cyntaf yng Nghymru i dderbyn Ymneilltuwyr. Ef oedd yn gyfrifol i raddau helaeth am sefydlu coleg ar gyfer hyfforddi athrawesau yn Abertawe ym 1871 a Choleg Prifysgol Cymru, Aberystwyth, ym 1872. Ymddiswyddodd o Gomisiwn Deddf y Tlodion er mwyn rhoi ei holl amser i addysg, a phwysodd am ymchwiliad i gyflwr addysg ganolradd. Cyrhaeddodd ei ymdrechion eu hanterth pan basiwyd Deddf Addysg Ganolradd Cymru ym 1889 a phan agorwyd ysgolion canolradd a werthfawrogwyd yn fawr ym mhob rhan o Gymru. Er hynny ychydig o ystyriaeth a roddodd i broblemau unigryw Gymreig a blaenoriaeth isel a roddodd i ddysgu'r iaith Gymraeg. Urddwyd ef yn farchog ym 1881 a bu farw yn yr un flwyddyn.

Addysg yng Nghymru

Nid oedd rhwydwaith unffurf neu ddigonol o ysgolion yng Nghymru ar ddechrau'r bedwaredd ganrif ar bymtheg. Yr Ysgolion Sul a ddarparai'r ffynhonnell addysg fwyaf cyffredinol; roeddynt yn hynod o ddylanwadol, yn cael eu mynychu gan yr hen a'r ifanc fel ei gilydd, yn cael eu cynnal yn y Gymraeg ac yn boblogaidd dros ben. Cyfyng fu llwyddiant ysgolion y Gymdeithas Genedlaethol, corff Anglicanaidd a sefydlwyd ym 1811, gan eu bod yn anorfod yn agored i wrthwynebiad yr Ymneilltuwyr a ffurfiodd eu corff eu hunain, Cymdeithas Ysgolion Prydeinig a Thramor, ym 1814. Ychydig a wnaeth y ffaith bod grantiau gan y llywodraeth ar gael o 1833 ymlaen, grantiau yr edrychid yn amheus arnynt yng Nghymru, i wella'r sefyllfa, fel mai dim ond llond dwrn o 'Ysgolion Prydeinig' oedd ar gael yng Nghymru erbyn 1843 pan anogodd Hugh Owen y Cymry i dderbyn cymorth y llywodraeth. Yn ychwanegol roedd nifer o 'ysgolion mentrau preifat', yr oedd llawer ohonynt (ond nid pob un) wedi eu staffio'n annigonol ac yn cael eu

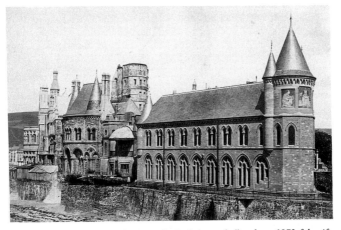

Coleg Prifysgol Cymru, Aberystwyth, Dyfed, a sefydlwyd ym 1872 fel prif-ysgol genedlaethol ac a fu'n rhannol ddibynnol am y deng mlynedd cyntaf ar gasgliadau a wneid mewn capeli. Erbyn hyn mae Prifysgol ffederal Cymru a sefydlwyd ym 1893 yn cynnwys chwech o golegau cyfansoddol.

cynnal mewn adeilad anaddas, tua phedwar ar ddeg ar hugain o ysgolion gramadeg a grŵp bychan o ysgolion preifat hynod o gymwys. Roedd yr academïau enwadol a oedd yn beripatetig yn wreiddiol, yn dechrau ymsefydlu. Roedd y rhain yn cynnwys y Coleg Presbyteraidd, a leolwyd yn derfynol yng Nghaerfyrddin ym 1795, a'r Academïau Cynulleidfaol a sefydlwyd yn Aberhonddu ym 1839 a'r Bala ym 1842. Dilynodd nifer o academïau'r Methodistiaid a'r Bedyddwyr ac ym 1827 agorodd coleg Anglicanaidd ei ddrysau yn Llanbedr Pont Steffan, ac yn nes ymlaen daeth y coleg hwn yn berchen breintiedig siarter prifysgol.

'Brad y Llyfrau Gleision'

Roedd pedwardegau'r bedwaredd ganrif ar bymtheg yn gyfnod tyngedfennol yn hanes addysg yng Nghymru, pan welwyd ymdrechion pellgyrhaeddol ar ran Cymdeithasau Prydeinig a Chenedlaethol. Ym 1846 sicrhaodd William Williams, Aelod Seneddol Coventry, fod comisiwn yn cael ei apwyntio i ymholi i ddarpariaeth addysgol yng Nghymru. Cafodd y gwaith ei wneud gan dri bargyfreithiwr Seisnig, gyda chymorth wyth o gydweithwyr yr oedd saith ohonynt yn Anglicaniaid. Roedd eu hadroddiad yn un manwl a thrwyadl, ond roeddynt yn ymosod yn chwerw ar safon yr addysg a ddarperid, ar gymhwyster yr athrawon ac ar gyflwr adeiladau'r ysgolion. Ar ben hynny roeddynt yn hawlio bod anwybodaeth ac anfoesoldeb ar raddfa fawr yn bodoli drwy Gymru ac mai'r iaith Gymraeg, 'iaith caethiwed', oedd yn gyfrifol am hynny. Bu'r ymateb yng Nghymru yn ffyrnig ac yn ddicllon: brysiodd Cymry amlwg megis Henry Richard, Dr Lewis Edwards a Syr Thomas Phillips i amddiffyn eu gwlad enedigol. Tynnwyd sylw at anghymwysterau'r Comisiynwyr ac at y dulliau annheg a ddefnyddiwyd ganddynt. Gwnaeth sylwadau'r Comisiynwyr yr Ymneilltuwyr yn fwy amharod byth i dderbyn cymorth y Wladwriaeth ar gyfer addysg, a rhoddwyd straen ychwanegol ar eu perthynas â'r Eglwys Anglicanaidd.

Ond yn y pen draw fe symbylodd yr adroddiad weithgarwch cynyddol; agorodd y Gymdeithas Brydeinig a'r Gymdeithas Genedlaethol ysgolion a cholegau newydd. Ar ôl pasio Deddf Addysg Forster ym 1870 sefydlwyd 'Ysgolion y Bwrdd' yng Nghymru fel yn Lloegr. Yn fuan ar ôl hynny daeth addysg elfennol yn rhad ac am ddim ac yn orfodol. Bu goblygiadau gwleidyddol pwysig yn ogystal o ganlyniad i'r dadleuon a ddaeth yn sgil adroddiad y Llyfrau Gleision. Bu'n gymorth i ddeffro'r Methodistiaid o'u difaterwch gwleidyddol a thrwy hynny greu ffrynt unedig o anghytundeb gwleidyddol Radicalaidd a bywiog. Gwnaed Ymneilltuwyr yn llwyr ymwybodol hefyd o'r ffaith eu bod wedi eu gwahardd o'r system wleidyddol a strwythur grym, a rhoesant gychwyn ar ymgyrchoedd o'r newydd i sicrhau diwygiadau etholiadol pellach a oedd yn symbyliad nerthol i fudiadau oedd yn creu cynnwrf Radicalaidd yng nghanol y ganrif.

Addysg ganolradd ac addysg uwch

Ym mhumdegau'r ganrif atgyfodwyd y syniad, gan Hugh Owen yn bennaf, y dylai Cymru gael ei phrifysgol genedlaethol ei hun, syniad a awgrymwyd gan Owain Glyndŵr yn gynnar yn y bymthegfed ganrif a chan Richard Baxter ac eraill yng nghanol yr ail ganrif ar bymtheg. Er mai ofer fu'r ceisiadau cyntaf am gymorth ariannol a gyflwynwyd i lywodraeth Disraeli ym 1868, roedd cynlluniau i sefydlu colegau ar wahân yng ngogledd a de Cymru, wedi eu hariannu drwy danysgrifiadau cyhoeddus, yn mynd rhagddynt yn gyflym pan benderfynodd y ffaith fod adeilad addas ar gael yn Aberystwyth mai yno y byddai'r lleoliad. Daeth yr adeilad hwnnw yn gartref Coleg Prifysgol Cymru a agorodd ei ddrysau ym 1872. Yn ystod deng mlynedd cyntaf ei fodolaeth sigledig ac ansicr, roedd yn ddibynnol i raddau helaeth ar gyfraniadau gwirfoddol cynulleidfaoedd y capeli Ymneilltuol.

Gweithredwyd argymhelliad Pwyllgor Aberdâr ym 1881 y dylid cael colegau yng ngogledd a de Cymru pan agorwyd colegau yng Nghaerdydd ym 1883 ac ym Mangor ym 1884. Daeth y tri choleg yn fuan i dderbyn nawdd ariannol o ffynonellau cyhoeddus, ac fe'u hymgorfforwyd ym Mhrifysgol ffederal Cymru ym 1893. Ymgorfforwyd colegau yn Abertawe a Llanbedr Pont Steffan a'r Coleg Meddygol yng Nghaerdydd yn ystod y ganrif bresennol.

Problem fawr a wynebai'r colegau newydd yn yr 1880au oedd prinder myfyrwyr o gartrefi Cymreig a oedd wedi eu hyfforddi'n ddigonol. Roedd telerau Deddf Addysg Ganolradd Cymru ym 1889 yn chwyldroadol, oherwydd awdurdodwyd y cynghorau sir newydd i godi treth ddimai er mwyn darparu addysg ganolradd ac roedd swm cyfartal â'r swm a gâi ei godi yn y modd hwn i gael ei roi ar ffurf grant gan y llywodraeth ganolog ar sail punt am bunt (trefn a fabwysiadwyd yn Lloegr yn ddiweddarach). Agorodd ysgolion canolradd eu drysau ym mhob rhan o Gymru yn yr 1890au. Ym 1896 sefydlwyd y Bwrdd Canol Cymreig i arholi ac i arolygu'r ysgolion. Felly roedd Cymru yn mwynhau cryn fesur o ymreolaeth oddi wrth Loegr yn ei darpariaeth ar gyfer addysg ganolradd ac addysg uwch.

Seisnigeiddio

Dichon mai prif effaith gymdeithasol y Chwyldro Diwydiannol ar Gymru oedd dod ag elfen sylweddol o bobl nad oeddynt yn Gymry ac na ellid eu cymathu i'r boblogaeth i mewn i'r wlad. Roedd miloedd o Saeson, Gwyddelod ac Albanwyr a oedd yn parhau yn gwbl ddieithr i iaith a thraddodiadau Cymru. Ar y llaw arall, roedd canolfan ddiwydiannol de Cymru yn darparu cartref yn ogystal i nifer arwyddocaol o bobl o gefn gwlad Cymru a fuasai oni bai am hynny wedi gorfod mudo i wledydd tramor. Bu cynnydd cyflym yn y Seisnigeiddio ar ôl tua 1870, ac o'r herwydd cafodd gwerthoedd a diwylliant poblogaidd cefn gwlad Cymru eu disodli i raddau helaeth yn y cymunedau newydd yn y cymoedd. Pan gynhaliwyd cyfrifiad 1871, dim ond 34 y cant o'r boblogaeth oedd yn uniaith Saesneg. Ar ôl hynny cyfunodd mudo ar raddfa fawr o Loegr, ynghyd â ffactorau eraill, i wanhau safle'r iaith Gymraeg.

Fel y gwelwyd, ychydig o le a roddid i'r Gymraeg yn y gwahanol fathau o addysg elfennol oedd ar gael, hyd yn oed cyn dyfodiad yr Ysgolion Bwrdd ar ôl 1870 a'r *Welsh Not* bondigrybwyll. Mewn rhai cymunedau rhoddid parch mawr i bobl uniaith Saesneg ac ystyrid yr iaith Saesneg fel llwybr amlwg i sicrhau swyddi 'coler a thei' gyda chyflog da. Roedd yr ethig Ymneilltuol o sicrhau gwelliant drwy ymdrech bersonol yn tanlinellu'r rheidrwydd i siarad Saesneg, a sicrhaodd o'r herwydd swyddogaeth gymdeithasol amgenach ac a ystyrid yn arf pwysig iawn yn fasnachol a phroffesiynol. Ni ddaeth yr iaith Gymraeg erioed yn fater gwleidyddol arwyddocaol yn y bedwaredd ganrif ar bymtheg, tra nad oedd gan y Coleg Prifysgol ifanc yn Aberystwyth ddim bwriad yn wreiddiol i ddysgu'r Gymraeg, ac y gwnaed hynny ar y cychwyn drwy gyfrwng y Saesneg yn ddigon tebyg i'r modd y dysgid iaith glasurol farw. Mewn cylchoedd addysgol a gwleidyddol ni châi'r iaith Gymraeg ei hystyried yn rhywbeth oedd yn haeddu unrhyw sylw. Daeth y cysyniad am y 'gŵr dwyieithog', a neilltuai ei Gymraeg ar gyfer yr aelwyd, y capel a'r eisteddfod yn unig, yn rhywbeth cynhenid bron. Tiriogaethau'r Saesneg oedd addysg, llywodraeth, gweinyddiaeth, busnes a masnach.

Er hynny hyd yn oed ym 1901 gallai hanner poblogaeth Cymru siarad Cymraeg o hyd, ac roedd 15 y cant yn siaradwyr uniaith Cymraeg. Yn wir roedd nifer absoliwt y siaradwyr Cymraeg wedi codi'n gyson ac wedi cyrraedd miliwn (o'i gymharu â thua 500,000 ym 1800), ond roedd eu sefyllfa mewn perthynas â'r cyfanrif yn dirywio'n gyflym, a chafwyd gostyngiad dramatig yn y niferoedd absoliwt yn fuan.

Ymwybyddiaeth genedlaethol Gymreig

Roedd ymwybyddiaeth genedlaethol Gymreig wedi ei gwanychu dros ganrifoedd lawer a hynny'n bennaf gan Seisnigeiddio'r teuluoedd bonheddig, sef arweinwyr naturiol· cymdeithas a noddwyr potensial celf a llenyddiaeth. Heblaw hynny roedd yr Eglwys Anglicanaidd a'r enwadau Ymneilltuol yn rhan gynhenid, anrhanadwy o'u cymheiriaid Seisnig. Denwyd poblogaeth fawr o bobl nad oeddynt yn Gymry gan y Chwyldro Diwydiannol, a thynnwyd Cymru a Lloegr yn nes at ei gilydd yn economaidd. Ffynnodd diwydiant yng Nghymru fel rhan o ffyniant economaidd Prydain yn gyffredinol. Lluniwyd cysylltiadau agosach hyd yn oed oherwydd y ffyrdd a'r rheilffyrdd a adeiladwyd, a'r mwyafrif ohonynt yn rhedeg o'r dwyrain i'r gorllewin. O ganlyniad, deuwyd i ystyried y diwylliant Cymreig yn ddiwylliant y Gymru wledig. Nid oedd gan Gymru unrhyw gyfundrefnau gwleidyddol i unoli'r wlad nac unrhyw gyrff gweinyddol canolog. Cafodd hyd yn oed

Arglwyddes Llanofer

Fe'i ganed yn Augusta Waddington ym 1802 yn Llanofer, yn ferch i Benjamin Waddington. Unwyd stadau Llanofer ac Abercarn drwy ei phriodas ym 1823 â Benjamin Hall a oedd yn ddiwydiannwr amlwg, yn Aelod Seneddol dros Fwrdeistrefi Sir Fynwy ac yn bleidiwr selog hawl y Cymry i gael gwasanaethau crefyddol yn eu hiaith eu hunain. Enillodd Augusta wobr am draethawd ar yr iaith Gymraeg mewn eisteddfod yng Nghaerdydd ym 1834, a mabwysiadodd yr enw barddol 'Gwenynen Gwent'. Roedd yn un o aelodau cynnar Cymreigyddion y Fenni ac er mai ychydig o Gymraeg a siaradai, cefnogai bopeth Cymraeg a Chymreig yn y gymdeithas. Prynodd lawysgrifau Iolo Morganwg, a chydweithiodd â Maria Jane Williams a Brinley Richards ar y gwaith o gasglu a chyhoeddi alawon gwerin Cymru. Hi, yn anad neb, fu'n gyfrifol am greu delwedd y wisg Gymreig, gyda'r het a'r bais a'r betgwn. Ymddiddorai'n ogystal yn yr achos dirwestol ac mewn Protestaniaeth bybyr. Golygodd ohebiaeth Mrs Delaney mewn chwe chyfrol a chyhoeddodd nifer o gyfrolau amrywiol. Bu farw ym 1896. Roedd Syr Ivor Caradoc Herbert, Arglwydd Treowen, yn ŵyr iddi ac ef a gyflwynodd lawysgrifau Llanofer i'r Llyfrgell Genedlaethol ym 1916.

Llysoedd y Sesiwn Fawr, yr unig offeryn llywodraeth ymreolaethol oedd yn aros, eu diddymu ym 1830 a chafwyd dwy gylchdaith gyfreithiol a oedd yn atebol i lysoedd San Steffan i gymryd eu lle. Ychydig o leisiau Cymreig a godwyd i wrthdystio yn erbyn y cam terfynol hwn mewn polisi o uno a chymathu y rhoddwyd cychwyn arno ym 1536.

Y Fonesig Charlotte Guest

Ganed ym 1812 yn Uffington, Swydd Lincoln, a phriododd â Syr Josiah John Guest, meistr gweithfeydd haearn Dowlais, ym 1835, a rhannu ei ddiddordeb brwd yn lles a budd eu gweithwyr. Cafodd ei hudo gan fwrlwm bywyd Cymraeg Merthyr, ac ymhyfrydodd hefyd yn llenyddiaeth a thraddodiadau Cymru. Rhwng 1838 a 1849, cyfieithodd a golygu *The Mabinogion* ar ôl sicrhau cymorth Thomas Price (Carnhuanawc) ac eraill gyda'r gwaith. Bu hefyd yn casglu ffaniau, cardiau a llestri, a chyflwynwyd ei chasgliad enwog o lestri i Amgueddfa Fictoria ac Albert. Ar ôl iddi ail-briodi ym 1855, a dod yn Lady Charlotte Schreiber, cyhoeddodd nifer o gyfrolau eraill gan gynnwys argraffiad poblogaidd o'r Mabinogion mewn un gyfrol ym 1877. Ymddengys mai ei phrif gyfraniad oedd troi cyfieithiadau lled lythrennol ei chydweithwyr i Saesneg graenus, urddasol. Bu farw ym 1895.

Er hynny roedd rhyw gymaint o ymdeimlad o ymwybyddiaeth genedlaethol Gymreig yn parhau. Roedd dyfalwch yr iaith Gymraeg o leiaf yn sicrhau ymwybyddiaeth o wahaniaeth rhwng Cymru a Lloegr. Ond nid oes unrhyw dystiolaeth o awydd ymwybodol i ddiogelu'r iaith yn y bedwaredd ganrif ar bymtheg, heb sôn am greu sefydliadau i'r pwrpas hwnnw. Symbylwyd teimlad cenedlaethol yn arbennig gan astudiaethau hynafiaethol y ganrif flaenorol a chan y mudiad Rhamantaidd, a oedd yn ddylanwadol yng nghylchoedd Cymry Llundain yn neilltuol, ac roedd Cymdeithas y Gwyneddigion yn dal i chwarae rhan bwysig wrth annog astudiaeth o lenyddiaeth Gymraeg drwy gyhoeddi cryn swm o farddoniaeth a rhyddiaith Gymraeg o'r Oesoedd Canol. Rhwng 1838 a 1849 cyfieithodd y Fonesig Charlotte Guest (gwraig Syr John Josiah Guest, meistr haearn Dowlais) un chwedl ar ddeg *Y Mabinogion* i Saesneg urddasol. Ymddangosodd cyhoeddiad poblogaidd o'r gwaith cyflawn ym 1877. Yn y ffyrdd hyn gwelwyd

Seremoni Gorsedd y Beirdd yn yr Eisteddfod Genedlaethol.

twf ymwybyddiaeth newydd o draddodiad llenyddol pwysig a daeth hynny yn rym cenedlaethol pwerus, a dechreuwyd ystyried yr iaith Gymraeg fel symbol allweddol cenedlaetholdeb Cymreig.

Yr adfywiad Rhamantaidd hwn a arweiniodd at ailddarganfod yr eisteddfod sydd wedi meithrin cynnyrch llenyddol ac wedi annog y Cymry i gymryd rhan mewn cystadlaethau llenyddol a cherddorol. Sefydlwyd Cymdeithas Archaeolegol Cambria ym 1846 i astudio hynafiaethau Cymru. Dwysawyd ymwybyddiaeth genedlaethol ymhellach byth yng nghanol y ganrif gan sylwadau gwawdlyd Comisiynwyr y Llyfrau Gleision a chan ddylanwad cenedlaetholdeb ar y Cyfandir a ddaeth yn gyfarwydd i gynulleidfaoedd Cymreig drwy ddarlithoedd cyhoeddus a'r hyn a ysgrifennwyd gan Gwilym Hiraethog a thrwy weithgareddau Michael D. Jones (a arweiniodd at sefydlu'r wladfa Gymreig ym Mhatagonia) a ddarluniai Gymru, yn yr un modd yn union â'r Eidal a Hwngari, fel 'cenedl yn ymdrechu'n gyfiawn am ei rhyddid'. Roedd y syniad fod Cymru yn genedl ar wahân yn cael ei arddel yn gyffredin erbyn tua 1860 ac ar ôl hynny cyfunodd â Radicaliaeth Gymreig hyderus i roi cychwyn ar gyfnod newydd dramatig ym mywyd gwleidyddol Cymru. Parhaodd y cyfnod hwn hyd 1922 ac fe'i symbylwyd gan gynnydd democratiaeth ym 1867, 1872 a 1884–5, gan ymddangosiad datgysylltiad fel y cwestiwn Cymreig *par excellence*, gan effaith y dirwasgiad amaethyddol mawr a chan esiampl Iwerddon.

Michael D. Jones

Ganed ym 1822 yn Llanuwchllyn, Meirionnydd, yn fab i weinidog a ddaeth yn Brifathro cyntaf y Coleg Annibynnol yn y Bala ym 1841. Addysgwyd ef yng Ngholeg Presbyteraidd Caerfyrddin ac yng Ngholeg Highbury yn Llundain. Aeth i America ym 1847 a sefydlu'r *Brython Association* a fwriedid i helpu ymfudwyr o Gymru. Datblygodd y syniad o sefydlu ail-famwlad wleidyddol annibynnol i Gymry yng ngogledd America. Yn ddiweddarach, o sylweddoli y byddai'r iaith Saesneg yn anorfod yn cael y lle blaenaf mewn unrhyw gymuned yn UDA, roedd o blaid lleoli'r famwlad ym Mhatagonia. Yn nes ymlaen olynodd ei dad yn Brifathro yn y Bala, ond cafodd ei gyfnod yn y swydd ei ddiflasu gan gweryl maith ynglŷn â llywodraethu'r coleg.

Chwaraeodd ran bwysig yn y trefniadau i sefydlu gwladfa ym Mhatagonia ym 1865, cyfrannodd yn hael ei hun a bu'n rhaid iddo werthu ei dŷ i awdurdodau'r coleg a aeth â'i swydd oddi arno ar ôl hynny. Yn y diwedd caniatawyd iddo barhau yn aelod o staff y coleg, ond ymddiswyddodd ym 1892 er mwyn rhoi ei holl amser i baratoi sefydliad newydd a oedd i gael ei adnabod fel Coleg Diwinyddol Bala-Bangor. Ysgrifennodd yn helaeth yn y wasg Gymreig ar faterion cymdeithasol, roedd yn ddeifiol yn ei ymosodiadau ar landlordiaeth ac ar 'yr achos Saesneg' a anogai siaradwyr Cymraeg i addoli yn Saesneg. Caiff ei ystyried yn haeddiannol yn 'dad cenedlaetholdeb Cymreig modern', a chafodd ddylanwad dwfn ar bobl megis Tom Ellis, David Lloyd George ac Owen M. Edwards. Bu farw ym 1898.

9 Cymru, 1880–1939

Bywyd gwleidyddol

Roedd wythdegau'r bedwaredd ganrif ar bymtheg yn fath o
drobwynt ym mywyd gwleidyddol Cymru. Rhoddodd Deddf
Ddiwygio 1884 y bleidlais i'r tenant a'r gwas ffarm yn ogystal ag i'r
gweithiwr dur a'r gweithiwr alcam. Cynyddodd nifer y pleidleiswyr
yn etholaethau sirol Cymru o 74,936 i 200,373. Yn yr ailddosbarthu
ar etholaethau a ddilynodd crewyd 5 adran sirol newydd (yn lle 2)
ym Morgannwg a 3 (yn lle 2) yn Sir Fynwy, ac ar yr un pryd dilewyd
5 etholaeth fwrdeistrefol fechan. O 1885 hyd 1906 etholwyd
Aelodau Seneddol Rhyddfrydol yn y mwyafrif mawr o'r
etholaethau Cymreig. Ym 1885, aeth 30 o'r 34 sedd yng Nghymru
i'r Rhyddfrydwyr, ac o'r 30 hynny etholwyd Ymneilltuwyr yn o
leiaf 14 ohonynt. Arweiniodd hyder a nerth seneddol newydd y
Rhyddfrydwyr at gynnydd trawiadol yn yr ymgyrchoedd i sicrhau
diwygio'r tir, diwygiadau addysgol, deddfwriaeth dirwest a
datgysylltu'r Eglwys.

Er bod llawer o gymdeithasau Rhyddfrydol lleol Cymru wedi
dirywio a gwanychu erbyn troad y ganrif, enillodd y blaid dair sedd
ychwanegol yn etholiad 'caci' 1900, ac ym 1906 enillwyd pob sedd
yng Nghymru gan y Rhyddfrydwyr ac eithrio ail sedd Merthyr a
etholodd Keir Hardie o'r Pwyllgor Cynrychioli Llafur. Crewyd
Ffederasiynau Gogledd a De Cymru ym 1886–7 a daeth plaid
Seneddol Gymreig i fodolaeth yn San Steffan. Ymhlith y
genhedlaeth newydd o wleidyddion Rhyddfrydol Cymreig roedd
Tom Ellis, Sam Evans, Ellis Griffith, William Jones, Herbert Lewis,
D.A. Thomas a David Lloyd George, a llwyddodd pob un ohonynt
i ddwyn dimensiwn Cymreig, newydd, deinamig i mewn i
wleidyddiaeth Prydain. Gwelwyd y presenoldeb hwn yn dwyn
ffrwyth gyda Deddf Cau Tafarnau ar y Sul yng Nghymru ym 1881,
Deddf Addysg Ganolradd ym 1889, penodiad comisiwn brenhinol
ar diroedd Cymru gan Gladstone ym 1892 a nifer o fesurau ar
ddatgysylltu Cymru.

Ar y lefel sylfaenol yn yr etholaethau câi'r blaid ei chynnal gan
siopwyr a gwŷr proffesiynol dosbarth canol yn y cymdeithasau
lleol, gan amrywiaeth o bapurau lleol a chylchgronau, gan ei
chysylltiadau â llywodraeth leol ac â phrif ddiwydiannau hyderus

Tom Ellis

Ganed ym 1859 yng Nghefnddwysarn ger y Bala ym Meirionnydd, yn fab i denant fferm. Cafodd bron i ddeng mlynedd o addysg prifysgol yng Ngholeg Prifysgol Cymru, Aberystwyth a New College, Rhydychen, lle bu'n astudio hanes. Etholwyd ef yn Aelod Seneddol Rhyddfrydol dros ei sir enedigol ym 1886 pan ddadleuai'n gryf dros hunanlywodraeth i Gymru. Yn San Steffan roedd yn aelod craff a chydwybodol a wnaeth lawer i hyrwyddo achosion addysg yng Nghymru, y datgysylltiad a diwygio'r tir. Bu'n gyfrwng i sicrhau bod Comisiwn Brenhinol ar Diroedd Cymru yn cael ei benodi. Roedd yn ddelfrydwr gydag ymdeimlad cryf o hunaniaeth Geltaidd a chynorthwyodd i sefydlu mudiad Cymru Fydd ym 1886. Daeth yn Chwip Iau ym 1892 ac yn Brif Chwip ym 1894, gan aberthu llawer o'i radicaliaeth gynnar o'r herwydd. Aeth yn wael o dwymyn yr ymysgaroedd ym 1890 ac o hynny ymlaen dioddefodd afiechyd cynyddol a gâi ei waethygu gan orweithio. Roedd yn bersonoliaeth ddeniadol a diwylliedig ac ni chollodd erioed ei gysylltiad clòs â Chymru wledig, Ymneilltuol. Bu farw'n gynamserol ym 1899.

de a gogledd-ddwyrain Cymru, glo, llongau ac alcam. Roedd ysbryd masnach rydd, rhyddid yr unigolyn a chydraddoldeb cymdeithasol, gyda chefnogaeth gref Ymneilltuaeth Gymreig, wedi treiddio'n ddwfn i wead y gymdeithas Gymreig.

Effaith Llafur

Ni thanseiliwyd goruchafiaeth y Rhyddfrydwyr yng Nghymru gan fuddugoliaeth William Abraham (Mabon) fel ymgeisydd Lib-Lab yn y Rhondda ym 1885. Ac ni wnaeth y Blaid Lafur Annibynnol, a ffurfiwyd ym 1893, lawer iawn o argraff ar y wlad. Ond gwnaeth y streic chwerw ym maes glo de Cymru ym 1898 i lawer ymhlith arweinwyr ieuengaf y glowyr chwilio eu calonnau i weld a oedd oes dulliau cymodlon Maboniaeth wedi dod i ben, a chanlyniad hynny fu sefydlu Ffederasiwn Glowyr De Cymru. Ffurfiwyd y Pwyllgor Cynrychioli Llafur yn Chwefror 1900 a'r un flwyddyn enillodd Keir Hardie ail sedd Merthyr fel un o gynrychiolwyr y pwyllgor hwnnw. Ym 1901 sefydlodd y Ffederasiwn gronfa i hyrwyddo ymgeiswyr Llafur mewn etholiadau a gwelwyd canlyniadau llwyddiannus hynny ym 1906 pan enillodd cynrychiolwyr y glowyr yn Rhondda,

Gŵyr, De Morgannwg a Gorllewin Mynwy, er mai Hardie oedd unig aelod y Blaid Lafur Annibynnol. Er gwaethaf llwyddiannau etholiadol parhaus y Rhyddfrydwyr, gwnaeth syniadau Sosialaidd beth cynnydd yng Nghymru drwy'r Blaid Lafur Annibynnol (yr oedd ganddi saith ar hugain o ganghennau yn ne Cymru erbyn 1905), drwy ganghennau Cynghrair y Werin a phapurau newyddion poblogaidd megis y *Merthyr Pioneer* a'r *Clarion*. Agorodd y Coleg Llafur Canolog a fu'n ysgol hyfforddi i genhedlaeth o arweinwyr Llafur Cymreig, ym 1909, tra dechreuodd ardaloedd chwarelyddol gogledd Cymru ddangos diddordeb mewn Sosialaeth dan anogaeth erthyglau Cymraeg Silyn Roberts a David Thomas. Datguddiwyd effaith Sosialaeth yn natur yr anghydfod diwydiannol yn y blynyddoedd yn union cyn y rhyfel. Roedd streic y Cambrian a gyrhaeddodd ei hanterth yn y terfysgoedd enwog yn Nhonypandy ym mis Tachwedd wedi dechrau ym mis Hydref 1910. Lladdwyd dau o weithwyr y rheilffordd gan filwyr yn nherfysgoedd Llanelli ym 1911. Yn sgil anghydfod o'r fath tyfodd apêl syniadau Syndicalaidd, a dadleuai'r pamffled *The Miners' Next Step* yn rymus o blaid defnyddio cyfryngau diwydiannol i wrthsefyll a thanseilio gormes gyfalafol.

Yr economi a chymdeithas

O tua 1880 hyd y Rhyfel Byd Cyntaf, roedd Cymru yn wlad o wrthgyferbyniadau trawiadol. Ar y cychwyn o leiaf roedd ardaloedd gwledig gogledd a chanolbarth Cymru yn parhau yn ddwfn mewn dirwasgiad, yn dlawd ac yn ansicr. Roedd y diwydiannau gwasgarog yn yr ardaloedd hyn—mwyngloddiau copr ym Môn, mwyngloddiau plwm yng ngogledd Ceredigion, diwydiant gwlân yn Sir Drefaldwyn a Sir Feirionnydd—yn dirywio'n gyson ac yn barhaus. Roedd effaith y rheilffyrdd wedi dwyn peth o fasnach arfordirol porthladdoedd bychain megis Porthmadog, Bermo, Aberdyfi a'r Cei Newydd. Roedd y rhan fwyaf o'r tir amaethyddol yn cael ei ffermio gan denantiaid ffermydd bychain, a daliadau ychydig ohonynt oedd yn fwy na hanner can acer. Ychydig o'r stadau mawrion oedd yn fwy na 1,000 o erwau. Roedd cyfalaf yn brin, roedd amaethyddiaeth yn gyntefig ac roedd yr awch am dir yn llym. Câi problemau economaidd eu dwysáu gan raniadau cymdeithasol—bwlch ieithyddol, crefyddol a gwleidyddol, rhwng meistr tir a thenant, a wneid yn llawer gwaeth gan effaith y dirwasgiad amaethyddol. Daeth amrywiol gŵynion tenantiaid ffermydd Rhyddfrydol i'r wyneb yn eu tystiolaeth i'r Comisiwn Brenhinol ar Dir Cymru, yr ymddangosodd ei

Joseph Parry

Cerddor a chyfansoddwr a aned ym Merthyr Tudful ym 1841. Aeth i weithio i bwll glo pan oedd yn ddeg oed ac ymfudodd gyda'i rieni dair blynedd yn ddiweddarach i Danville, Pennsylvania, UDA, lle bu'n gweithio mewn melinau rholio haearn hyd 1865 ac yn astudio harmoni yn ei oriau hamdden. Enillodd wobrau mewn eisteddfodau cenedlaethol ym 1863 a 1864, campau a ysbrydolodd y cyhoedd i godi cronfa i'w alluogi i fynychu'r Academi Gerdd Frenhinol yn Llundain o 1868 hyd 1871. Sefydlodd ysgol gerdd ar ôl dychwelyd i Danville. Bu'n Athro Cerdd yng Ngholeg Prifysgol Cymru, Aberystwyth, rhwng 1874 a 1880, daeth yn bennaeth coleg cerdd yn Abertawe ym 1881 ac yn ddarlithydd yng Ngholeg y Brifysgol, Caerdydd ym 1888, swydd y bu ynddi hyd ei farwolaeth ym 1903. Bu galw mawr am ei wasanaeth fel beirniad cerdd, ymroddodd i'w waith gyda'i fyfyrwyr, a chyfansoddodd nifer fawr o weithiau cerddorol gan gynnwys yr opera *Blodwen* (1880), yr emyn-dôn Aberystwyth, a'r ddwy oratorio *Emmanuel* (1880) a *Saul* (1892). Roedd yn ddarlithydd poblogaidd a chyfrannai'n helaeth i amryfal gylchgronau. Ei yrfa ramantus yw thema nofel enwog Jack Jones *Off to Philadelphia in the Morning* (1947). Cyhoeddwyd cofiant iddo gan E. Keri Evans ym 1921.

adroddiad ym 1896. Ar ôl hynny, fodd bynnag, bu gwelliant mewn amodau amaethyddol, cododd prisiau a gwelwyd peth buddsoddi mewn peiriannau newydd. Yn wir gwelodd y blynyddoedd 1901–11 gynnydd yn nifer y rhai a gyflogid ar y tir. Bu ymddangosiad cynghorau sir a phlwyf, ysgolion sir a cholegau prifysgol, hyder ac agwedd meddwl eang, yn gymorth i wastatáu gwahaniaethau dosbarth ac i godi pontydd cymdeithasol.

Mewn gwrthgyferbyniad gwelodd y blynyddoedd 1880–1914 ehangu parhaus, egnïol ar gynhyrchu diwydiannol, gweithgynhyrchu a masnach. Yn ganolog i'r bywiogrwydd hwn roedd yr ymchwydd yn nhwf y diwydiant glo a oedd yn dominyddu de Cymru o gymoedd glo carreg Sir Gaerfyrddin i gymoedd Rhymni a Sirhowy yn Sir Fynwy, gydag allbyst yn ardal Wrecsam-Rhos yn Sir Fflint ac yn ne Sir Benfro. Cododd cynnyrch glo de

Cymru o 16 miliwn tunnell ar ddechrau'r 1870au i 30 miliwn erbyn 1891 a'r swm syfrdanol o 56.8 miliwn ym 1913, pumed ran cyfanswm cynnyrch glo Prydain. Roedd rhagor na 250,000 o ddynion yn ennill eu bywoliaeth ym mhyllau glo Cymru. Roedd y cynnyrch wedi ei anelu yn bennaf at y farchnad allforio ac o'r herwydd roedd yn agored i gael ei effeithio a'i niweidio gan gystadleuaeth o wledydd eraill. Roedd diwydiannau eraill yn bodoli ar raddfa lawer llai yn gyfochrog â'r glo: haearn a dur, a'r olaf erbyn hyn wedi ei wreiddio'n gadarn ar yr arfordir; y diwydiant alcam, wedi ei ganoli yng ngorllewin Morgannwg a dwyrain Sir Gaerfyrddin; y diwydiant metelegol yng nghefnwlad Abertawe; a'r

Daniel Owen

Fe'i ganed yn yr Wyddgrug, Sir Fflint, ym 1836, a chafodd ei fagu mewn tlodi enbyd gan dderbyn ond ychydig iawn o addysg ffurfiol. Ym 1848 fe'i prentisiwyd i deiliwr lleol. Bu'n hynod ffyddlon i Gapel Bethesda, ac ym 1864 aeth i Goleg y Bala â'i fryd ar fynd i'r weinidogaeth, ond dwy flynedd a hanner yn unig a dreuliodd yno. Dychwelodd i'w hen grefft ond pregethai'n gyson ar y Sul a darllenai awduron Saesneg yn rheolaidd, yn eu plith Scott, Dickens a Thackeray. Collodd ei iechyd ym 1876 a bu'n bur llesg am weddill ei oes.

Cyhoeddodd rai o'i bregethau yn y misolyn *Y Drysorfa*, ac ym 1881 ymddangosodd *Y Dreflan*, i'w dilyn gan *Rhys Lewis* (1885), ei nofel bwysicaf, *Enoc Huws* (1891) a *Gwen Tomos* (1894), a ysgrifennodd pan oedd yn sâl ac yn isel iawn ei ysbryd. Prif thema *Gwen Tomos* oedd sefydlu Methodistiaeth yng nghefn gwlad Sir Fflint. Yn *Y Siswrn* (1888) ceir casgliad o'i ysgrifau. Roedd gan Owen ddawn arbennig i greu cymeriadau, i ysgrifennu deialog ac i bortreadu man a lle. Ond nid oedd ganddo'r gallu i gynllunio nofel, gwendid a oedd yn ei boeni'n arw. Serch hynny, mae ei weithiau o werth arbennig fel cofnod sylwebydd craff ar gymeriad a chymdeithas. Gwasanaethodd fel aelod o Gyngor Tref yr Wyddgrug ac fel ynad heddwch. Daeth yn gadeirydd y cyngor ym mlwyddyn olaf ei oes a bu farw ym 1895. Codwyd yn yr Wyddgrug gerflun efydd ohono, gwaith W. Goscombe John. Cyhoeddwyd cofiannau iddo gan ei gyfoeswyr John Owen ym 1899 ac Isaac Foulkes ym 1903.

diwydiant llechi yn Sir Gaernarfon a gogledd Meirionnydd a gyflogai gymaint â 16,000 o ddynion pan oedd yn ei anterth.

Yn gyffredinol esgorodd y twf carlamus mewn diwydiant ar ddatblygiad cyfleusterau mewn cludiant a gwasanaethau eraill; dichon mai'r amlycaf ohonynt oedd y dociau yng Nghaerdydd, Abertawe, y Barri a Chasnewydd a'r rhwydwaith rheilffyrdd ar gyfer cario teithwyr a nwyddau. Roedd y dociau yng Nghaerdydd, yn arbennig Dociau Bute a Basn Rhath, yn anghyffredin o brysur a ffyniannus, a daeth Caerdydd yn brif borthladd allforio glo Prydain a thrwy hynny sicrhau ffortiwn anferth i Ardalydd Bute. Erbyn y Rhyfel Byd Cyntaf roedd arddangosiad trawiadol o adeiladau Baróc yn amgylchu Parc Cathays yng nghanol y ddinas, a dechreuodd Caerdydd fynnu'r hawl i'r teitl 'prifddinas Cymru' (hawl a gydnabuwyd o'r diwedd ym 1955).

Daeth byd cymdeithasol arbennig ac unigryw i fodolaeth yng nghymoedd glofaol y de, byd oedd yn cynnwys perchenogion y pyllau, eu rheolwyr a'u goruchwylwyr, dosbarth canol arbennig o

Glofa Morgannwg, Llwynypia, Rhondda, Canol Morgannwg, tua 1920.

siopwyr, gwŷr proffesiynol ac aristocratiaeth o weithwyr megis goruchwylwyr pwyso a chynrychiolwyr y glowyr, a phroletariat ddiwydiannol, niferus a chosmopolitan, a dyfai ar raddfa frawychus ac a oedd yn dynfa anorfod i bobl o ardaloedd gwledig Cymru, Lloegr ac Iwerddon fel ei gilydd. Roedd y tai'n gyffredinol yn isel eu safon, ac yn aml yn orlawn, roedd gwasanaethau iechyd ac ysbytai yn gyntefig, ac roedd tlodi ac afiechyd yn gyffredin. Er hynny roedd bywyd y cymoedd yn gyforiog o gyfoethog a bywiog ac yn cael ei ysgogi gan y lliaws o gapeli Ymneilltuol, cymdeithasau a sefydliadau cyfeillgar, cymanfaoedd canu, cymdeithasau theatrig ac operatig, chwaraeon, tafarnau a chlybiau. Roedd cymunedau yn sefydlog, roedd y berthynas rhwng y bobl a'i gilydd yn parhau'n hir, gwerthfawrogid traddodiadau, ac roedd buddiannau sylfaenol cyffredin y dosbarthiadau gwahanol yn cael eu cymryd yn ganiataol. Fel y soniwyd eisoes sigwyd y cydlyniad hwn yn ddifrifol gan streic glo 1898 ac yn ei sgil cafwyd gwrthdaro diwydiannol a chwerwedd rhwng y dosbarthiadau a oedd yn gwrthgyferbynnu'n llwyr â chytgord cymodlon 'Maboniaeth', hen hanfod heddwch diwydiannol.

Yr adfywiad cenedlaethol

Yr ymdeimlad ansicr a digyfeiriad o hunaniaeth genedlaethol a barhaodd hyd drydydd chwarter y bedwaredd ganrif ar bymtheg oedd sylfaen y dadeni cenedlaethol gwirioneddol ddramatig o wythdegau'r ganrif ymlaen. Dechreuodd ysgrifennu a chyhoeddi yn yr iaith Gymraeg (a oedd eisoes yn dirywio) ffynnu mewn nifer helaeth o gyhoeddiadau chwarterol, misol ac wythnosol. Ym 1885, ffurfiwyd Cymdeithas er Defnyddio'r Iaith Gymraeg, a geisiai ymestyn y defnydd o'r iaith yn y system addysg. Rhoddodd y bywiogrwydd diwylliannol hwn fywyd newydd i'r capeli Ymneilltuol, bywiogrwydd a gyrhaeddodd ei anterth yn niwygiad enwog 1904, a statws newydd i'r eisteddfod genedlaethol, a aildrefnwyd yn effeithiol ym 1880–1. Roedd y capeli a'r eisteddfodau yn gweithredu i raddau helaeth ar lefel boblogaidd. Ar lefel ddeallusol uwch, bu sefydlu'r brifysgol genedlaethol ym 1893 yn gymorth i symbylu dadeni llenyddol trawiadol a'r ymdrechion difrif cyntaf i groniclo hanes Cymru, a chafodd y naill a'r llall eu trosglwyddo i lefel diwylliant poblogaidd gan Owen M. Edwards, sylfaenydd amrywiaeth nodedig o gyfnodolion Cymraeg. Chwaraewyd rhan yn y dadeni hwn yn ogystal gan ledaeniad ysgolion elfennol, gan agor yr ysgolion gramadeg yr oedd pobl yn eu coleddu gymaint a chan sefydlu'r colegau prifysgol. Nid y

Emrys ap Iwan

Fe'i ganed yn Robert Ambrose Jones yn Abergele ym 1851. Addysgwyd ef yn ysgol elfennol Abergele, gweithiodd am flwyddyn fel negesydd siop ddillad yn Lerpwl, ac yna dychwelodd i arddio ym Modelwyddan. Aeth i Goleg Diwinyddol y Bala pan oedd yn ddeunaw oed ac ym 1874 aeth i ddysgu Saesneg mewn ysgol breifat yn ymyl Lausanne yn y Swistir, adeg a roddodd gyfle iddo feistroli Almaeneg a Ffrangeg. Dychwelodd i Gymru ym 1876 ac yn fuan ar ôl hynny dechreuodd gyfrannu'n gyson i'r *Gwyddoniadur Cymreig* a *Baner ac Amserau Cymru*. Parhaodd i ymweld â'r Cyfandir yn gyson. Yr oedd ei hen nain yn Ffrances, a meddyliodd amdano'i hun fel Ewropead.

Prif thema ei ysgrifau oedd na ddylid codi capeli Saesneg mewn ardaloedd Cymraeg, dadl a gododd wrychyn yr arweinwyr Methodistaidd fel Lewis Edwards. O ganlyniad i'w safbwynt gwrthodwyd ordeinio Emrys yn Llanidloes ym 1881, ond o'r diwedd fe'i hordeiniwyd yn yr Wyddgrug ym 1883. Bu'n fugail ar eglwysi yn Rhuthun a Threfnant, ac ym 1900 symudodd i'r Rhewl lle treuliodd weddill ei oes. Bu'n anfon llythyrau i'r *Faner* a'r *Geninen* yn gyson gan ysgrifennu mewn dull brathog y pamffledwr. Yr oedd dylanwad Pascal a Courier yn drwm iawn arno. Cyfrannodd hefyd yn helaeth i atodiad y *Gwyddoniadur*. Cenedlaetholdeb hollol ddigyfaddawd oedd asgwrn cefn ei syniadau ond nid oedd yn wleidydd ymarferol. Dau lyfr yn unig a gyhoeddodd— *Camrau mewn Gramadeg Cymraeg* (1881) ac argraffiad o *Gweledigaetheu y Bardd Cwsc* (1898). Y mae ei bregethau hefyd yn gyfraniad pwysig i lenyddiaeth Gymraeg. Ni fu erioed yn briod, ac fe fu farw yn y Rhewl ym 1906. Cyhoeddwyd cofiant pwysig iddo gan T. Gwynn Jones ym 1912.

brifysgol oedd unig symbol arwahanrwydd cenedlaethol, oherwydd ym 1907 rhoddwyd siarterau brenhinol i lyfrgell genedlaethol, a oedd i'w lleoli yn Aberystwyth, ac i amgueddfa genedlaethol a ymgartrefodd yng Nghaerdydd. Yn yr un flwyddyn

144

sefydlwyd Adran Gymraeg y Bwrdd Addysg gydag Owen M. Edwards yn cael ei benodi yn Brif Arolygwr cyntaf yr ysgolion.

Owen M. Edwards

Ganed ym 1858 yng Nghoed-y-pry, ger Llanuwchllyn, Meirionnydd. Cafodd ei addysg yn yr ysgol eglwys leol, Coleg Diwinyddol y Bala, Coleg Prifysgol Cymru, Aberystwyth, Prifysgol Glasgow a Choleg Balliol, Rhydychen. Teithiodd ar hyd a lled y Cyfandir o 1887 hyd 1889, ac ysgrifennodd yn helaeth am ei deithiau, cyn dod yn Gymrawd ac yn Diwtor mewn hanes yng Ngholeg Lincoln, Rhydychen, ym 1889. Arhosodd yn y swydd honno hyd 1907 pan benodwyd ef yn Brif Arolygwr Ysgolion Bwrdd Addysg Cymru, ac yn dilyn hynny cafodd ddylanwad aruthrol ar ddatblygiad addysg yng Nghymru. Yn Rhydychen cynorthwyodd i sefydlu Cymdeithas Dafydd ap Gwilym. O 1888 ymlaen cyhoeddodd nifer fawr o lyfrau Cymraeg a chylchgronau poblogaidd a rhoddodd gychwyn ar gyfresi maith o gyfrolau. Roedd yn awdur gwerslyfrau poblogaidd ar hanes Cymru. Rhoddodd gychwyn ar ei fisolyn ei hun, *Cymru*, ym 1891, a *Cymru'r Plant* ym 1892, a oedd yn gwerthu 12,000 o gopïau y mis erbyn 1900. Methiant cymharol oedd y *Wales* Saesneg ei iaith, ac felly hefyd yn wir *Y Llenor* a *Heddyw*. Ysgrifennodd lyfrau i blant ac, ym 1896, sefydlodd Urdd y Delyn, rhagflaenydd Urdd Gobaith Cymru. Gwnaeth gyfraniad o bwys tuag at sicrhau addysg yn yr iaith Gymraeg a pharodd i blant fod yn ymwybodol o draddodiadau eu gwlad. Ysgrifennai Gymraeg naturiol, darllenadwy, a alluogodd genedlaethau o blant i gyfarwyddo â'r clasuron llenyddol Cymraeg. Treuliodd flwyddyn (1899–1900) yn Aelod Seneddol Rhyddfrydol dros Feirionnydd, ond ychydig o ddiddordeb oedd ganddo mewn gwleidyddiaeth ar y cyfan. O 1907 ymlaen bu'n byw yn y Neuadd Wen, Llanuwchllyn, ac yno y bu farw ym 1920.

Roedd agwedd wleidyddol yn ogystal i'r adfywiad cenedlaethol, a daeth llawer o'r genhedlaeth newydd o wleidyddion Rhyddfrydol Cymreig yn argyhoeddedig o'r angen i greu mudiad i bwyso am hunanlywodraeth i Gymru ar yr un trywydd ag Iwerddon. Ffurfiwyd Urdd Cymru Fydd ym 1886 a goroesodd am oddeutu

Owen M. Edwards.

deng mlynedd, ond syrthiodd yn ysglyfaeth i'r cweryla diddiwedd
rhwng gogledd a de Cymru, ac ni lwyddodd erioed i ddod yn fudiad
poblogaidd gwirioneddol i sicrhau hunanlywodraeth. Bu farw Tom
Ellis yn gynamserol ym 1899 ac roedd uchelgeision Lloyd George
yn amlwg yn anelu at San Steffan yn hytrach na Chymru.
Methiant truenus fu ymgyrch hunanlywodraeth dan arweiniad

E.T. John ym 1910–14. Yn bennaf oll aileni diwylliannol, llenyddol ac addysgol, yn hytrach nag un â'i fryd ar ymwahanu oedd yr adfywiad Cymreig. Ceisio cael cydraddoldeb a chydnabyddiaeth o fewn i system lywodraethol Prydain oedd y nod, nid cael ei hepgor ohoni.

Y Rhyfel Byd Cyntaf

Ymatebodd y mwyafrif o Gymry, gan eu bod yn cydymdeimlo'n ddwys â chyflwr cenhedloedd bychain, diamddiffyn y Cyfandir, i'r alwad i'r gad gydag egni a brwdfrydedd a oedd yn ymylu ar fod yn wyrthiol. Roedd dynion Cymru o leiaf yr un mor barod i ymuno â'r lluoedd arfog â dynion yr Alban a Lloegr. Ymfalchïai pobl ym mhob rhan o Gymru pan ddyrchafwyd Lloyd George yn Weinidog Arfau Rhyfel, yn Ysgrifennydd Rhyfel ac yn olaf yn Brif Weinidog. Ymddangosai brwdfrydedd gwladgarol a histeria rhyfel fel pe baent yn gymdeithion cwbl gymharus. Dangosodd yr is-etholiad ym Merthyr, yn dilyn marwolaeth Keir Hardie ym 1915, yn glir bod brwdfrydedd rhyfel yn drech na Sosialaeth ryngwladol hyd yn oed yng nghadarnle Sosialaeth yng Nghymru.

Yn naturiol, roedd rhai carfanau a oedd yn gwrthwynebu'r rhyfel—aelodau yr Undeb Rheolaeth Ddemocrataidd, rhai o ddeallusion Cymru a sefydlodd y cylchgronau *Y Wawr* yng Ngholeg Prifysgol Cymru, Aberystwyth, ym 1915 ac *Y Deyrnas* ym 1916. Câi gwrthwynebwyr cydwybodol yn gyffredinol eu trin yn llym. Arweiniodd cyflwyno gorfodaeth filwrol ym 1916 yn anochel at gryn archwilio cydwybod ymhlith Rhyddfrydwyr Cymreig, ac roedd yn eglur bod y gefnogaeth galonnog i'r rhyfel, a oedd mor amlwg ym 1914, wedi lleihau erbyn 1917. Roedd y colli bywydau ofnadwy yn y ffosydd, ynghyd â'r ymosodiadau ar iawnderau sifil, wedi peri dadrithiad dwys. Ychydig o Sosialwyr oedd wedi parhau yn driw i'w traddodiadau heddychol pan dorrodd y rhyfel allan. Dim ond dyrnaid o ddewrion y Blaid Lafur Annibynnol a wrthwynebai'r rhyfel a gafodd eu rhoi yng ngharchar. Yn wir roedd llawer o weithwyr yn awchu am y cyflogau uwch a ddôi yn sgil y rhyfel. Llwyddodd llawer o Gymry i gael swyddi uchel yn y llywodraeth ganolog yn sgil llwyddiant a phoblogrwydd Lloyd George.

Roedd effaith y rhyfel ar Gymru yn sylweddol. Ymyrrai'r Wladwriaeth ym mywydau pobl ar raddfa na welwyd mo'i thebyg o'r blaen. Rheolid diwydiannau ac amaethyddiaeth gan fyrddau'r llywodraeth, rhoddwyd y mwynfeydd a'r rheilffyrdd dan reolaeth gyhoeddus, cynyddodd darpariaeth gymdeithasol yn ddirfawr.

David Lloyd George

Ganed ym 1863 ym Manceinion a'i fagu yn Llanystumdwy, Sir Gaernarfon, gan ei fam weddw a'i Ewythr Lloyd yr oedd ganddo gymaint o barch iddo. Daeth yn gyfreithiwr yng Nghricieth ym 1885 ac fe'i hetholwyd yn Aelod Seneddol Rhyddfrydol dros Fwrdeistrefi Caernarfon mewn is-etholiad ym 1890. Ar y cychwyn roedd yn llefarydd yn San Steffan ar gŵynion Ymneilltuwyr a'r cenedlaetholdeb Cymreig oedd ar gynnydd yn yr 1890au, ond yn fuan daeth i gael ei gysylltu'n fwy â materion Radicalaidd Prydeinig. Daeth yn Llywydd y Bwrdd Masnach ym 1905 ac yn Ganghellor y Trysorlys ym 1908, pan hyrwyddodd gynlluniau lles cymdeithasol gan gynnwys pensiwn henoed ac yswiriant iechyd cenedlaethol. Arweiniodd y ffaith i Dŷ'r Arglwyddi wrthod ei Gyllideb y Bobl ym 1909 (a oedd yn cynnwys darpariaeth i gynyddu trethi yn sylweddol er mwyn cyllido diwygiadau cymdeithasol) yn y pen draw at Ddeddf Senedd 1911. Yn ystod y Rhyfel Byd Cyntaf, daeth yn Weinidog Arfau Rhyfel ym 1915, yn Weinidog Rhyfel yng Ngorffennaf 1916 ac yn Brif Weinidog yn Rhagfyr 1916. Ond rhwygodd y Blaid Ryddfrydol yn anadferadwy, rhwyg a waethygwyd gan etholiad y 'cwpon' ym 1918 pan gafodd fuddugoliaeth ysgubol fel arweinydd clymblaid â gai ei dominyddu gan y Ceidwadwyr. Chwalodd y glymblaid ym 1922, collodd Lloyd George ei rym ac ni chafodd unrhyw swydd mewn llywodraeth ar ôl hynny.

Etholwyd ef yn arweinydd plaid Ryddfrydol oedd wedi ei haduno ym 1926 a gwnaeth ymdrech arwrol ond seithug i adennill grym ym 1929. Ei ymdrech olaf oedd ei Gyngor Gweithredu dros Heddwch ac Adferiad ym 1935. Ymyrrodd yn Nhŷ'r Cyffredin ym Mai 1940 gydag araith nerthol pryd y gofynnodd am ymddiswyddiad Chamberlain. Roedd cryn gefnogaeth iddo yn parhau yn ardaloedd gwledig Cymru, a pharhaodd yn ffigur cyfarwydd yn yr Eisteddfod Genedlaethol lle byddai'n swyno cynulleidfaoedd gyda'i huodledd a'i ffraethineb. Yn Ionawr 1945 fe'i dyrchafwyd yn un o arglwyddi'r deyrnas fel Iarll Lloyd-George, Dwyfor, ond bu farw ym mis Mawrth yr un flwyddyn. Claddwyd ef ger Afon Dwyfor yn Llanystumdwy. Ar un ystyr rhoddodd statws newydd i Gymru fel cenedl a grym gwleidyddol o'r newydd.

Codwyd tai drwy gymhorthdal ar raddfa fawr, diwygiodd Deddf Fisher ym 1918 addysg gyhoeddus yn drylwyr, cafodd darpariaeth iechyd ac ysbytai eu gwella, roedd llawer o nwyddau gan gynnwys bwyd wedi eu dogni ac roedd rheolaeth ar brisiau. Cododd cyflogau yn gyffredinol a bu gwelliant mewn safonau mewn ardaloedd gwledig a diwydiannol fel ei gilydd. Cynyddodd aelodaeth, hawliau a statws undebau llafur yn drawiadol, a pharhaodd ffyniant a llwyddiant economaidd. Ymddangosai'r galw am lo Cymru yn ddiderfyn ac yn amhosibl ei ddiwallu, ac roedd yr un peth yn wir am laeth, da byw a grawn. Roedd y tenant fferm a'r gwas fferm yn ffynnu, a'r naill a'r llall yn mwynhau effaith Deddf Cynhyrchu Grawn 1917, ond roedd problemau'r tirfeddiannwr, a oedd yn ysglyfaeth rhenti oedd yn gostwng ar gyfnod o chwyddiant llym yng ngwerth tir, yn cynyddu. Oherwydd hynny gwerthwyd rhannau helaeth o lawer o ystadau pwysig, a hynny i'r tenantiaid mewn llawer achos, yn ystod yr hyn a ddaeth yn 'chwyldro gwyrdd'.

David Lloyd George yn annerch yn Seven Sisters, Gorllewin Morgannwg, ym 1911, pan oedd yn Ganghellor y Trysorlys.

Yn y de trawsffurfiwyd natur cysylltiadau diwydiannol gan gynnydd mewn tensiwn a chwerwedd o fewn diwydiannau, yr ysbryd milwriaethus newydd a oedd ar gerdded a lledaeniad syniadau 'Sosialaidd' blaengar a adlewyrchid yn radicaleiddo'r 'Fed' holl-gynhwysfawr. Roedd glowyr Cymry yn ffyrnig yn erbyn cyflwyno gorfodaeth filwrol, yn wirioneddol ddig oherwydd yr elw anferth a enillai rhai dynion busnes, ac yn croesawu'r Chwyldro Bolsiefigaidd ym 1917 yn gynnes. Ymatebodd y llywodraeth drwy benodi Comisiwn Aflonyddwch Diwydiannol a dynnodd ddarlun brawychus o amgylchiadau a oedd yn dirywio. Dwysáu ymhellach a wnaeth yr ymrafael ym 1918 gyda'r cynnydd mewn rhenti a phrinder bwyd. Y Blaid Lafur ifanc a elwai ar hynny—fel y dengys y ffaith i ganghennau etholaethol gael eu sefydlu ac i gynrychiolwyr llawn amser gael eu penodi.

Bu effaith y rhyfel yn wirioneddol ddwfn. Fan lleiaf fe fu'n gatalydd neu symbylydd, gan brysuro gwahanol brosesau megis trawsnewidiad gwleidyddol, anhrefn economaidd a newid cymdeithasol a diwydiannol a oedd o bosibl ar droed cyn 1914. Roedd y Gymru a ddaeth i'r amlwg bum mlynedd yn ddiweddarach wedi newid bron y tu hwnt i adnabyddiaeth, ond roedd natur y newidiadau hyn wedi bod yn amlwg ymhell cyn 1914.

Cymru ar ôl y rhyfel

Am gyfnod byr parhaodd gorffwylltra gwladgarol 1914 ac fe'i hadlewyrchir orau yng nghanlyniad etholiad y 'cwpon' ym 1918 pan ailetholwyd cefnogwyr Clymblaid Lloyd George a gâi ei dominyddu gan y Ceidwadwyr mewn 25 o'r 36 o etholaethau Cymreig a oedd wedi eu hailddosbarthu. Hyd yn oed wedyn cipiodd Llafur 10 sedd ddiwydiannol a 30 y cant o'r bleidlais yng Nghymru, a dod yn wrthblaid swyddogol yn San Steffan. Ond ciliodd y teimlad o wladgarwch amser rhyfel yn gyflym, a rhoi lle i ddadrithiad ac anobaith ac i gychwyn math newydd o gymdeithas Gymreig. O'r diwedd, ym mis Mehefin 1920, datgysylltwyd Eglwys Cymru ymhlith difaterwch a difrawder trwch y boblogaeth. Diflannodd dominyddiaeth y bonedd hefyd, wrth i werthiant y stadau mawrion barhau nes cyrraedd ei uchafbwynt ym 1918–22. Roedd goruchafiaeth y Rhyddfrydwyr yn dadfeilio'n amlwg ac wedi ymrannu'n chwerw yn garfanau Lloyd George ac Asquith, fel y gwelwyd mewn is-etholiad milain yng Ngheredigion ym 1921. Yn y de diwydiannol cafwyd cyfres o fuddugoliaethau i Lafur mewn cyfres o is-etholiadau, llwyddiant a atgyfnerthwyd yn etholiad cyffredinol Tachwedd 1922 pan enciliodd y Rhyddfrydwyr a dod yn ddim byd mwy na phlaid Cymru wledig. Cadarnhawyd y patrwm cyffredinol hwn o dwf dominyddiaeth Llafur ym 1923 a 1924, pryd roedd Rhyddfrydiaeth Gymreig yn arbennig wedi mynd yn fwyfwy dirywiedig a difater, ac yn gwbl ddigysylltiad â phroblemau'r glöwr a'r gweithiwr dur. Ymddangosai materion Rhyddfrydol traddodiadol—datgysylltiad, hunanlywodraeth leol, deddfwriaeth ddirwest—yn gwbl amherthnasol i'r genhedlaeth ar ôl y rhyfel, a dechreuodd Llafur elwa ar gefnogaeth Ymneilltuol fywiog, a oedd cyn hynny wedi ei neilltuo i'r Rhyddfrydwyr.

Erbyn y dauddegau cynnar roedd y mudiad Llafur yn ne Cymru wedi dod yn llawer mwy ymosodol ac ymwybodol o wahaniaethau dosbarth. Ffynnai syndicaliaeth eithafol yn Rhondda. Roedd arweinyddiaeth undeb y glowyr wedi mynd i ddwylo dynion arbennig o filwriaethus megis A.J. Cook, Arthur Horner a Frank Hodges. Ym 1919 methodd Lloyd George a Bonar Law â gweithredu argymhelliad mwyafrifol Comisiwn Glo Sankey y dylid gwladoli'r pyllau glo, penderfyniad a enynnodd siom a chwerwedd dirfawr yn ne Cymru ac a deimlid hyd yn oed yn waeth yn sgil y colli masnach a'r diweithdra cyffredinol cynyddol a effeithiodd ar y diwydiant ar ddiwedd 1920. Cafwyd streic genedlaethol ymhlith y glowyr o fis Mawrth hyd fis Gorffennaf 1921 pryd y bu'n rhaid i'r glowyr ddychwelyd i'w gwaith ar delerau sarhaus perchenogion y pyllau. Methiant cywilyddus fu'r Cynghrair Triphlyg rhwng y glowyr, y gweithwyr rheilffordd a'r gweithwyr trafnidiaeth, y bu cymaint sôn amdano, gan wneud pethau'n saith gwaeth. Fel y gellid rhagweld dechreuodd rhai o'r genhedlaeth newydd o lowyr ifanc milwriaethus symud i gyfeiriad y Blaid Gomiwnyddol a ffurfiwyd ym Mhrydain ym 1920. Ond ni phrofodd y Comiwnyddion yr un math o lwyddiant mewn etholiadau seneddol ag a wnaethant yn yr Alban a dwyrain Llundain. Roedd dylanwad y Coleg Llafur Canolog yn arbennig o amlwg, ac ymhlith y rhai a hyfforddwyd yno roedd Ness Edwards, Jim Griffiths, Morgan Phillips ac Aneurin Bevan yr arhosodd pob un ohonynt o fewn i brif ffrwd y mudiad undeb llafur a'r Blaid Lafur.

Dechreuodd y capeli Ymneilltuol brofi lleihad cyson a sicr yn eu cefnogaeth a'u dylanwad, yn arbennig ymhlith trwch y boblogaeth ddiwydiannol a threfol yn y de, lleihad a brysurwyd gan y gostyngiad yn nifer y siaradwyr Cymraeg. Roedd apêl seciwlar Sosialaeth a gweithgarwch undebau llafur, cyfrinfeydd y glowyr a dosbarthiadau Mudiad Addysg y Gweithwyr, y tafarnau a'r clybiau yn cael mwy o effaith ar y gweithwyr. Daeth dyfodiad y car modur a'r radio â sialens ychwanegol i'r Sul Cymreig traddodiadol.

Fodd bynnag, roedd newid amlwg mewn agweddau tuag at Gymreictod a chenedlaetholdeb. Ymddangosai syniadau Cymru Fydd yn hen ffasiwn ac amherthnasol yng Nghymru ar ôl y rhyfel.

Saunders Lewis

Ganed ym 1893 yn Wallasey, Swydd Gaer, i deulu nodedig o Fethodistiaid Calfinaidd. Addysgwyd ef yn Ysgol Uwchradd y Bechgyn, Liscard, ac ym Mhrifysgol Lerpwl. Gwasanaethodd gyda'r *South Wales Borderers* yn ystod y Rhyfel Byd Cyntaf, ac yna dychwelyd i'r brifysgol a graddio yn y Saesneg. Ysgrifennodd draethawd ar farddoniaeth Gymraeg y ddeunawfed ganrif a gyhoeddwyd yn ddiweddarach dan y teitl *A School of Welsh Augustans* (1924). Daeth yn llyfrgellydd ym Morgannwg ym 1921 ac yn ddarlithydd yn y Gymraeg yng Ngholeg y Brifysgol, Abertawe, ym 1922. Roedd yn un o sylfaenwyr Plaid Genedlaethol Cymru ym 1925, yn Llywydd arni ym 1926, ac fe'i derbyniwyd yn aelod o'r Eglwys Gatholig ym 1932. Ym 1936, ynghyd â D.J. Williams a Lewis Valentine, rhoddodd ddefnyddiau adeiladu ar dân ym Mhenyberth, Sir Gaernarfon, a oedd wedi eu bwriadu ar gyfer codi ysgol fomio i'r Awyrlu Brenhinol. Fe'i carcharwyd, fe'i diswyddwyd, ac ar ôl hynny bu'n ennill ei fywoliaeth drwy newyddiadura, ffermio a dysgu'n achlysurol, nes iddo gael ei benodi'n ddarlithydd yn y Gymraeg yng Ngholeg y Brifysgol, Caerdydd, ym 1952. Arhosodd yn y swydd honno hyd ei ymddeoliad ym 1957. Ar ôl hynny, yn ei gartref ym Mhenarth, gwrthgiliodd o wleidyddiaeth ymarferol a chysegru ei hun i'w waith ysgrifennu. Rhoddodd ei Ddarlith Radio BBC Cymru ym 1962, *Tynged yr Iaith*, fod i Gymdeithas yr Iaith Gymraeg. Roedd yn newyddiadurwr gwleidyddol toreithiog, yn feirniad llenyddol ac yn awdur creadigol amlwg a oedd yn rhagori ym mhob un o'r meysydd llenyddol: barddoniaeth, dramâu a nofelau. Gwnaeth ei feirniadaeth lenyddol lawer iawn i daflu goleuni ar waith cywyddwyr mawr y bedwaredd ganrif ar ddeg a'r bymthegfed ganrif. Ystyrir yn gyffredinol mai ef yw llenor mwyaf yr iaith Gymraeg yn yr ugeinfed ganrif. Bu farw ym 1985.

Trodd rhai pobl i gofleidio cysyniad ehangach o ryngwladoliaeth a chefnogaeth i Gynghrair y Cenhedloedd. Ffurfiwyd cangen Gymreig o Gynghrair y Cenhedloedd ym 1922. Cofleidiodd eraill genedlaetholdeb newydd, mwy angerddol, wedi iddynt gael eu dadrithio gan fethiant affwysol nifer o gynadleddau cenedlaethol a gynullwyd rhwng 1918 a 1922, a chan ddatganiadau gweigion y Blaid Ryddfrydol a'r Blaid Lafur fel ei gilydd. Roedd ymdrechion E.T. John wedi eu tynghedu i fod yn aflwyddiannus o'r cychwyn. Anwybyddwyd hawliau Cymru dro ar ôl tro pan oedd datganoli gweinyddol ar droed. Y canlyniad oedd ffurfio Plaid Genedlaethol Cymru yn Awst 1925, plaid wleidyddol genedlaethol, a chwbl annibynnol, a geisiodd yn gyntaf ac yn bennaf oll i amddiffyn yr iaith Gymraeg, ac a enillodd deyrngarwch llawer o ddeallusion Cymru ar fyr o dro, ond na chafodd lawer o gefnogaeth gan drwch y

D.J. Williams

Fe'i ganed yn Rhydcymerau, Sir Gaerfyrddin, ym 1885, ardal a anfarwolir yn ei gyfrolau o hunangofiant *Hen Dŷ Ffarm* (1953) ac *Yn Chwech ar Hugain Oed* (1959). Aeth yn löwr i Gwm Rhondda ym 1900, ond dychwelodd i addysg amser llawn o fewn pedair blynedd, a graddiodd yng Ngholeg Prifysgol Cymru, Aberystwyth, a Phrifysgol Rhydychen. Bu'n athro ym Mhengam ac yna yn Abergwaun tan ei ymddeoliad ym 1945. Treuliodd naw mis yn Wormwood Scrubbs ym 1937 yn dilyn ei weithred (gyda Saunders Lewis a Lewis Valentine) o losgi'r Ysgol Fomio ym Mhenyberth yn Llŷn.

Cyhoeddodd nifer fawr o ysgrifau a straeon byrion mewn cyfnodolion, ond ceir ei weithiau gorau yn y gyfres driphlyg *Storïau'r Tir* a ymddangosodd ym 1936, 1941 a 1949. Ymddangosodd hefyd ym 1934 *Hen Wynebau*, cyfrol o bortreadau o unigolion a chreaduriaid a garai yn ei fro enedigol. Yr oedd yn wladgarwr ac yn genedlaetholwr pybyr, a chefnogodd Blaid Cymru'n frwd o'r cychwyn cyntaf. Cyhoeddodd nifer o ysgrifau ar genedlaetholdeb. Pwysigrwydd 'y filltir sgwâr' oedd prif thema ei lenyddiaeth— undod y gymdeithas fechan glòs yn ardal ei fagwraeth. Hefyd nodweddir ei weithiau gan hiwmor rhadlon, serch at anifeiliaid a geirfa'n gyforiog o ymadroddion lliwgar a dynnwyd o'i fro enedigol.

*Saunders Lewis (canol) gyda Lewis Valentine a D.J. Williams, tri o arwein-
wyr cynnar Plaid Cymru.*

boblogaeth. Daeth un o'i sylfaenwyr a'i phrif ddamcaniaethwr,
Saunders Lewis, yn llywydd y blaid ym 1926. Roedd ffordd araf
hirfaith yn wynebu Plaid Cymru. Roedd ei sefydlu, ar ryw olwg, yn
un o ganlyniadau'r rhyfel ar Gymru.

Y Dirwasgiad

Daeth ffyniant y blynyddoedd yn union ar ôl y rhyfel i derfyn
disymwth yn fuan. Mor gynnar â hydref 1920 dioddefodd y
diwydiannau glo, dur ac adeiladu llongau ddechrau dirwasgiad
llym a oedd i barhau am bymtheng mlynedd. Gyda chyfran mor
uchel o weithwyr Cymru yn cael eu cyflogi yn y diwydiannau
echdynnol roedd y wlad yn arbennig o amharod i wrthsefyll
marweidd-dra dwfn masnach a diwydiant, a dim ond i raddau
bychan iawn y gallent elwa ar y galw am nwyddau parhaol a cheir
modur a ymddangosodd yn y tridegau. Cododd diweithdra yng
Nghymru o 13.4 y cant yn Rhagfyr 1925 i 23.3 y cant yn Rhagfyr
1927 ac i 27.2 yng Ngorffennaf 1930, pan oedd y cyfartaledd yn
Lloegr yn 15.8 ac yn 17.9 yn yr Alban. Roedd y dirwasgiad ar ei

154

waethaf yn y cymoedd glofaol; roedd Caerdydd, Abertawe a rhannau o ogledd Cymru yn elwa ar y ffaith bod ganddynt strwythur gwaith mwy amrywiol.

Prif achosion y dirwasgiad hwn oedd colli marchnadoedd tramor ar raddfa anferth a'r lleihad mewn defnyddio glo yn llyngesau masnach y byd. Ni welwyd unrhyw adferiad hyd ar ôl 1936 pan deimlwyd effaith ailarfogi a gwelliant yn y fasnach ryngwladol. Roedd y diwydiannau dur ac alcam yng Nghymru yr un mor amharod i wynebu her dirwasgiad, tra oedd amaethyddiaeth Cymru yn ogystal yn wynebu ei phroblemau ei hun: roedd lefel mecaneiddio yn isel, roedd ansawdd cig eidion ac ŵyn yn gyffredinol wael, ac nid oedd dulliau marchnata cynnyrch wedi eu trefnu'n effeithiol. Ychydig a wnaed gan y naill lywodraeth ar ôl y llall i fynd i'r afael â'r argyfwng hyd ar ôl 1933; gwrthodwyd syniadau radical yr economegydd J.M. Keynes yn syth gan bawb ac eithrio Lloyd George, ac nid oedd neb am ymddiried ynddo ef. Câi cymorth ei gynnig yn bennaf gan ymdrechion gwirfoddol y Crynwyr a grwpiau eraill. Ni welwyd y llywodraeth yn gweithredu hyd 1934 pan basiwyd Deddf yr Ardaloedd Arbennig ac y gwnaed ymdrechion ar ôl hynny i ddenu diwydiannau newydd. Daeth y ffatri gyntaf i stad fasnachol Trefforest ym 1938. Ar y cyfan eiddil eithriadol oedd ymdrechion y llywodraeth.

Roedd canlyniadau hyn i gyd yn drychinebus: dirywiodd siopau a mannau adloniant, crebachodd bywyd cymunedol, yn arbennig bywyd y capeli, gwelwyd ymfudo ar raddfa fawr i dde-ddwyrain a chanoldir Lloegr. Gadawodd tua 430,000 o bobl Gymru rhwng 1921 a 1940. Roedd tlodi a chaledi dygn yn rhemp, methodd cyllid awdurdod lleol, dadfeiliodd darpariaeth tai ar gyfer y dosbarth gweithiol ymhellach ac roedd cyflwr iechyd y cyhoedd yn frawychus. Cafwyd darlun difrifol o gyflwr tai ac iechyd cyhoeddus mewn llawer rhan o Gymru mewn adroddiad a ymddangosodd ym 1939 ar ymchwiliad a wnaed ar y gwasanaethau i wrthsefyll y darfodedigaeth yng Nghymru. Er hynny âi bywyd yn ei flaen hyd yn oed yng nghymoedd maes glo'r de-ddwyrain a oedd yn dioddef mwy na'r maes glo carreg i'r gorllewin a'r porthladdoedd ar arfordir y de. Gwelwyd mwy o bwyslais yn cael ei roi ar fywyd lleol, gan gylchdroi o amgylch clybiau a llyfrgelloedd y glowyr, neuaddau a sefydliadau lles, sinemâu ac ystafelloedd biliards a'r 'Cymdeithasau cydweithredol' lleol. Datblygodd y cymunedau hyn yn rhai clòs a hunanddigonol, a pharhaodd yr ymdeimlad hwn o arwahanrwydd ac annibyniaeth hyd chwedegau'r ganrif hon a thu hwnt.

Gorymdeithwyr newyn ym 1934. Yn ystod y dirwasgiad, daeth gorymdeithiau newyn o dde Cymru i Lundain yn ddull poblogaidd o wrthdystio yn erbyn diweithdra a'r caledi a ddôi yn ei sgil.

Goruchafiaeth Llafur

Ar yr un pryd â'r dirwasgiad rhwng y ddau ryfel cyfnerthwyd cyfnod o oruchafiaeth Llafur ym mywyd cymdeithasol a gwleidyddol Cymru. Mor gynnar â 1922 enillodd Llafur 40.8 y cant o'r bleidlais gyfan yng Nghymru. Roedd cynnydd y blaid fel pe bai'n cael ei gyfnerthu gan ddiweithdra eang, caledi dwys a gwrthdaro diwydiannol y 1920au. Daeth cymoedd de Cymru yn anad unman arall yn gadarnle'r Blaid Lafur ym Mhrydain, goruchafiaeth oedd yn ymestyn i gynghorau sir Morgannwg a Mynwy ac i'r cynghorau dosbarth trefol o'u mewn. Swyddogion blaenllaw yr undebau llafur, cyn-lowyr a chynrychiolwyr y glowyr, oedd mwyafrif y genhedlaeth newydd o Aelodau Seneddol Llafur yng Nghymru. Ychydig ohonynt oedd wedi eu tynghedu i ddod i amlygrwydd mawr yn San Steffan. Daeth y brif her i Lafur ar ddiwedd y dauddegau o gyfeiriad Plaid Ryddfrydol Lloyd George a oedd wedi ei hail fywiocáu gyda'i chynlluniau newydd dramatig a blaenllaw i ymosod ar bla diweithdra. Er i'r Rhyddfrydwyr ennill 33.5 y cant o'r pleidleisiau yng Nghymru yn etholiad 1929, dim ond 10 sedd a enillwyd ganddynt, ac ymddangosai mai eu tynged ar y gorau oedd cynrychioli Cymru wledig. Enillodd Llafur 25 o seddau Cymru gan gynnwys Caerfyrddin a Brycheiniog a Maesyfed yn ogystal â'i chadarnleoedd diwydiannol. Hyd yn oed ym 1931, pan nad enillodd Llafur ond 46 sedd drwy Brydain gyfan, dychwelwyd 16 Aelod Llafur o dde Cymru ddiwydiannol mewn bloc oedd yn ymestyn o Lanelli i Bontypŵl. Erbyn y tridegau roedd Lloyd George yn ymbellhau fwyfwy oddi wrth fywyd Cymru, ac yn wir oddi wrth brif ffrwd gwleidyddiaeth Brydeinig. Roedd y Blaid Lafur Gymreig yn Nhŷ'r Cyffredin yn cynnwys Aneurin Bevan o 1929, S.O. Davies o 1934 a James Griffiths o 1936.

Yn gyfochrog ag ymdaith gynyddol Llafur yn wleidyddol cafwyd gwrthdaro diwydiannol a gyrhaeddodd ei benllanw yn streic gyffredinol Mai 1926, rhyfeddod naw diwrnod, ac atal gweithio yn y diwydiant glo am chwe mis. Gwelwyd undod nodedig yn ne Cymru, ac yn sgil methiant y streic profwyd chwerwedd, dryswch ac anobaith ar raddfa fawr. Dwysawyd y teimladau hynny ymhellach gan yr erledigaeth ddidostur ar y dynion ar ôl iddynt ddychwelyd i'w gwaith. Yn anochel bu dirywiad yn adnoddau ac aelodaeth Ffederasiwn Glowyr De Cymru, a chyn bo hir bu'n rhaid iddi wynebu her arall o gyfeiriad twf undebaeth cwmnïau a nifer fawr o gynffonwyr. Effaith yr Undebau Spencer, fel y gelwid hwy, oedd dwysáu'r chwerwedd rhwng dosbarthiadau ymhellach byth. Daliodd goruchafiaeth Llafur heb ei herio, hyd yn oed gan y Comiwnyddion, gan dreiddio'n ddwfn i galon y cymunedau diwydiannol, a pharhaodd ei chynrychiolwyr lleol i fod yn rhan gynhenid o'r cymunedau roeddynt wedi deillio ohonynt. Roedd gwasanaeth cyhoeddus cynghorwyr a henaduriaid Llafur lleol yn hynod o werthfawr; ymdrechent hyd yr eithaf i gael gwared â thai slym ac i wella safon gofal iechyd a gwasanaethau lles, ac ymladdent yn ddi-ildio yn erbyn deddfau llymaf y Llywodraeth Genedlaethol. Cynorthwyodd y cynrychiolwyr lleol hyn i greu rhwydwaith o weithgarwch a dyfeisgarwch cymdeithasol a glymodd gymunedau'n unedau clòs yn wyneb adfyd ac anobaith.

10 Cymdeithas Cymru Fodern

Yr Ail Ryfel Byd

Daeth y boblogaeth sifil yn llawer mwy o ran o'r Ail Ryfel Byd nag a ddigwyddodd yn y Rhyfel Byd Cyntaf. Cynyddodd tueddiadau cydberchnogaeth, daeth cyflogaeth merched yn gyffredinol, cododd safonau byw y dosbarth gweithiol, ac erydwyd gwahaniaethau dosbarth. Er hynny nid oedd rhyfel 1939–45 yn drobwynt mor drawmatig yn hanes Cymru ag y bu lladdfa 1914–18. Roedd cefnogaeth lawer mwy unfrydol i'r rhyfel ym 1939 nag ym 1914. Credid yn gyffredinol mai rhyfel y bobl, yn wir rhyfel y gweithwyr, oedd hwn. Roedd y Blaid Lafur wedi datgan ei gwrthwynebiad i Ffasgaeth o'r dechrau. O 1939 hyd 1941 condemniodd y Comiwnyddion y rhyfel fel crwsâd imperialaidd yn erbyn yr Almaen, a chwympodd aelodaeth Gymreig y blaid yn sylweddol o'i huchafbwynt ym 1938. Gwellodd i ryw raddau ar ôl 1941; yn etholiad cyffredinol 1945 enillodd Harry Pollitt 45 y cant o'r bleidlais yn etholaeth Dwyrain Rhondda a dim ond o 972 o bleidleisiau y cafodd ei orchfygu. Cyhoeddodd Plaid Cymru ei niwtraliaeth ar ddechrau'r rhyfel. Yn y diwedd chwaraeodd pob un o'i chefnogwyr ryw ran yn y rhyfel, er i ychydig ohonynt wrthwynebu gorfodaeth filwrol ar sail cenedlaetholdeb.

Mynegwyd ofnau cyffredinol ym 1939 y byddai hunaniaeth Cymru yn cael ei dinistrio gan feddiant y Swyddfa Ryfel o ardaloedd helaeth o gefn gwlad Cymru a chan ddylifiad ffoaduriaid o ddinasoedd Lloegr. Ni chyflawnwyd bwriad y llywodraeth i symud pedair miliwn o famau a phlant o Loegr, ond fe ymfudodd nifer helaeth, llawer ohonynt ar eu liwt eu hunain, o Lundain a Glannau Merswy yn arbennig. Fe'u cymathwyd yn ddiymdrech mewn llawer rhan o'r Gymru Gymraeg. Mewn mannau eraill cymerwyd camau i wrthsefyll y bygythiad ieithyddol; agorwyd ysgol elfennol Gymraeg yn Aberystwyth, a ffurfiwyd pwyllgor amddiffyn i ofalu am fuddiannau Cymru, pwyllgor a ddaeth i gael ei adnabod fel Undeb Cymru Fydd ym 1941.

Er y teimlid ar y cychwyn na fyddai Cymru'n ysglyfaeth i ymosodiadau Llu Awyr yr Almaen, dioddefodd Caerdydd, cymoedd de Cymru ac Abertawe yn bennaf, amryw o ymosodiadau. Bu 44 ymosodiad ar Abertawe rhwng 1940 a 1943, yr un mwyaf dinistriol yn Chwefror 1941 pan laddwyd 230 o bobl a dinistriwyd canol y dref yn gyfan gwbl. Cafodd cyfanswm o 985 o bobl nad oeddynt yn y lluoedd arfog eu lladd yn ne Cymru yn ystod 1941 yn unig.

Cafodd y rhyfel gryn lawer o effeithiau cymdeithasol. Roedd 22 y cant o'r rhai oedd mewn gwaith yn y lluoedd arfog erbyn 1944, ac roedd 33 y cant arall yn gweithio mewn gwaith sifil oedd yn gysylltiedig â'r rhyfel. Roedd diweithdra wedi diflannu bron yn llwyr. Gadawodd tua 100,000 Gymru a symud i Loegr, llawer ohonynt yn ferched a orfodwyd i fudo gan y llywodraeth. Cyflogwyd llawer o ferched o fewn Cymru, yn arbennig mewn ffatrïoedd arfau megis yr un ym Mhen-y-bont ar Ogwr. Roedd yr ymdrech i amrywio strwythur economi Cymru wedi dechrau eisoes; erbyn 1945 gweithwyr ffatri oedd 20 y cant o'r gweithlu yng Nghymru o'i gymharu â dim ond 10 y cant ym 1939, tra oedd y canran o ddynion a gyflogid yn y diwydiannau echdynnol wedi gostwng o 30 i 20 y cant. Roedd cymaint o brinder glowyr erbyn 1944 fel y dyfeisiwyd y cynllun *Bevin Boy* i orfodi dynion ifainc i weithio yn y pyllau glo. Aeth tua 100,000 o lowyr ar streic yng Nghymru ym 1944 er mwyn gwrthdystio yn erbyn y polisi o leihau nifer y gweithlu yn eu diwydiant. Yn sicr fe gododd safonau byw o ganlyniad i'r rhyfel. Er i chwyddiant godi 42 y cant rhwng 1939 a 1943, dyblodd cyflogau'r dosbarth gweithiol o leiaf yng Nghymru yn ystod yr un cyfnod.

Ailstrwythuro'r economi

Gostyngodd diweithdra yn gyflym yng Nghymru ar ddechrau'r pedwardegau, o ganlyniad i'r rhyfel yn fwy nag oherwydd unrhyw bolisi rhanbarthol gan y llywodraeth. Pan roddwyd y gorau i gynhyrchu arfau ac offer rhyfel ym 1945 rhyddhawyd mannau cynhyrchu ar gyfer diwydiannau ysgafn, ac roedd gweithlu diwydiannol, yn ddynion a merched, ar gael oedd yn gyfarwydd â gweithio mewn ffatrïoedd. O ganlyniad i benderfyniad llywodraeth Lafur Attlee, a etholwyd ym 1945, na fyddai lefelau diweithdra'r blynyddoedd rhwng y ddau ryfel byd byth yn cael eu hailadrodd, ynghyd â derbyniad cyffredinol o economeg Keynes, pasiwyd Deddf Dosbarthiad Diwydiant, 1945. Roedd y mesur hwn yn caniatáu defnyddio ffatrïoedd oedd ar gael eisoes yng Nghymru ac ychwanegwyd at y ddarpariaeth honno drwy godi ffatrïoedd parod, creu stadau diwydiannol newydd ym Mhen-y-bont ar Ogwr, Hirwaun a Fforestfach a rhoi grantiau a benthyciadau ar log isel i ddiwydiannau oedd yn symud i mewn i'r wlad. Penodwyd dwy

Tai Rhyd-y-car, o Ferthyr Tudful, Morgannwg Ganol, teras o fythynnod gweithwyr nodweddiadol, sydd erbyn hyn wedi eu hailgodi yn Amgueddfa Werin Cymru, Sain Ffagan, ger Caerdydd.

ardal ddatblygu yng Nghymru: y naill yn y de, oedd yn cynnwys y maes glo yn ei grynswth, Bro Morgannwg a Phenrhyn Gŵyr, a'r llall yn y gogledd. Roedd twf diwydiannol i'w gyfyngu yn yr ardaloedd mwyaf llwyddiannus. Cynhaliwyd polisïau llywodraethau Llafur 1945–51 i ryw raddau gan lywodraethau Ceidwadol 1951–64, a chafwyd cryn lwyddiant. Croesawyd dylifiad o ddiwydiannau newydd i'r ardaloedd datblygu: rhannau ar gyfer y diwydiant cerbydau, nwyddau trydanol, peirianneg fecanyddol, gwaith coed a dodrefn, cemegion, dillad, papur ac argraffu a thecstiliau. Cafwyd llwyddiant arbennig i ddenu cwmnïau ym 1945–51 a 1964–75. Erbyn canol y chwedegau roedd gweithgynhyrchu cyffredinol yn cyflogi 30 y cant o'r gweithlu yng Nghymru, o'i gymharu ag 11 y cant ym 1939, ac roedd swyddi mewn swyddfeydd a'r gwasanaethau cyhoeddus wedi cynyddu'n sylweddol hefyd.

Gwladolwyd Banc Lloegr, y diwydiannau glo a dur, y rheilffyrdd, y porthladdoedd, trydan, nwy a thrafnidiaeth ar y ffyrdd gan lywodraethau Attlee 1945–51. Roedd pob un i'w redeg gan fwrdd canolog. Anwybyddwyd hunaniaeth genedlaethol Cymru i raddau helaeth; trefniadaeth y diwydiant nwy yn unig a ystyriodd Gymru fel endid cenedlaethol drwy greu Bwrdd Nwy

Cymru. Erbyn 1950, roedd cyfran y gweithwyr a gyflogid gan y llywodraeth yng Nghymru, yn uniongyrchol neu'n anuniongyrchol, wedi codi i dros 40 y cant, ddwywaith yn gymaint â'r cyfartaledd cenedlaethol. Adlewyrchai hynny le blaenllaw y diwydiannau gwladol yn economi Cymru a'r niferoedd cynyddol a gyflogid gan y gwasanaethau cyhoeddus, yn arbennig addysg a llywodraeth leol a chanolog.

O safbwynt Cymru, glo oedd y pwysicaf o'r diwydiannau gwladol. Er i'r niferoedd a gyflogid yn y diwydiant ostwng o 270,000 ym 1921 i 115,000 ym 1947, dyma o hyd oedd y corff unigol mwyaf o weithwyr yng Nghymru. Bu dathlu eang drwy holl gymoedd y maes glo ar 1 Ionawr 1947, diwrnod gwladoli'r diwydiant. Cafodd bwriad y Bwrdd Glo Cenedlaethol i fecaneiddio, canoli, cynyddu cynnyrch, cau pyllau aneffeithiol ac agor pyllau newydd, gryn lwyddiant er i hynny greu peth tristwch ar yr un pryd. Nid oedd yr un pwll glo ar ôl yng nghymoedd Rhondda erbyn canol yr wythdegau. Gostyngodd y cynnyrch o 28 miliwn tunnell ym 1947 i 11 miliwn ym 1978 pan nad oedd dim mwy na 36,000 o ddynion yn cael eu cyflogi yn y diwydiant. Erbyn diwedd yr wythdegau dim ond pum pwll 'dwfn' yn ne Cymru ac un yn y gogledd oedd yn dal yn weithredol, gan gynnal gweithlu o ddim rhagor na 4,000.

Hyrwyddwyd ehangiad economaidd hefyd gan fuddsoddiadau mewn ffyrdd a thraffyrdd newydd a chan godi trefi newydd megis Cwmbrân yng Ngwent a'r Drenewydd ym Mhowys, yn ogystal â chan ffyniant newydd y diwydiant dur gwladol. Cyfnewidiol fu llwyddiant diwydiannau gyda'r newid bob yn ail yn y llywodraeth yn San Steffan. Yng nghanol y pumdegau crebachodd y diwydiannau dur a glo yn dilyn cyfnod o adael i'r economi gymryd ei siawns. Gwnaed rhan helaeth o ogledd-orllewin Cymru yn ardal ddatblygu drwy ddeddfwriaeth newydd ym 1958, a chafwyd deddfau pellach yn y chwedegau. Croesawodd trefi marchnad bychain gorllewin a chanolbarth Cymru ddiwydiannau cynhyrchu ysgafn ar raddfa fechan a gyflwynwyd drwy gefnogaeth y llywodraeth ac a ddarparai gyflogaeth ar gyfer llawer o gyn-weision ffermydd a oedd wedi colli eu gwaith oherwydd mecaneiddio cynyddol. Er hynny roedd problemau yn aros. Am gryn dipyn o'r cyfnod ar ôl 1945 roedd diweithdra yng Nghymru yn ddwywaith cymaint â'r cyfartaledd cenedlaethol, tra oedd cyflogaeth menywod yn llusgo y tu ôl i Loegr, fel yn wir y gwnâi asedion cyfalaf a gwariant blynyddol yr unigolyn. Ceisiodd llywodraeth Wilson, a etholwyd ym 1964, wella'r sefyllfa; symudwyd y Bathdy Brenhinol i dde Cymru a chrewyd Asiantaeth Datblygu Cymru. Amlygwyd llawer o wendidau cynhenid economi Cymru yn ddramatig yn yr wythdegau gyda chywasgiad y diwydiannau glo a dur, anawsterau economaidd gorllewin Ewrop yn gyffredinol, a gostyngiad llym mewn gwario cyhoeddus. Yn anochel mae llawer o'r cwmnïau cydwladol a Seisnig sydd wedi sefydlu ffatrïoedd yng Nghymru yn canolbwyntio ar gynhyrchu yn eu ffatrïoedd gartref mewn cyfnod o ddirwasgiad, tra bod torri trwodd i farchnadoedd yn Lloegr ac Ewrop yn aml yn broblem.

Cymru wledig

Daeth diboblogi cefn gwlad yn un o brif nodweddion bywyd Cymru ar ôl 1945. Daeth ffyniant newydd i'r rhai a barhaodd i amaethu yn sgil Deddf Amaeth 1947, gyda chynnydd mewn cynnyrch, lefelau prisiau mwy sefydlog a marchnadoedd ehangach. Cyfranogai tuag 80 y cant o ffermwyr Cymru mewn cynlluniau cydweithredol i storio, graddio a marchnata cynnyrch, a chynyddodd llawer ohonynt faint eu daliadau drwy draflyncu tir eu cymdogion. Hyd yn oed wedyn, parhaodd y rhan fwyaf o ffermydd Cymru i fod yn fentrau cymharol ansicr ar raddfa fechan. Roedd ffurfio Undeb Amaethwyr Cymru ym 1955 yn un enghraifft o ymdeimlad o ansicrwydd a pherygl. Yn anochel gwelwyd lleihad yn y galw am weithwyr amaethyddol a chrefftwyr gwlad megis gofaint a chyfrwywyr yn y cyfnod ar ôl y rhyfel. Ar yr un pryd roedd diwydiannau bychain cefn gwlad Cymru yn nychu. Crebachodd diwydiant chwareli llechi Gwynedd yn llym ar ôl 1945 fel mai dim ond pum chwarel yn cyflogi dyrnaid fechan o ddynion oedd yn dal i weithio erbyn dechrau'r saithdegau. Bu peth gwelliant ar ôl hynny wedi ei symbylu gan y galw cyson am addurniadau a chlociau llechen ar gyfer twristiaid. Roedd y diwydiant gwlân a'r diwydiant cynhyrchu dillad hefyd yn dirywio'n amlwg. Lliniarwyd y patrwm hwn gan ychydig o fentrau newydd—agor gwaith rhydwythio alwminiwm Corfforaeth Rio Tinto Zinc ger Caergybi ym 1970, sefydlu gorsafoedd pŵer yn Nhrawsfynydd ym Meirionnydd ac yn yr Wylfa ym Môn, a gweithgarwch y Comisiwn Coedwigo mewn llawer rhan o gefn gwlad Cymru. Er hynny darlun o ddadfeiliad cyffredinol oedd yr un amlycaf, darlun a gâi ei liniaru'n unig gan dwristiaeth ffyniannus yn ystod misoedd yr haf a chan fewnlifiad o hynafgwyr yn chwilio am le heddychlon i dreulio'u hymddeoliad. Dwysawyd y duedd hon pan gaewyd nifer o reilffyrdd allweddol yng nghanol y chwedegau yn dilyn argymhellion adroddiad gwaradwyddus Beeching ym Mawrth 1963.

Rheolaeth Llafur

Cadarnhawyd y symudiad tua'r chwith a gychwynnwyd yn yr ugeiniau a'r tridegau gan yr Ail Ryfel Byd. Yn etholiad cyffredinol 1945, enillodd Llafur 58.5 y cant o'r bleidlais boblogaidd yng Nghymru (symudiad o 12 y cant tuag at Lafur) gan sicrhau 25 o seddau, 21 ohonynt gyda mwyafrif absoliwt. Ac eithrio'r East End yn Llundain yn unig, Cymru oedd y rhanbarth lleiaf Ceidwadol yn y Deyrnas Unedig. Roedd yr un etholiad yn ergyd drom i'r Rhyddfrydwyr a enillodd 12 sedd yn unig drwy'r deyrnas, 7 ohonynt yn ardaloedd gwledig Cymru. Yn wir yr unig sedd drwy Brydain gyfan a gollwyd gan Lafur ym 1945 oedd Caerfyrddin, etholaeth gwbl unigolyddol, lle'r enillodd y Rhyddfrydwr, Rhys Hopkin Morris. Un o amryfal orchestion llywodraethau Llafur y cyfnod ar ôl y rhyfel oedd creu democratiaeth lawn ym Mhrydain

Aneurin Bevan

Ganed ym 1897 yn Nhredegar, Sir Fynwy. Addysgwyd ef yn Ysgol Elfennol Sirhowy nes ei fod yn dair ar ddeg oed, a bu'n darllen yn eang ym meysydd economeg, athroniaeth a gwleidyddiaeth. Daeth yn löwr ym 1911, roedd yn gwrthwynebu'r Rhyfel Byd Cyntaf yn gryf a chafodd ei ethol yn gadeirydd cangen leol Ffederasiwn Glowyr De Cymru ym 1916. Mynychodd y Coleg Llafur Canolog yn Llundain o 1919 hyd 1921, dychwelodd adref i wynebu diweithdra a dod yn aelod o Gyngor Tref Tredegar ym 1922. Gwasanaethodd fel llefarydd lleol yn ystod streic y glowyr ym 1926 ac etholwyd ef yn Aelod Seneddol Llafur dros Lyn Ebwy. Daeth yn un o feirniaid hallt Neville Chamberlain yn y tridegau, a daliodd yn wrthwynebus i'r llywodraeth drwy gydol yr Ail Ryfel Byd. Penodwyd ef yn Weinidog Iechyd yn llywodraeth Lafur 1945, gosododd sylfeini'r Gwasanaeth Iechyd Cenedlaethol a rhoddodd gychwyn ar gynllun radical o gael gwared â slymiau a darparu tai cyngor. Arhosodd ar adain chwith eithaf y Blaid Lafur drwy gydol y pumdegau a daeth yn ddirprwy arweinydd y blaid ym 1959. Ysgrifennodd nifer fawr o bamffledi ac erthyglau a'r gyfrol *In Place of Fear* (1952). Roedd ei wraig, Jennie Lee, yn Aelod Seneddol Llafur dros Ogledd Lanark, 1929–32, a Cannock, 1945–70. Bu farw ym 1960.

am y tro cyntaf. Daeth Deddf Cynrychiolaeth y Bobl ym 1948 ag egwyddor un bleidlais i bob oedolyn i rym, a dileu'r bleidlais fusnes a'r bleidlais brifysgol. Rhoddwyd y sedd a gollwyd gan Brifysgol Cymru i Sir Fflint, a chrewyd etholaethau newydd Caernarfon a Chonwy i gymryd lle hen raniadau Sir a Bwrdeistrefi Caernarfon.

Arhosodd y gefnogaeth yng Nghymru i'r Blaid Lafur yn gyson oddeutu 58 y cant o'r bleidlais yn etholiadau cyffredinol 1950, 1951, 1955 a 1959, tra daeth ei rheolaeth dros awdurdodau lleol ardaloedd diwydiannol Cymru hyd yn oed yn gryfach. Erbyn y pumdegau roedd her y Comiwnyddion wedi cilio a sialens y Trethdalwyr a Phlaid Cymru yn ysbeidiol ar y gorau, gyda'r canlyniad mai gwleidyddiaeth un blaid oedd y drefn yng nghynghorau tref y cymoedd diwydiannol, trefn a ddaeth â'i phroblemau ei hun yn ei sgil. Ar y cynghorau lleol yng Nghymru wledig, ar y llaw arall, roedd gwleidyddiaeth plaid (a fu'n hynod o fywiog ar ddiwedd y bedwaredd ganrif ar bymtheg) wedi hen ddiflannu, ac roedd y mwyafrif o aelodau yn Annibynnol o ran enw, er bod llawer ohonynt yn parhau'n Rhyddfrydwyr o ran eu safbwynt a'u ffordd o feddwl.

Suddodd pleidlais y blaid Ryddfrydol yng ngogledd a gorllewin Cymru yn yr etholiadau ar ôl y rhyfel. Enillodd Llafur Sir Gaernarfon ym 1945, Sir Benfro ym 1950, Meirionnydd a Môn ym 1951, Caerfyrddin mewn is-etholiad ym 1957 a Cheredigion ym 1966. Ym 1959 ni allai'r Rhyddfrydwyr gynnull ond wyth ymgeisydd yng Nghymru gyfan a dim ond 8 y cant dirmygus o'r pôl a enillwyd ganddynt. Ychydig o argraff a wnaed ar Gymru gan yr 'adfywiadau' Rhyddfrydol ysbeidiol a ddigwyddodd yn Lloegr a'r Alban yn y pumdegau a'r chwedegau. Sir Drefaldwyn yn unig a barhâi yn ffyddlon i'r Rhyddfrydwyr erbyn diwedd y chwedegau, ond bu hyd yn oed y sedd honno ym meddiant y Ceidwadwyr o 1979 hyd 1983.

Cyrhaeddodd grym Llafur yng Nghymru ei anterth ym 1966 pan enillodd y blaid 32 o'r 36 sedd, gan gynnwys yr holl etholaethau diwydiannol a holl etholaethau Gwynedd, Dyfed, Gwent a Chaerdydd. Ymhlith yr Aelodau Seneddol Cymreig roedd dau o arweinwyr olynol y Blaid Lafur—James Callaghan (De Caerdydd) a Michael Foot (Glyn Ebwy)—a George Thomas (Gorllewin Caerdydd) a ddaeth yn Llefarydd Tŷ'r Cyffredin. Erbyn 1979, fodd bynnag, roedd cyfran y blaid o'r bleidlais yng Nghymru wedi gostwng o 61 i 45 y cant a dim ond 21 o seddau Cymru a enillwyd ganddi. Golygodd gwrthgiliad tri o'i haelodau Cymreig ar ôl hynny at y Democratiaid Sosialaidd a Rhyddfrydol na allai hawlio rhagor

James Griffiths

Ganed ym 1890 yn y Betws ger Rhydaman yn Sir Gaerfyrddin a threuliodd ei blentyndod mewn cymuned wydn a chyfoethog ei diwylliant yng nghysgod diwygiad crefyddol 1904–5 a'r Blaid Lafur Annibynnol. Bu'n gweithio fel glöwr, treuliodd y blynyddoedd 1919–21 yn y Coleg Llafur Canolog, ac ym 1923 fe'i penodwyd yn drefnydd llawn amser y blaid Lafur yn etholaeth Llanelli. Ddwy flynedd yn ddiweddarach daeth yn gynrychiolydd y glowyr ym Mhorth Tywyn ac arhosodd yn y swydd honno hyd nes yr aeth i'r Senedd yn Aelod Seneddol Llafur dros Lanelli ym 1936. Arhosodd yn Nhŷ'r Cyffredin hyd ei ymddeoliad ym 1970. Bu'n Llywydd Ffederasiwn Glowyr De Cymru ym 1934. Daliodd nifer o swyddi uchel yn San Steffan, gan gynnwys Gweinidog Yswiriant Gwladol, 1945–50, Cadeirydd y Blaid Lafur, 1948–9, ac Ysgrifennydd Gwladol y Trefedigaethau, 1950–1. Bu'n gyfrifol am weithredu cynigion Adroddiad Beveridge gyda mesurau ar gyfer yswiriant gwladol, cymorth gwladol ac iawndal anafiadau diwydiannol. Roedd yn Gymro Cymraeg brwd a oedd yn gyson yn cydymdeimlo â galwadau am ddatganoli. Anogai Gabinet Attlee yn llywodraethau 1945–51 i drin Cymru fel uned weinyddol ar wahân. Ef oedd Ysgrifennydd Gwladol cyntaf Cymru ym 1964–6, ac ef oedd yn gyfrifol am sefydlu'r adran newydd. Cyhoeddodd hunangofiant, *Pages from Memory*, ym 1969. Bu farw ym 1975.

na 18 Aelod Seneddol o Gymru erbyn 1982. Yn wir roedd y rhod wedi troi cylch llawn er 1922. Yn fuan daeth newidiadau yn ffiniau etholaethau yn fygythiad pellach i'w sefyllfa. Erbyn 1979 ymddangosai mai'r Ceidwadwyr adfywiedig oedd yr her bennaf i Lafur yng Nghymru, yn hytrach na Phlaid Cymru a oedd wedi edrych fel pe bai'n fygythiad gwirioneddol drwy gydol llawer o'r chwedegau a'r saithdegau.

Yr her genedlaethol

Prin iawn oedd y diddordeb a amlygwyd gan lywodraethau Attlee mewn datganoli, gan fod y mwyafrif o'u haelodau o'r farn mai

J.R. Jones

Ganed ym 1911 ym Mhwllheli, Sir Gaernarfon, a derbyniodd ei addysg yng Ngholeg Prifysgol Cymru, Aberystwyth, a Choleg Balliol, Rhydychen. Dychwelodd yn ddarlithydd i'w hen goleg yn Aberystwyth ym 1938, ac ym 1952 fe'i penodwyd yn Athro Athroniaeth Coleg Prifysgol Cymru, Abertawe. Natur yr hunan a hunaniaethau eraill oedd ei brif ddiddordeb athronyddol, ond ymddiddorai hefyd yn ansawdd credoau crefyddol a natur cenedl. Cyhoeddodd nifer fawr o ysgrifau mewn cylchgronau dysgedig a phedair cyfrol gan gynnwys *Prydeindod* (1966) ac *Ac Onide* (1970). Bu dylanwad Rush Rhees, cydweithiwr iddo yn Abertawe, yn drwm iawn arno; Rhees a'i cyflwynodd i syniadau Ludwig Wittgenstein, a daeth i goleddu syniadau pendant am swyddogaeth yr unigolyn mewn cymdeithas. Ysgrifennodd lawer o erthyglau pwysig ar genedligrwydd Cymreig a chenedlaetholdeb Cymreig, ysgrifau a fu'n fawr eu dylanwad ar fudiadau cyfoes megis Plaid Cymru a Chymdeithas yr Iaith Gymraeg. Bu farw ym 1970.

cynllunio canolig cadarn oedd yr ateb i broblemau economaidd 'rhanbarthol'. Cafodd cais am Ysgrifennydd Gwladol i Gymru ei ysgubo o'r neilltu'n frysiog gan Attlee ac roedd agwedd Aneurin Bevan, y mwyaf dylanwadol o'r Aelodau Seneddol Llafur, tuag at gwestiynau Cymreig yn gyfnewidiol a dweud y lleiaf. Parhâi Plaid Cymru, er ei bod yn llawer cryfach ym 1945 nag ym 1939, i fod, i raddau helaeth iawn, ar ymylon bywyd gwleidyddol Cymru. Er hynny, fel yr ehangai Llafur feysydd ei chefnogaeth yng Nghymru, cynyddai'r pwysau am i bolisïau gael eu llunio a fyddai'n rhoi rhyw gymaint o gydnabyddiaeth sefydliadol i Gymru. Ym 1948, sefydlwyd Cyngor Cymru dan gadeiryddiaeth Huw T. Edwards, ond ychydig o awdurdod a roddwyd iddo. Rhoddodd y llywodraeth Geidwadol, a etholwyd ym 1951, y teitl Gweinidog Materion Cymreig i'r Ysgrifennydd Cartref yn y lle cyntaf ac ar ôl hynny i'r Gweinidog Tai a Llywodraeth Leol. Dechreuwyd Ymgyrch Senedd i Gymru gan Undeb Cymru Fydd ym 1949, a chyflwynwyd deiseb i'r Senedd wedi ei harwyddo gan 250,000 o bobl Cymru ym 1956, ond yn ofer. Yr un fu tynged mesur i sicrhau Senedd i Gymru a gyflwynwyd gan S.O. Davies ym 1955.

Gwynfor Evans

Fe'i ganed yn y Barri, Sir Forgannwg, ym 1912, yn fab i ŵr busnes (a'i wreiddiau yn Sir Gâr), ac addysgwyd ef yng Ngholeg Prifysgol Cymru, Aberystwyth, a Choleg Sant Ioan, Rhydychen. Hyfforddwyd ef fel cyfreithiwr, ond dewisodd ennill ei fywoliaeth fel garddwr masnachol, a gwnaeth ei gartref yn Llangadog, Sir Gaerfyrddin. Ymunodd â Phlaid Cymru mor gynnar â 1934 cyn mynd i Rydychen, dewiswyd ef yn Is-Lywydd ym 1943 ac yn Llywydd y Blaid yn Awst 1945. Daeth yn gadeirydd ar Undeb yr Annibynwyr Cymreig ym 1954, ac yr oedd yn un o sylfaenwyr Undeb Cymru Fydd. Etholwyd ef yn aelod o Gyngor Sir Gaerfyrddin ym 1949 a daeth yn Henadur ym 1955. Bu hefyd am gyfnod yn aelod o Gymdeithas yr Iaith Gymraeg. Safodd fel ymgeisydd y Blaid yn Sir Feirionnydd ar bedwar achlysur rhwng 1945 a 1959 ac mewn is-etholiad yn Aberdâr ym 1954. Safodd hefyd yn Sir Gaerfyrddin ym 1964 a 1966 cyn cael ei ethol fel olynydd i'r Fonesig Megan Lloyd George mewn is-etholiad yng Ngorffennaf 1966. Cynrychiolodd yr etholaeth yn y Senedd rhwng 1966 a 1970 ac eto rhwng Hydref 1974 a 1979. Bu'n ffigur canolog yn natblygiad Plaid Cymru ac yn gymeriad amlwg ym mywyd cyhoeddus Cymru, yn uchel iawn ei barch hyd yn oed ymhlith aelodau o'r pleidiau gwleidyddol eraill. Gwynfor Evans yn anad neb a sicrhaodd fuddugoliaeth ym 1982 yn y frwydr dros sicrhau pedwaredd sianel deledu a fyddai'n darlledu yn yr iaith Gymraeg. Y mae'n hanesydd blaenllaw ac yn awdur nifer o gyfrolau pwysig gan gynnwys *Aros Mae* (1971), *Wales Can Win* (1973), *A National Future for Wales* (1975) a *Seiri Cenedl* (1988). Yn ei weithiau gwnaeth ymgais arbennig i feithrin yn y Cymry falchder yng ngogoniant eu hanes a'u llenyddiaeth. Cyhoeddodd gyfrol o hunangofiant yn dwyn y teitl *Bywyd Cymro* ym 1982.

Gwnaeth Plaid Cymru a oedd yn dal i fod yn fudiad bychan gwledig i raddau helaeth, gynnydd cyson yn ystod ail hanner y pumdegau ac adlewyrchwyd ei chefnogaeth newydd gan yr ugain ymgeisydd cenedlaethol yn etholiad cyffredinol 1959, pan lwyddodd o leiaf bump ohonynt i gadw eu hernesau. Yn yr etholiad hwnnw, roedd y maniffesto Llafur yn addo creu Swyddfa Gymreig gydag Ysgrifennydd Gwladol i Gymru a chanddo sedd yn y

Gwynfor Evans yn annerch rali yng Nghilmeri.

Cabinet. Gwireddwyd yr addewid ym 1964, ac yn ystod y
blynyddoedd ar ôl hynny daeth y Swyddfa Gymreig a oedd wedi ei
lleoli yng Nghaerdydd (prifddinas Cymru er 1955) i gynnwys ystod
eang o gyfrifoldebau gweinyddol am lawer agwedd ar lywodraeth
Cymru. Cafodd buddugoliaeth ddramatig ac annisgwyl Gwynfor
Evans dros Blaid Cymru yn is-etholiad Caerfyrddin yng
Ngorffennaf 1966 (a gynhaliwyd yn dilyn marwolaeth y Fonesig
Megan Lloyd George) effaith yr un mor drawiadol pan gafwyd
niferoedd mawr o bleidleisiau, er na chafwyd buddugoliaeth, mewn
is-etholiadau mewn etholaethau diwydiannol—Rhondda (1967),
Caerffili (1968) a Merthyr Tudful (1972), pan gafodd Llafur yn wir
'ei darostwng yng nghanol cadarnle gwironeddol sosialaeth
Brydeinig'. Daeth hyd yn oed Gyngor Tref Merthyr Tudful o dan
reolaeth Plaid Cymru am gyfnod. Roedd yn amlwg y gallai Plaid
Cymru gynnull cefnogaeth arwyddocaol, os ysbeidiol, y tu allan i'r
ardaloedd gwledig. Erbyn diwedd y chwedegau roedd rhai y tu
mewn i gynghorau'r Blaid Lafur yn awyddus i ystyried cynllun mwy
pellgyrhaeddol o ddatganoli. Dadleuai llawer y byddai cyngor

etholedig i Gymru yn cyd-fynd yn gampus â'r newidiadau arfaethedig yn strwythur llywodraeth leol yng Nghymru, dadl a atgyfnerthwyd gan awydd y llywodraeth i ymuno â'r Gymuned Ewropeaidd. Sefydlwyd Comisiwn Crowther ar y Cyfansoddiad ym 1969. Yn adroddiad yr hyn a ailenwyd yn Gomisiwn Kilbrandon ac a ymddangosodd ym 1973, roedd un ar ddeg o'r Comisiynwyr yn cefnogi'r syniad o gynulliad etholedig i Gymru a chwech yn lleisio cefnogaeth i senedd ddeddfwriaethol.

Gosododd buddugoliaethau Plaid Cymru yn Sir Gaernarfon a Meirionnydd yn etholiad cyffredinol Chwefror 1974 (a ddilynwyd gan lwyddiant yn Sir Gaerfyrddin yn Hydref 1974), ynghyd â buddugoliaethau cenedlaethol cyfochrog ysgubol yn yr Alban, ddatganoli i Gymru a'r Alban yn gadarn ar yr agenda gwleidyddol. Cynyddodd dylanwad y cenedlaetholwyr yn San Steffan wrth i fwyafrif llywodraeth Lafur James Callaghan fynd yn llai ac yn llai. Cyrhaeddodd Deddf Cymru y llyfr statud ym mis Gorffennaf 1978. Roedd pwerau'r cynulliad arfaethedig yn wirioneddol gyfyng; ni roid iddo'r awdurdod i ddeddfu nac i godi ei gyllid ei hun. Ond i'r sawl a'i cefnogai roedd y cynulliad arfaethedig yn cynrychioli goruchafiaeth nodedig fel corff etholedig a fyddai'n gwasanaethu fel llais i Gymru. Aed cyn belled â dewis adeilad yng Nghaerdydd i fod yn gartref i'r Cynulliad. Fodd bynnag, mewn refferendwm a gynhaliwyd ar 1 Mawrth 1979, mynegodd 80 y cant o'r rhai a bleidleisiodd eu gwrthwynebiad i sefydlu'r Cynulliad. Pleidleisiodd pob un o'r siroedd Cymreig newydd, gan gynnwys Gwynedd hyd yn oed, yn gryf yn erbyn, a diflannodd datganoli i Gymru oddi ar yr agenda gwleidyddol am y tro.

Ad-drefniant llywodraeth leol
Rhagflaenodd pasio Deddf Llywodraeth Leol 1972 ad-drefnu ysgubol ar lywodraeth leol yng Nghymru a ddaeth i rym ar 1 Ebrill 1974. Newidiwyd ffiniau ac yn wir enwau pob un o siroedd Cymru. Cafwyd wyth sir newydd gydag enwau'r rhan fwyaf ohonynt yn deillio o hen raniadau llwythol Cymru: Gwynedd yn y gogledd-orllewin, Clwyd yn y gogledd-ddwyrain, Powys yn y canolbarth, Dyfed yn y de-orllewin, tra rhannwyd Morgannwg yn dair rhan, Gorllewin, Canol a De; Sir Fynwy yn unig a barhaodd heb lawer o newid ar ei ffiniau fel sir newydd Gwent. Rhoddwyd statws bwrdeistref i dri ar hugain o'r ddau ddosbarth ar bymtheg ar hugain ar haen isaf llywodraeth leol, ac roedd rhai o'r rhain yr un maint â'r siroedd traddodiadol yn yr ardaloedd gwledig. Roedd y siroedd

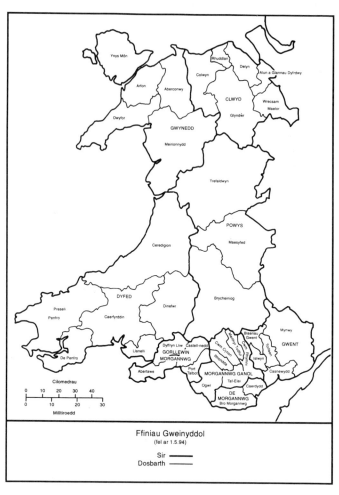

Siroedd a bwrdeistrefi Cymru ar ôl ad-drefnu llywodraeth leol ym 1974.

newydd yn sicr yn fwy cytbwys o ran poblogaeth ac roedd unedau llywodraeth leol yn fwy na'r rhai blaenorol.

Gwleidyddiaeth ddiweddar Cymru

Nodwedd fwyaf trawiadol bywyd gwleidyddol diweddar Cymru yw twf Ceidwadaeth Gymreig yn ystod yr wythdegau, twf sydd i raddau helaeth wedi bwrw ymchwydd cenedlaethol y chwedegau

Neil Kinnock

Ganed ym 1942 yn fab i Gordon Kinnock, gweithiwr dur a chyn-löwr, a Mary ei wraig a oedd yn nyrs. Addysgwyd ef yn ysgol enwog Lewis, Pengam, ac yng Ngholeg y Brifysgol, Caerdydd, lle graddiodd mewn astudiaethau diwydiannol a hanes. Tra oedd yn y coleg bu'n llywydd Undeb y Myfyrwyr ym 1965–66 ac yn gadeirydd y Gymdeithas Sosialaidd. Bu'n drefnydd a thiwtor mewn astudiaethau diwydiannol ac undebau masnach o dan nawdd Mudiad Addysg y Gweithwyr rhwng 1966 a 1970 ac yn ystod y cyfnod hwnnw, ym 1967, priododd â Glenys Elizabeth Parry. Mae ganddynt fab a merch. Etholwyd ef yn Aelod Seneddol Llafur dros Fedwellte ym 1970, ac er Mehefin 1983 bu'n cynrychioli etholaeth Islwyn yn y Senedd. Kinnock oedd yr huotlaf o'r chwe Aelod Seneddol Llafur Cymreig a lafuriodd i sicrhau pleidlais nacaol yn refferendwm Mawrth 1979. Gwasanaethodd fel llefarydd yr Wrthblaid ar addysg rhwng 1979 a 1983. Olynodd Michael Foot yn arweinydd y Blaid Lafur ym 1983—y pedwerydd Aelod Seneddol o Gymru i arwain y blaid—ond bu'r Blaid yn aflwyddiannus yn etholiadau cyffredinol 1987 a 1992, ac yn fuan iawn ar ôl colli'r ail etholiad, cyhoeddodd ei fwriad i ymddiswyddo a chafodd ei olynu gan John Smith. Ail-gychwynnodd ei yrfa ym 1994 pan gafodd ei benodi'n Gomisiynydd Ewropeaidd.

Bu'n aelod o nifer fawr o bwyllgorau seneddol a gwasanaethodd fel cadeirydd y Blaid Lafur ym 1987–88. Ef yw awdur y cyfrolau *Wales and the Common Market* (1971) a *Making Our Way—Investing in Britain's Future* (1986), a chyfrannodd erthyglau lawer i golofnau'r *Tribune*, y *New Statesman* a'r *Guardian*. Ymdrechodd yn arwrol i waredu ei blaid o'r elfennau mwyaf milwriaethus yn ei rhengoedd ac i feithrin delwedd gymedrol a chanolig iddi.

a'r saithdegau i'r cysgod. Ym 1979, enillodd y Ceidwadwyr 31 y cant o'r bleidlais ac un sedd ar ddeg yng Nghymru, gan gynnwys tair sedd newydd—Brycheiniog a Maesyfed a Môn oddi ar Lafur a Threfaldwyn oddi ar y Rhyddfrydwyr. Ymffrostiodd un is-weinidog yn y Swyddfa Gymreig y gallai yrru o Bont Hafren i Gaergybi heb unwaith adael tiriogaeth a oedd yn nwylo'r Ceidwadwyr. Pan ddaeth y Ceidwadwyr i rym ym Mai 1979, roedd 43 y cant o boblogaeth weithiol Cymru yn cael eu cyflogi yn y sector cyhoeddus. Yn anochel cafodd penderfyniad y llywodraeth newydd i ostwng gwario cyhoeddus effaith anghymesur ar Gymru. Yn ystod y pedair blynedd dilynol, gostyngodd nifer y gweithwyr yn y diwydiant dur 70 y cant, 17 y cant yn y diwydiannau cynhyrchu a 21 y cant yn y diwydiant adeiladu. Ni chafwyd unrhyw dwf yn y sector gwasanaethau i wneud iawn am hynny, ac felly roedd diweithdra yng Nghymru, a oedd yn 8.5 y cant ym 1979, wedi codi i 16.7 y cant erbyn Mai 1983. Roedd y newidiadau hyn yn y strwythur cyflogaeth yng Nghymru yn debyg o danseilio rhai o ffynonellau traddodiadol y gefnogaeth i Lafur.

Ailddosbarthwyd yr etholaethau seneddol hefyd cyn etholiad cyffredinol 1983, a chynyddodd cyfanswm yr etholaethau Cymreig i ddeunaw ar hugain. Cafodd Clwyd sedd ychwanegol yn y gogledd-ddwyrain a rhoddodd adolygiad y ffiniau yn y de bwyslais ar y dinasoedd a'r gwastadedd arfordirol datblygol yn y de ar draul y cymoedd, a thrwy hynny rhwygwyd ardaloedd cadarn Llafur a chreu etholaethau cytbwys mwy ymylol. Ym 1983, dim ond 37.5 y cant o'r bleidlais yng Nghymru (y canran lleiaf er 1918) ac 20 sedd a enillwyd gan Lafur, tra daliodd y Ceidwadwyr eu gafael ar 31 y cant a sicrhau 14 sedd. Ymddangosai bod ymchwydd y Ceidwadwyr wedi ei gadarnhau.

Yn ystod streic y glowyr ym 1984–5, dangosodd glowyr de Cymru undod ac urddas nodedig mewn cyfnod pan oedd yr ymdeimlad dwfn o hunaniaeth gymunedol yng nghymoedd de Cymru wedi dod i ben. Roedd y diwydiannau newydd oedd wedi cymryd lle'r diwydiant glo yn aml yn golygu teithio cryn bellter, roeddynt yn cyflogi cyfran uchel o ferched ac yn gweithredu patrymau gwahanol o aelodaeth undeb llafur. Aeth economi diwydiannol Cymru drwy gyfnod o ddirywiad gydag adferiad yn ei ddilyn ym 1983–7, ac roedd optimistiaeth newydd wedi dechrau ei hamlygu ei hun erbyn yr amser y galwodd Mrs Thatcher am etholiad cyffredinol ym mis Mehefin 1987. Enillodd Llafur bedair sedd oddi ar y Ceidwadwyr—Gorllewin Caerdydd, Gorllewin Casnewydd, Pen-y-bont ar Ogwr a De-Orllewin Clwyd—gan gynyddu ei chyfanswm i 24 ac ennill 45.1 y cant o'r bleidlais. Daliodd cynghrair y Rhyddfrydwyr a Phlaid y Democratiaid Sosialaidd eu gafael ar Drefaldwyn ac ar Frycheiniog a Maesyfed a enillwyd yn gyntaf mewn is-etholiad ym mis Mehefin 1985. Cafodd Plaid Cymru fuddugoliaeth gyffrous ym Môn a olygai mai Plaid Cymru a gynrychiolai Wynedd gyfan, ond llithro ymhellach yn ôl fu hanes y blaid mewn ardaloedd diwydiannol. Dim ond mewn wyth sedd y daliodd y Ceidwadwyr eu gafael, ond er hynny cawsant 29.5 y cant o'r bleidlais gan ddatgelu sefydlogrwydd y gefnogaeth i'r Ceidwadwyr yng Nghymru. Er hynny, erbyn 1990, ymddangosai fod mater datganoli i Gymru ar yr agenda gwleidyddol unwaith yn rhagor.

Cymdeithas Cymru

Cynyddodd poblogaeth Cymru yn raddol o oddeutu 2.5 miliwn ym 1945 i 2.75 miliwn erbyn y saithdegau. Daeth y Cymry yn

Chwaraeon yng Nghymru

Mae apêl gyhoeddus chwaraeon torfol wedi parhau yn gryf yng Nghymru drwy gydol yr ugeinfed ganrif, yn arbennig yn y de. Daeth criced yn boblogaidd fel adloniant yn yr haf, gyda thîm Morgannwg yn arbennig yn denu diddordeb a chefnogaeth gyffredinol ar faes St Helen, Abertawe a Gerddi Sophia, Caerdydd. Roedd cryn apêl gan bêl-droed hefyd yn y porthladdoedd arfordirol ac mewn ardaloedd gwledig, er na chafodd yr un o'r pedwar clwb o Gymru oedd yn y Gynghrair Bêl-droed—Caerdydd, Abertawe, Casnewydd a Wrecsam—ddigon o lwyddiant i ennill cefnogaeth ar raddfa fawr. Mae apêl paffio wedi cilio fymryn, tra daeth rygbi yn destun brwdfrydedd cenedlaethol gwirioneddol; adfywiodd yn gyson ym mlynyddoedd olaf y pedwardegau a chyrraedd uchafbwynt rhagoriaeth yn y chwedegau a'r saithdegau cynnar, a hynny'n cael ei adlewyrchu yn y ffaith i'r Goron Driphlyg a'r Gamp Lawn gael eu hennill ar sawl achlysur. Daeth dau chwaraewr yn arbennig, y maswr, Barry John, a'r mewnwr, Gareth Edwards, yn enwau teuluol ymhob rhan o Gymru, ac roedd y gêmau rhyngwladol cyffrous ym Mharc yr Arfau, yn achlysuron cenedlaethol gwirioneddol, 'opiwm y werin ar ei newydd wedd'.

gyfoethocach yn faterol, fel unigolion ac fel cymdeithas, nag erioed o'r blaen yn eu hanes. Hyd yn oed pan gymerir chwyddiant llym y cyfnod i ystyriaeth, roedd person a oedd yn ennill cyflog yng Nghymru ar gyfartaledd ddwywaith mor gyfoethog ym 1978 ag yr oedd ym 1946, ffyniant a gynyddodd ymhellach oherwydd bod cymaint o ferched yn cael eu cyflogi. Adlewyrchid y trawsnewidiad hwn mewn safonau byw llawer uwch: roedd trydan ar gael yn gyffredinol, roedd teledu gan bawb bron ac roedd teleffon a char gan lawer iawn o bobl. Ffynnai gwerthiant nwyddau parhaol. Daeth y mwyafrif o bobl i fwynhau tai cyfforddus (adeiladau newydd a hen dai wedi eu hadnewyddu), bwydydd amrywiol a digonedd o ddillad. Daeth hyd yn oed wyliau tramor yn gynyddol boblogaidd.

Yn gyfochrog â'r newidiadau hyn bu cynnydd sylweddol mewn gwariant cyhoeddus, yn arbennig ar iechyd, addysg a'r gwasanaethau cymdeithasol, ac ar ddarpariaethau amgylcheddol megis tai, ffyrdd a chludiant. Gosodwyd sylfeini'r newidiadau hyn gan lywodraeth Attlee ar ôl y rhyfel a geisiodd weithredu argymhellion Adroddiad Beveridge a oedd wedi ymddangos ym 1942. Ei gorchest bennaf oedd sefydlu'r Gwasanaeth Iechyd Cenedlaethol a roddai driniaeth feddygol i bawb yn rhad ac am ddim ac a ddaeth â phob un o ysbytai'r wlad o dan adain y wladwriaeth les. Bu'n rhaid ailadeiladu'r rhan fwyaf o ysbytai Cymru, roedd y galw am driniaeth, gan ei fod erbyn hyn yn ddi-dâl, yn drymach nag a ragwelwyd, a chafodd yr egwyddor o gynnig gwasanaeth iechyd di-dâl ei lastwreiddio i ryw raddau. Arweiniodd cyffuriau newydd a gwell bwyd at ddileu'r darfodedigaeth ac at ostyngiad sylweddol yn nifer y marwolaethau ymhlith babanod. Golygai'r crebachu yn y diwydiant glo bod llai o ddamweiniau yn digwydd yn y pyllau glo. Er hynny roedd afiechyd yn fwy cyffredin yng Nghymru nag yng ngweddill y Deyrnas Unedig, roedd safon y tai yn is, ac, fel y profwyd mor echrydus gan drychineb Aberfan ym 1966, gallai amgylchfyd diwydiannol Cymru barhau i greu problemau difrifol. Ar ben hynny roedd bywyd cymunedol clòs y cymoedd diwydiannol a'r ardaloedd gwledig yn cyflym ddiflannu erbyn y saithdegau. Roedd gweithlu Cymru yn fwy symudol, yn fwy parod i gymudo, ac yn fwy parod i fyw mewn stadau tai newydd digymeriad yn hytrach nag yn yr hen resi cynnes, clòs o dai teras ar ochrau a llawr y cymoedd.

174

Addysg, iaith a diwylliant

Gwelodd y genhedlaeth ar ôl y rhyfel ddatblygiadau mawr yn y byd addysg hefyd. Daeth Deddf Addysg Butler ym 1944 ag addysg uwchradd i bawb a chodi oed gadael yr ysgol i bymtheg oed. Darparodd yr awdurdodau addysg ysgolion uwchradd modern ar gyfer y rhai na lwyddai yn yr arholiad 11+, ond roedd cost cynnal system dwy haen yn ormodol, ac roedd rhai awdurdodau wedi mabwysiadu egwyddor addysg gyfun ymhell cyn i lywodraeth Lafur Harold Wilson fynnu cael system gyfun ym 1964–6. Yn sgil Adroddiad Robbins ym 1964, ehangwyd Prifysgol Cymru yn ogystal, gyda grantiau gorfodol ar gyfer myfyrwyr ac amrywiaeth cynyddol yn ystod y pynciau oedd ar gael. Daeth Coleg Dewi Sant, Llanbedr Pont Steffan, a'r Sefydliad Gwyddoniaeth yng Nghaerdydd yn rhan o'r brifysgol genedlaethol, a oedd erbyn diwedd y saithdegau yn derbyn cymaint â dengwaith yn fwy o fyfyrwyr nag y gwnâi ym 1939.

Cerddoriaeth Cymru

Mae cerddoriaeth yng Nghymru wedi parhau i ffynnu mewn amryfal ffyrdd. Bu'r Eisteddfod Genedlaethol yn symbyliad cryf i ganu corawl, er nad yw corau meibion, er eu bod yn dal yn boblogaidd, wedi ffynnu fel y gwnaethant cyn 1914. Lledaenodd effaith cerddoriaeth Gymreig wrth i gantorion Cymreig blaenllaw megis Geraint Evans a Gwyneth Jones ganu yn nhai opera Covent Garden neu La Scala, tra gwnaed cyfraniad pwysig gan Gerddorfa Genedlaethol Cymru, a ffurfiwyd ym 1928 ac a adfywiwyd ym 1935. Cynorthwyodd Walford Davies, Athro Cerddoriaeth yn Aberystwyth o 1918 hyd 1926, i feithrin gwerthfawrogiad ehangach o gerddoriaeth glasurol yng Nghymru, tra enillodd Cwmni Opera Cenedlaethol Cymru, a sefydlwyd ym 1946, enw da iddo'i hun yn rhyngwladol ar fyr o dro. Cynhyrchodd cyfansoddwyr brodorol megis Alun Hoddinott a William Mathias waith sy'n adlewyrchu ymwybyddiaeth Gymreig ddwys ac ymdeimlad o hunaniaeth ddiwylliannol. Ar lefel fwy poblogaidd mae cantorion megis Shirley Bassey a Tom Jones wedi ennill enwogrwydd rhyngwladol.

Yn anochel, yn sgil y newidiadau hyn mewn addysg a gyflwynwyd gan y llywodraeth, bu lleihad yng ngweithgarwch

Mudiad Addysg y Gweithwyr, llyfrgelloedd y glowyr a'r neuaddau lles. Roedd y gostyngiad yn nylanwad ac aelodaeth y capeli, a amlygwyd uwchlaw popeth yn nadfeiliad yr ethos Ymneilltuol a fu ar un adeg yn rym mor bwerus ym mywyd Cymru, hyd yn oed yn fwy trawiadol. Ym 1975, dim ond 6 o'r 37 dosbarth yng Nghymru a bleidleisiodd i gau eu tafarnau ar y Sul; ym 1989, dim ond un dosbarth 'sych' oedd yn weddill.

Yr Eisteddfod Genedlaethol

Prif ŵyl ddiwylliannol y Cymry Cymraeg a gynhelir yn flynyddol yn ystod yr wythnos lawn gyntaf ym mis Awst, ac sydd yn amrywio ei lleoliad o flwyddyn i flwyddyn rhwng y gogledd a'r de bob yn ail. Er bod gwreiddiau'r eisteddfod yn ymestyn yn ôl i'r Oesoedd Canol, dim ond o'r 1860au ymlaen yr ailgrewyd yr ŵyl fodern a gynhaliwyd yn flynyddol byth er 1881. Ym 1937 crewyd Cyngor yr Eisteddfod yn rhannol gan Orsedd Beirdd Ynys Prydain, ac ym 1952 cafwyd cyfansoddiad newydd a sefydlwyd Llys yr Eisteddfod yn gorff llywodraethol. Penodwyd trefnyddion i'r eisteddfod ym 1959 a chyfarwyddwr amser llawn ym 1978. Er mwyn wynebu costau cynnal yr eisteddfod, derbynnir grantiau gan awdurdodau lleol a'r llywodraeth ganolog, cyfraniadau gan ddiwydiant ac awdurdodau darlledu a chodir cronfa sylweddol yn yr ardaloedd lle cynhelir yr eisteddfod. Dim ond mor ddiweddar â 1937 y cadarnhawyd yr iaith Gymraeg fel unig iaith swyddogol yr eisteddfod.

Mae'r ŵyl yn denu tua chan mil a hanner o ymwelwyr bob blwyddyn, a daeth yn fan cyfarfod unigryw ac arbennig i Gymry Gymraeg. Cynhelir y seremonïau amlycaf, y coroni, y cadeirio a chyflwyno'r Fedal Ryddiaith, yn y prif bafiliwn, ond ar faes yr eisteddfod codir ugeiniau lawer o stondinau amrywiol gan gymdeithasau, sefydliadau a chwmnïau masnachol. Y Babell Lên yw'r brif ganolfan i feirdd a llenorion ar faes y brifwyl a disgwylir yn eiddgar am gyhoeddi *Cyfansoddiadau a Beirniadaethau'r Eisteddfod* ar brynhawn Gwener yr ŵyl bob blwyddyn.

Parhaodd cynnyrch llenyddol yn yr iaith Gymraeg yn fywiog ac egnïol. Dilynwyd y genhedlaeth hŷn o feirdd—W.J. Gruffydd, T. Gwynn Jones, T.H. Parry-Williams ac R. Williams Parry—gan feirdd iau grymus, yn arbennig D. Gwenallt Jones, Waldo Williams ac Euros Bowen. Anadlwyd bywyd newydd i'r stori fer Gymraeg gan Kate Roberts, yr oedd ei disgrifiadau sensitif a dychmygus o gymunedau chwarelyddol Gwynedd yn ennyn edmygedd cyffredinol. Ysgrifennodd hefyd nifer o nofelau pwerus, fel y

Kate Roberts.

Kate Roberts

Cafodd ei geni ym 1891 a'i magu yn Rhosgadfan yn ardal y chwareli yn Sir Gaernarfon, a graddiodd yn y Gymraeg yng Ngholeg Prifysgol Gogledd Cymru, Bangor. Bu'n athrawes Gymraeg yn Ystalyfera ac Aberdâr, Sir Forgannwg. Ym 1928 priododd â Morris T. Williams ac, ar ôl byw am gyfnodau byr yng Nghaerdydd a Thonypandy, prynodd y ddau Wasg Gee ym 1935 a gwnaethant eu cartref yn Ninbych lle bu hi'n byw am weddill ei hoes faith. Bu farw Williams ym 1946, ond bu Kate yn gyfrifol am redeg y wasg tan 1956 a chyfrannodd yn gyson at golofnau'r *Faner* ar nifer o bynciau.

Cyhoeddodd nifer o nofelau a chasgliadau o straeon pwysig cyn 1937 gan gynwys *O Gors y Bryniau* (1925), *Deian a Loli* (1927) a *Traed Mewn Cyffion* (1936). Yna bu seibiant tan 1949 pan ymddangosodd *Stryd y Glep* i'w dilyn gan weithiau eraill megis *Y Byw sy'n Cysgu* (1956), *Tywyll Heno* (1962) a *Haul a Drycin* (1981). Ymddengys mai colli ei brawd yn y Rhyfel Byd Cyntaf a fu'n sbardun iddi gychwyn llenydda. Seiliwyd y rhan fwyaf o'i gweithiau ar y cartref, amryw ohonynt ar gymdeithas y chwarel. Lluniodd hefyd nifer o gyfrolau ar gyfer plant. Derbyniodd amryw anrhydeddau pwysig yn ei blynyddoedd olaf, a bu farw ym 1985. Cydnabyddir mai Kate Roberts yw'r awdur rhyddiaith mwyaf nodedig yn y Gymraeg yn yr ugeinfed ganrif. Cyfieithwyd rhai o'i straeon i'r Saesneg.

gwnaeth T. Rowland Hughes yntau yn y pedwardegau ac Islwyn Ffowc Elis yn y pumdegau a'r chwedegau. Daeth hanesion hunangofiannol hiraethus D.J. Williams yn glasurol cydnabyddedig. Roedd dramâu a gweithiau llenyddol eraill Saunders Lewis yn dominyddu'r maes llenyddol yng Nghymru. Mae'r nofelwyr a ddaeth i amlygrwydd yn ystod y deng mlynedd ar hugain diwethaf yn cynnwys Jane Edwards, Eigra Lewis Roberts a John Rowlands, yn ogystal â rhai iau megis Aled Islwyn a William Owen Roberts. Yn yr wythdegau cafodd Alan Llwyd, Dic Jones a Gerallt Lloyd Owen eu mawrygu am eu barddoniaeth lawn cymaint ag unrhyw un o'u rhagflaenwyr, ac mae dyfodiad S4C (y sianel deledu Gymraeg) wedi ysbrydoli rhagor o gynnyrch ym maes y ddrama Gymraeg.

S4C

Pan gyhoeddodd William Whitelaw, yr Ysgrifennydd Cartref, ym Medi 1979, na fyddai'r llywodraeth Geidwadol yn anrhydeddu ei haddewid i sefydlu Sianel Deledu Gymraeg, crewyd siom a dicter mawr ymhlith llawer o Gymry Cymraeg. Ar ôl ymgyrch galed, yn bennaf gan aelodau Plaid Cymru, ac yn anad neb Gwynfor Evans (a gyhoeddodd ei fwriad i ymprydio hyd angau pe na sefydlid Sianel Gymraeg), ildiodd y llywodraeth ym Medi 1980 a dechreuodd Sianel 4 Cymru ddarlledu ar 1 Tachwedd 1982, carreg filltir bwysig yn natblygiad y genedl Gymreig. Bob nos o'r cychwyn darlledid nifer o raglenni Cymraeg amrywiol yn ystod oriau brig gwylio'r teledu. Adeiladwyd yn sylweddol ar y sylfaen hon i ymestyn yr oriau darlledu ac amrywiaeth y rhaglenni, er i safon y cynnyrch hefyd amrywio cryn dipyn. Ond gwerthwyd amryw o'r rhaglenni mwyaf poblogaidd i gwmnïau teledu yn Lloegr ac ar y Cyfandir, a gwnaed defnydd helaeth o is-deitlau yn y cyswllt hwn. Cafodd cannoedd o Gymry Cymraeg, graddedigion ifanc yn arbennig, gyfle i ennill eu bywoliaeth ym myd y cyfryngau, ac o ganlyniad bywiogwyd bywyd Cymraeg dinas Caerdydd yn fawr. Cafwyd cymaint â 150,000 o wylwyr yn syllu ar rai o'r rhaglenni mwyaf poblogaidd, canran uchel o'r Cymry Cymraeg, a ffigur a roddai hwb i'r genedl er gwaetha'r dirwasgiad, y diweithdra annerbyniol a'r caledi cymdeithasol a nodweddai lawer o'r wythdegau.

Yn gyfochrog â'r gweithgarwch llenyddol yn yr iaith Gymraeg ymddangosodd ysgol newydd o awduron Eingl-Gymreig, a ysgrifennai yn Saesneg er bod eu gwreiddiau yn gadarn yng Nghymru. Dilynwyd Caradoc Evans a ysgrifennai yn ystod y Rhyfel Byd Cyntaf ac yn y blynyddoedd yn union ar ôl hynny, yn y tridegau gan Jack Jones, a aned yn Rhondda, Idris Davies o Rymni, Alun Lewis o Aberdâr, Vernon Watkins o Abertawe, ac, yn bennaf oll, Dylan Thomas. Yn nes ymlaen daeth Glyn Jones, Roland Mathias, Raymond Garlick, Raymond Williams ac R.S. Thomas, gyda phob un ohonynt yn datblygu grym y traddodiad Eingl-Gymreig ar dudalennau nifer o gylchgronau newydd deinamig, gan gynnwys yr *Anglo-Welsh Review* a ymddangosodd gyntaf ym 1958, *Poetry Wales* (1965) *a Planet* (1970). Roedd yr awduron a ddaeth i amlygrwydd yn y chwedegau a'r saithdegau yn cynnwys y nofelydd

Dylan Thomas

Ganed ym 1914 yn Abertawe lle roedd ei dad yn athro ysgol yn dysgu Saesneg. Addysgwyd ef yn Ysgol Ramadeg Abertawe a daeth yn ohebydd ar y *South Wales Daily Post*, yr unig gyfnod pan fu mewn swydd amser llawn. Rhwng 1934 a 1939 cyhoeddodd dair cyfrol o farddoniaeth a oedd wedi eu trwytho mewn awyrgylch adolesens a phendantrwydd rhywiol angerddol, a chyfrannodd adolygiadau i gyfnodolion o fri megis *New Verse* a *The Adelphi*. Ym 1937 priododd Caitlin Macnamara ac yn fuan wedyn symudodd i Dalacharn yn Sir Gaerfyrddin, ac ym 1940 cyhoeddodd gyfrol o storïau byrion hunangofiannol, *Portrait of the Artist as a Young Dog*. Yn ystod yr Ail Ryfel Byd, ysgrifennodd nifer o sgriptiau radio a ffilm a chymerodd ran mewn sgyrsiau a darlleniadau ar y radio. Roedd yn treulio ei amser yng nghefn gwlad Cymru ac yng nghyffiniau Llundain bob yn ail, er mwyn bod ar gael ar gyfer ei waith ffilm a darlledu. Ar ddiwedd y pedwardegau cyhoeddodd nifer fawr o gerddi, dychwelodd i fyw yn y Boat House yn Nhalacharn ym 1949, ac aeth ar amryw o deithiau darlithio proffidiol i UDA. O 1950 ymlaen aeth ei 'ddrama ar gyfer lleisiau' enwog, *Under Milk Wood*, â'r rhan fwyaf o'i sylw, ond ysgrifennodd gerddi newydd yn ogystal yn ystod blynyddoedd olaf ei oes. Aeth ei yfed trwm a'i ddiofalwch ariannol yn drech nag ef, a bu farw yn Efrog Newydd ym mis Tachwedd 1953. Claddwyd ei gorff ym mynwent Talacharn, a chodwyd carreg goffa iddo yng Nghornel y Beirdd yn Abaty San Steffan ym 1982.

Emyr Humphreys, a'r beirdd Dannie Abse, Harri Webb, John Tripp a Gillian Clarke. Nid oedd dylanwad y traddodiad llenyddol penodol Gymreig na dylanwad hanes Cymru i'w weld mor amlwg efallai ar waith y genhedlaeth iau a ysgrifennai yn yr wythdegau.

Roedd yr iaith Gymraeg a'r diwylliant Cymreig yn aml dan fygythiad erbyn trydydd chwarter yr ugeinfed ganrif, fel yn wir yr oedd y diwylliant unigryw Saesneg ei iaith yng nghymoedd de Cymru. Erbyn 1971 roedd llai na phumed ran o bobl Cymru yn gallu siarad eu hiaith frodorol, a dangosodd cyfrifiad 1981 mai Gwynedd oedd yr unig sir gyda mwyafrif o siaradwyr Cymraeg. Er i

Cymdeithas yr Iaith Gymraeg

Grŵp milwriaethus a ffurfiwyd ym 1962, yn bennaf fel ymateb i ddarlith radio enwog Saunders Lewis, Tynged yr Iaith. Mynnu gwysion dwyieithog oedd ymgyrch gynta'r aelodau, a hynny drwy dorri'r gyfraith yn fwriadol, yn ogystal â gohebu ag awdurdodau lleol ac adrannau'r llywodraeth megis Swyddfa'r Post a'r Cofrestrydd Cyffredinol. Ffrwyth cyntaf eu hymdrechion oedd adroddiad Hughes Parry ar Statws Cyfreithiol yr Iaith Gymraeg (1965) a argymhellai statws cyfartal i'r Gymraeg a'r Saesneg o fewn y gyfraith. Ystyrid Deddf yr Iaith Gymraeg (1967) yn gwbl annigonol, a chododd galw ar unwaith am ddeddfwriaeth ychwanegol i gadarnhau hawliau'r Cymry Cymraeg. Dirwywyd a charcharwyd amryw o aelodau'r Gymdeithas ar ddiwedd y 60au oherwydd eu gweithgareddau tor-cyfraith, yn enwedig yn ystod y misoedd tanbaid cyn seremoni'r Arwisgo yng Nghaernarfon yng Ngorffennaf 1969. Dilewyd arwyddion ffyrdd uniaith Saesneg â phaent ledled Cymru.

Asgwrn cefn trefniadaeth y Gymdeithas yw celloedd bychain lleol o aelodau gweithgar ymroddedig drwy'r wlad a phencadlys yn Aberystwyth. Pobl ifainc yw mwyafrif llethol yr aelodau, ond ceir cefnogaeth frwd rhai unigolion hŷn gan gynnwys nifer o lenorion Cymraeg amlwg. Bu'r Gymdeithas yn weithgar iawn drwy'r saithdegau yn yr ymgyrch i sicrhau sianel deledu Gymraeg, a chafodd lwyddiant pan sefydlwyd S4C yn Nhachwedd 1982. Erbyn hyn mae'r Gymdeithas wedi mentro i feysydd eraill gan gynnwys addysg a chynllunio, ac ni fu unrhyw ball ar frwdfrydedd ei haelodau drwy gydol yr wythdegau.

gyfrifiad 1991 ddatgelu cwymp bychan yn y nifer a siaradai'r Gymraeg, dangosodd hefyd gynnydd sylweddol yn nifer y plant a fedrai'r iaith, awgrym calonogol bod y blynyddoedd o ddirywiad o'r diwedd yn dod i ben. Ychydig o gymunedau sy'n aros lle mae'r Gymraeg yn parhau i fod yn gyfrwng cyfathrebu naturiol pob gweithgaredd. Mae'r iaith yn dod yn gynyddol o dan fygythiad gan fewnlifiad parhaus o ddinasoedd Lloegr, yn arbennig pobl wedi ymddeol, i ardaloedd gwledig, lle ceir hefyd mewn llawer ohonynt nifer arwyddocaol o ail gartrefi neu gartrefi gwyliau.

Protest gyntaf Cymdeithas yr Iaith Gymraeg.

Er hynny mae peth sail dros fod yn obeithiol. Mewn rhai o'r cymunedau mwyaf Cymreig mae'r nifer sy'n siarad yr iaith yn parhau'n weddol gyson, ac mewn rhai ardaloedd Saesneg eu hiaith yn bennaf ceir rhagor o bobl ifainc nag o bobl ganol oed sy'n gallu siarad Cymraeg. Gwnaed ymdrechion egnïol i achub yr iaith, yn arbennig o fewn y system addysg. Agorodd ysgol Gymraeg dan nawdd Urdd Gobaith Cymru, a sefydlwyd ym 1922, ei drysau yn Aberystwyth ym 1939, ac fe'i dilynwyd gan ysgol Gymraeg yn Llanelli, dan reolaeth Awdurdod Addysg Lleol Sir Gaerfyrddin, ym 1947. Erbyn 1970 roedd 41 o ysgolion o'r fath yn addysgu 5,000 o blant. Rhydfelen ger Pontypridd oedd safle'r ysgol uwchradd Gymraeg gyntaf ym 1962. Ugain mlynedd yn ddiweddarach roedd cynlluniau cadarn ar droed i godi nifer ysgolion o'r fath i un ar bymtheg. Mae dysgu drwy gyfrwng y Gymraeg wedi cynyddu yn y Brifysgol yn ogystal. Tyfodd dosbarth canol Cymraeg sylweddol sy'n barod i herio'r statws israddol a roddir i'r iaith Gymraeg.

Hyrwyddodd gweithgareddau Cymdeithas yr Iaith Gymraeg, a sefydlwyd ym 1962, statws yr iaith yn fawr, yn bennaf o bosibl ym myd teledu, gan gyrraedd ei anterth pan roddwyd sêl bendith hwyrfrydig ym 1982 ar bedwaredd sianel deledu a oedd i'w neilltuo ar gyfer rhaglenni Cymraeg. Cynyddodd y nifer o oriau darlledu yn yr iaith Gymraeg yn gyson ar deledu a radio fel ei gilydd. Yn y cyfamser diflannodd llawer o gylchgronau Cymraeg, ac mae eraill

Urdd Gobaith Cymru

Mudiad Cymraeg unigryw, anwleidyddol ac anenwadol, ar gyfer plant a phobl ifainc a sefydlwyd gan Syr Ifan ab Owen Edwards (mab Syr O.M. Edwards) ym 1922 yw Urdd Gobaith Cymru. Ffyddlondeb i Gymru, Cyd-ddyn a Christ fu arwyddair y mudiad o'r cychwyn. O'r dyddiau cynnar ymlaen bu'n noddi Neges Ewyllys Da flynyddol oddi wrth Blant Cymru i Blant y Byd ac yn trefnu mordeithiau i'r Cyfandir a gwledydd eraill. Erbyn 1934 roedd gan yr Urdd 50,000 o aelodau. Cefnogodd sefydlu'r Ysgol Gynradd Gymraeg gyntaf, yn Aberystwyth, ym 1939, a'r ymgyrch i ffurfio Undeb Cyhoeddwyr a Llyfrwerthwyr Cymraeg ym 1943. Blodeuodd y mudiad yn arbennig yn ystod blynyddoedd yr Ail Ryfel Byd. Heddiw, mae'r Urdd, yn debyg i nifer o fudiadau ieuenctid eraill, yn meddu gwersylloedd, un yng Nglanllyn, ger y Bala, ac un yn Llangrannog ar arfordir Dyfed, yn rhoi pwyslais ar weithgareddau awyr agored a chwaraeon ac yn cynnal cyfarfodydd lleol mewn adrannau ac aelwydydd. Ond, mewn agweddau eraill, mae'n hanfodol Gymreig, yn rhoddi pwys mawr ar ddysgu a siarad yr iaith, yn cynnal twmpathau dawns ac eisteddfodau lleol a chenedlaethol ac yn cyhoeddi tri chylchgrawn misol deniadol. Dros y blynyddoedd mae'r Urdd wedi derbyn cymorthdaliadau sylweddol gan y llywodraeth ac wedi gweithredu, i raddau helaeth, o fewn y gyfundrefn addysg gan sefydlu canghennau mewn nifer fawr o ysgolion ledled Cymru. Ceir, erbyn hyn, dros fil o ganghennau ac aelwydydd ym mhob rhan o Gymru. Hyrwyddo ymwybyddiaeth genedlaethol ymhlith ieuenctid Cymru yw prif swyddogaeth y mudiad. Cyhoeddwyd hanes yr Urdd gan gyn-gyfarwyddwr y mudiad, R.E. Griffith, mewn tair cyfrol ym 1971–73.

yn goroesi drwy gyfrwng grantiau'r llywodraeth sydd hefyd wedi cynnal y fasnach lyfrau Cymraeg ac yn wir yr Eisteddfod Genedlaethol. Ond dechreuodd datblygiad mwyaf cyffrous y saithdegau, y papurau bro, yn wirfoddol heb unrhyw ddibyniaeth ar nawdd y llywodraeth.

Cymru yn y nawdegau

Ymddiswyddodd Peter Walker, yr Ysgrifennydd Gwladol dros Gymru, ym 1990, ac fe'i olynwyd gan David Hunt a chan John Redwood ym 1993. Serch hynny, ychydig o newid fu ym mholisi'r llywodraeth tuag at Gymru; cyhoeddwyd addasiadau yn yr ymgyrch i ail-fywiogi'r cymoedd a chynlluniau i ddenu buddsoddiadau o wledydd tramor. Y Blaid Lafur a orfu mewn is-etholiadau yng Nghastell-nedd a Mynwy yn ystod gwanwyn 1991, a'r blaid honno hefyd a enillodd 49.5 y cant o'r bleidlais Gymreig yn etholiad cyffredinol Ebrill 1992, ond unwaith yn rhagor llywodraeth Geidwadol a orfodwyd ar y Cymry. Collodd y Rhyddfrydwyr eu gafael ar Frycheiniog a Maesyfed ac, yn hollol annisgwyl, ar Geredigion a Gogledd Penfro, lle gorchfygwyd Geraint Howells, yr aelod er 1974, gan Cynog Dafis a gynrychiolai Blaid Cymru a'r Blaid Werdd ar y cyd. Arhosodd 27 o'r etholaethau Cymreig yng ngafael y Blaid Lafur.

Ysgogwyd llawer iawn o drafod ac yn wir o wrthwynebiad gan gynigion y Swyddfa Gymreig ar gyfer ad-drefnu strwythur llywodraeth leol yng Nghymru a gyhoeddwyd ym Mehefin 1991. Er bod cytundeb cyffredinol ar gael un haen o gynghorau'n unig, bu cecran parhaus ynghylch maint a nifer yr awdurdodau arfaethedig. Cyhoeddwyd ym Mawrth 1993 y byddai 21 awdurdod unedig yn olynu'r cynghorau sir a dosbarth, y newid i ddigwydd ym 1996. Bu'r awdurdodau lleol yn weddol gytûn hefyd ynglŷn â'r angen am Gynulliad Cymreig o ryw fath (pwnc na chlywyd amdano bron drwy gydol yr wythdegau) ond, yn unol â'r disgwyl, ychydig iawn o gydymdeimlad a gafwyd oddi wrth yr Ysgrifenyddion Gwladol dros Gymru.

Digon cyndyn i ymateb i broblemau dybryd economi Cymru fu'r llywodraeth wrth i nifer y busnesau bychain a aeth i'r wal gynyddu'n sylweddol, wrth i'r gweithfeydd dur ym Mrymbo, ger Wrecsam gau, ac wrth i gwmni adnabyddus Laura Ashley yn y canolbarth wynebu anawsterau. Aeth bron i 2,000 o gwmnïau i'r wal yn ystod 1991 yn unig, ac erbyn diwedd y flwyddyn honno roedd 9.4 y cant o boblogaeth weithiol Cymru yn ddi-waith. Dioddefodd y sector cynhyrchu'n arw oherwydd graddfeydd llog uchel a diffyg buddsoddi. Ar ôl cau pwll glo Penallta yn Ystrad Mynach, tri phwll yn unig oedd yn cynhyrchu glo yn ne Cymru erbyn 1992 a dim ond tua mil o ddynion a gyflogid yn y diwydiant. Bu'r penderfyniad, ar ôl dadlau hir a chwerw, i gau pwll glo'r Tower yng Nghwm Cynon, yr unig bwll dwfn yn y de, yn gyfrifol am chwalu'r diwydiant bron yn llwyr. Parhau i ddioddef effeithiau'r dirwasgiad y mae'r gogledd-orllewin a chymoedd y de, a bu gostyngiad yng nghymorthdaliadau'r llywodraeth i ardaloedd llwm Cymru o 197 miliwn ym 1981 i 134 ddeng mlynedd yn ddiweddarach. Cafwyd toriadau hefyd ar y taliadau cymorth ar gyfer amaethyddiaeth yng Nghymru, a rhagwelir y cyflogir 24,000 yn llai o weithwyr yn y diwydiant erbyn diwedd y ganrif. Ychydig iawn o effaith ymarferol a gafodd 'Ymgyrch Wledig' David Hunt, a phryderai llawer na dderbyniai amaethwyr Cymru gymorth haeddiannol oddi wrth y Gymuned Ewropeaidd. Erbyn 1993 roedd diweithdra ymhlith trigolion Cymru yn uwch na 10 y cant.

Dichon mai cyfrannu at y diweithdra i ryw raddau a wnaeth y mewnlifiad o 40,000 i Ddyfed, Gwynedd a Phowys yn ystod yr wythdegau; cyrhaeddodd 9,000 o bobl Geredigion yn unig, y canran uchaf o fewnfudwyr yn y Deyrnas Unedig. Un o ganlyniadau'r mewnlifiad oedd yr anghytuno chwyrn ynglŷn â dysgu'r Gymraeg yn ysgolion gwledig Cymru, yn arbennig yn Nyfed. Pan gyhoeddwyd rhai o ystadegau cyfrifiad 1991, gwelwyd cynnydd calonogol yn nifer y plant a fedrai'r Gymraeg. Cryn dipyn yn llai addawol oedd cynnwys Mesur yr Iaith Gymraeg a gyhoeddwyd ym mis Rhagfyr 1992, a bu beirniadu hallt arno yn syth, yn enwedig ar ei awgrym y dylid sefydlu Bwrdd yr Iaith Gymraeg. Daeth y ddeddf i rym yng Ngorffennaf 1993 gyda'r Prif Weinidog John Major mewn datganiad i Dŷ'r Cyffredin yn gwrthod rhoi statws swyddogol i'r iaith Gymraeg. Ar yr un pryd sefydlwyd Bwrdd yr Iaith gyda'r Arglwydd Elis-Thomas, cyn Aelod Seneddol Plaid Cymru dros Feirionydd Nant Conwy, yn gadeirydd arno.

Dyddiadau Pwysig

1455	**Dechrau Rhyfel y Rhos yn Lloegr**
1471	Cyngor Gororau Cymru Edward IV yn Llwydlo
1484	Harri Tudur yn glanio ym Mhenfro ac yn gorymdeithio i Bosworth
1492	**Columbus yn hwylio i America**
1536–8	**Diddymu'r mynachlogydd**
1536–43	Deddfwriaeth uno
1546	Y llyfr argraffedig cyntaf yn y Gymraeg: *Yn y Lhyvyr Hwnn*
1567	Cyfieithu'r Llyfr Gweddi a'r Testament Newydd i'r Gymraeg
1582	Mwyndoddi haearn ger Castell-nedd
1588	**Trechu Armada Sbaen**
1588	Cyfieithu'r Beibl yn gyfan i'r Gymraeg gan yr Esgob William Morgan
1591	Merthyru'r Piwritan John Penry
1639	Cynnull y gynulleidfa Biwritanaidd gyntaf yng Nghymru yn Llanfaches, Gwent
1642	**Dechrau'r Rhyfel Cartref yn Lloegr**
1644	Brwydr Trefaldwyn: brwydr gyntaf y Rhyfel Cartref yng Nghymru
1647	Cwymp Castell Harlech, caer olaf y Brenhinwyr
1648	Yr Ail Ryfel Cartref; Cromwell yng Nghymru
1649	**Dienyddio Siarl I**
1650–3	Deddf Taenu'r Efengyl yng Nghymru
1660	**Adfer Siarl II i'r orsedd**
1660	Adfer Cyngor Cymru
1674	Ysgolion yr Ymddiriedolaeth Gymreig
1689	Dileu Cyngor Cymru
1699	Y Gymdeithas er Hyrwyddo Gwybodaeth Gristionogol yng Nghymru
1707	*Archaeologia Britannica* Edward Lhuyd: sylfaenu astudiaethau Celtaidd
1718	Y wasg argraffu gyntaf ar dir Cymru, yn Nhrefhedyn, Ceredigion
1735	Tröedigaeth Howel Harris
c. 1737–61	Ysgolion cylchynol Griffith Jones
1743	Cymdeithas y Methodistiaid yng Nghymru
1751	Ffurfio Cymdeithas y Cymmrodorion yn Llundain
1755	Sefydlu Cymdeithas Amaethyddol Sir Frycheiniog
1757	Issac Wilkinson yn cychwyn diwydiant yn Hirwaun
1759	Guest yn dechrau datblygu diwydiant Merthyr Tudful

1762	Yr ail ddiwygiad Methodistaidd
1776	**Datganiad Annibyniaeth America**
1777	Bacon yn datblygu diwydiant ym Merthyr
1782	Pennant yn etifeddu stad y Penrhyn; cychwyn diwydiant llechi Sir Gaernarfon
1785	Cychwyn ysgolion cylchynol Thomas Charles o'r Bala
1789	**Dechrau'r Chwyldro Ffrengig**
1793–4	Cloddio camlas o Gaerdydd i Ferthyr
1794	Richard Crawshay yn prynu gweithfeydd haearn Cyfarthfa
	Morgan John Rhys yn ymfudo i UDA
1797	Glaniad llynges chwyldroadol Ffrainc yn Abergwaun
1801	Y cyfrifiad cyntaf. Poblogaeth Cymru yn 587,000
1811	Gwahanu Methodistiaid Cymru oddi wrth Eglwys Loegr
1815	**Brwydr Waterloo**
1830	Diddymu Llysoedd y Sesiwn Fawr
1831	Terfysgoedd Merthyr
1832	**Y Ddeddf Ddiwygio Fawr yn San Steffan**
1837	**Dechrau teyrnasiad y Frenhines Fictoria**
1839	Ymosodiad y Siartwyr ar Gasnewydd
1839–44	Terfysgoedd Beca
1847	Cyhoeddi adroddiad y 'Llyfrau Gleision' ar Gymru
1854	**Dechrau Rhyfel y Crimea**
1859	Buddugoliaeth i'r Rhyddfrydwyr mewn etholiadau; troi tenantiaid allan o'u ffermydd
	Diwygiad crefyddol yng Nghymru
1861–5	**Rhyfel Cartref America**
1865	Sefydlu Gwladfa Gymreig ym Mhatagonia
1868	Buddugoliaethau Rhyddfrydol mewn etholaethau Cymreig
1872	Agor Coleg Prifysgol Cymru, Aberystwyth
1881	Pasio Deddf Cau Tafarnau ar y Sul yng Nghymru
1883	Agor Coleg Prifysgol, Caerdydd
1884	Agor Coleg Prifysgol Gogledd Cymru, Bangor
1885	Ffurfio Cymdeithas yr Iaith Gymraeg gan Dan Isaac Davies
1886	Sefydlu mudiad Cymru Fydd
	Rhyfel y Degwm yn ngogledd a gorllewin Cymru

1889	Deddf Addysg Ganolradd Cymru
1890	Ethol Lloyd George yn Aelod Seneddol drosFwrdeistrefi Arfon
1893–6	Comisiwn Brenhinol ar Dir yng Nghymru
1893	Siarter i Brifysgol ffederal Cymru
1896	Sefydlu'r Bwrdd Canol Cymreig
1898	Sefydlu Ffederasiwn Glowyr De Cymru
1900	Ethol Keir Hardie yn Aelod Seneddol Llafur Merthyr Tudful
1904	Diwygiad crefyddol Evan Roberts
1907	Sefydlu'r Llyfrgell Genedlaethol, yr Amgueddfa Genedlaethol a Bwrdd Addysg Cymru
1910	Terfysgoedd Tonypandy
1914	Deddf Datgysylltu'r Eglwys yng Nghymru
1914–18	**Y Rhyfel Byd Cyntaf**
1916	Lloyd George yn dod yn Brif Weinidog
1920	Datgysylltu'r Eglwys
	Agor Coleg y Brifysgol, Abertawe
1922	Sefydlu Urdd Gobaith Cymru
1925	Sefydlu Plaid Genedlaethol Cymru
1926	Streic y Glowyr; Y Streic Gyffredinol
1936	Llosgi'r ysgol fomio yn Llŷn
1939–45	**Yr Ail Ryfel Byd**
1946	Castell Sain Ffagan i fod yn Amgueddfa Werin Cymru
1951	Penodi Gweinidog Materion Cymreig
1955	Cyhoeddi Caerdydd yn briffddinas swyddogol Cymru
1962	Ffurfio Cymdeithas yr Iaith Gymraeg
	Sefydlu'r Cyngor Llyfrau Cymraeg
1964	Penodi James Griffiths yn Ysgrifennydd Gwladol cyntaf Cymru
1966	Ethol Gwynfor Evans yn Aelod Seneddol Plaid Cymru dros Gaerfyrddin
	Trychineb Aberfan
1967	Pasio Deddf yr Iaith Gymraeg
1973	Comisiwn Kilbrandon yn argymell cynulliad i Gymru
1974	Ad-drefnu llywodraeth leol
1979	Refferendwm ar gynulliad Cymreig
1982	Sefydlu sianel deledu Gymraeg (S4C)
1984–5	Streic y glowyr

1988	Sefydlu Bwrdd yr Iaith Gymraeg
1992	Diweithdra yn cyrraedd 10 y cant yng Nghymru
	Neil Kinnock yn ymddiswyddo fel arweinydd y
	Blaid Lafur
1993	Deddf yr Iaith Gymraeg
	Ail-sefydlu Bwrdd yr Iaith Gymraeg gyda'r
	Arglwydd Elis-Thomas yn gadeirydd

Darllen Pellach

Cafwyd dadeni o bwys ym maes astudiaeth hanes Cymru yn ystod y pum mlynedd ar hugain ddiwethaf. Dichon bod ffrwyth y dadeni hwn i'w ganfod ar ei orau yng nghyfrolau gwych yr *Oxford History of Wales*, a gyhoeddir ar y cyd gan Wasg Clarendon, Rhydychen a Gwasg Prifysgol Cymru. Ymddangosodd pedair cyfrol hyd yma:

R.R. Davies, *Conquest, Coexistence and Change: Wales 1063–1415* (1986)

Glanmor Williams, *Recovery, Reorientation and Reformation: Wales c. 1415–1642* (1987)

Geraint H. Jenkins, *The Foundations of Modern Wales: Wales 1642–1780* (1987)

Kenneth O. Morgan, *Rebirth of a Nation: Wales 1880–1980* (1981)

Mae Cyfrolau 1 a 5 yn cael eu paratoi ar hyn o bryd.

Gweithiau cyffredinol gwerthfawr iawn eraill yw:

Wendy Davies, *Wales in the Early Middle Ages* (1982)

Glanmor Williams, *The Welsh Church from Conquest to Reformation* (Ail argraffiad, 1976)

A.J. Roderick (gol.), *Wales through the Ages* (2 gyf., 1959 a 1960)

Hugh Thomas, *A History of Wales, 1485–1660* (1972)

E.D. Evans, *A History of Wales, 1660–1815* (1976)

D. Gareth Evans, *A History of Wales, 1815–1906* (1989)

David Williams, *A History of Modern Wales* (Ail argraffiad, 1977)

Prys Morgan a David Thomas, *Wales: the Shaping of a Nation* (1984)

Kenneth O. Morgan, *Wales in British Politics, 1868–1922* (3ydd argraffiad 1980)

Dai Smith, *Wales! Wales?* (1984)

Gwyn A. Williams, *When was Wales? A History of the Welsh* (1985)

John Davies, *Hanes Cymru* (1990)

Ymhlith yr arweinlyfrau niferus i safleoedd archaeolegol a henebion mae:

W.T. Barber, *The Visitor's Guide to Historic Places of Wales* (1984)

An Illustrated Guide to the Ancient Monuments of Wales (1973)

Dau gyfeirlyfr arbennig o ddefnyddiol yw:

Y Bywgraffiadur Cymreig hyd 1940 (1953)

Meic Stephens (gol.), *Cydymaith i Lenyddiaeth Cymru* (1986)

Tra oedd argraffiad Saesneg y llyfr hwn yn cael ei baratoi, ymddangosodd chwe chyfrol yn y Gyfres Hanes Cymru a'i Ffynonellau, dan olygyddiaeth Trevor Herbert a Gareth Elwyn Jones, a phob un ohonynt yn cynnig cyflwyniad rhagorol i'r cyfnod a drafodir ynddo:

Edward I and Wales (1988)

Tudor Wales (1988)

The Remaking of Wales in the Eighteenth Century (1988)

People and Protest: Wales, 1815–1880 (1988)

Wales 1880–1914 (1988)

Wales between the Wars (1988)

Mae'r cyfrolau hyn yn cynnwys detholiad defnyddiol o ffynonellau sy'n rhoi darlun byw o lawer o'r themâu a drafodir yn y llyfr hwn.

Geirfa o dermau a ddefnyddir yn y testun

Aberffraw Pentref yn ne-orllewin Môn a phrif lys tywysogion Gwynedd. O 1230 ymlaen defnyddiodd Llywelyn ab Iorwerth y teitl 'Tywysog Aberffraw ac Arglwydd Eryri'.

Amlblwyfaeth Dal rhagor nag un swydd ar yr un pryd, yn arbennig bywoliaeth clerigwr.

Arïad Un a gredai athrawiaeth Arius o Alexandria a wadai dduwdod llawn Crist.

Arminiad Un o gredai athrawiaeth Arminius, diwinydd Protestannaidd o'r Iseldiroedd a wrthwynebai ddaliadau Calfin yn arbennig ar etholedigaeth. Pwysleisiai'r Arminiaid athrawiaeth ac addoliad yr Eglwys fore a chaent eu hamau o geisio ailgyflwyno Catholigaeth Eglwys Rufain.

Beca Cymerodd terfysgwyr Beca eu henw o adnod yn Llyfr Genesis, Pennod 24, adnod 60, 'Ac a fendithiasant Rebeca ac a ddywedasant wrthi, Ein chwaer wyt, bydd di fil fyrddiwn; ac etifedded dy had borth ei gaseion.' Roedd gan bob mintai o derfysgwyr ei Beca i'w harwain ar ymgyrch, dyn oedd wedi gwisgo fel menyw yn aml, ond er bod nifer wedi eu henwi, bu'n amhosibl darganfod un arweinydd cyffredinol.

Cantref Uned weinyddol, gyfreithiol a thiriogaethol yng Nghymru yn yr Oesoedd Canol, a oedd yn ddamcaniaethol yn cynnwys cant trefgordd. O'r unfed ganrif ar ddeg ymlaen fe'u rhannwyd yn gymydau.

Cwmwd Israniad o'r cantref. Roedd gan bob un ei lys barn, ei beirianwaith a'i swyddogion i oruchwylio pentrefi'r taeogion ac i gasglu taliadau llwythol.

Cyfundrefn ffiwdal Trefn lywodraethol yr Oesoedd Canol yn Ewrop a oedd yn seiliedig ar berthynas deiliad a'i feistr yn codi o ddaliadaeth tir drwy ffiwd neu ffif.

Cymanfa ganu Nodwedd amlwg ar addoliad Ymneilltuol yng Nghymru. Dechreuwyd eu cynnal tua 1830 a daethant yn boblogaidd o'r 1860au ymlaen gan ddatblygu o fewn fframwaith enwadol yn aml.

Cymru Fydd Mudiad Cymru Ieuanc a sefydlwyd gan Gymry yn Llundain ym 1886 ar sylfaen Mudiad Iwerddon Ieuanc. Roedd rhai o'i ganghennau niferus i'w cael ym mhob rhan o Gymru bron.

Roedd hunanlywodraeth yn ganolog i'w raglen. Aeth y mudiad â'i ben iddo ar ôl 1896.

Cynorthwywyr llw Y rhai a dyngai lw er mwyn cefnogi llw y diffynnydd a oedd yn gwadu'r cyhuddiad. Yn wreiddiol deuent o blith ceraint y cyhuddedig, ond yn ddiweddarach mynnwyd bod yn rhaid iddynt fod yn wŷr o'r un radd a'r cyhuddedig ond heb fod yn perthyn iddo.

Cyntafanedigaeth Hawl olyniaeth yn perthyn i'r cyntaf anedig yn unig, yn arbennig trosglwyddiad treftadaeth yr ymadawedig i'r mab hynaf mewn trefn ffiwdal.

Deïstydd Un a gredai ym modolaeth duw ond na chredai mewn datguddiad dwyfol.

Demên Tir a gedwid gan arglwydd ac y byddai taeogion yn aml yn ei drin i ddarparu ar gyfer anghenion yr arglwydd am gynnyrch tir âr.

Dinesydd Gŵr estron a gâi hawl i breswylio yn ogystal â rhai hawliau a breintiau.

Eisteddfod Gŵyl ddiwylliannol yn seiliedig ar gystadlu. Mae'r traddodiad yn dyddio o'r bymthegfed ganrif o leiaf, ac o bosibl o 1176. Cafodd ei hadfer fel digwyddiad cenedlaethol o bwys yn ystod y bedwaredd ganrif ar bymtheg.

Etifeddiaeth gyfrannol Rhannu ystad y marw rhwng ei holl etifeddion—cyfeirir ato weithiau fel cyfran.

Ffeodyddion Amfeddiad Corfforaethau gwirfoddol a ffurfiwyd rhwng 1626 a 1633 i brynu bywoliaethau eglwysig gan ddefnyddio'r incwm i gynnal gweinidogion a darlithwyr Piwritanaidd.

Ffif Cylch gweithgaredd neu reolaeth arglwydd.

Gorsedd Beirdd Ynys Prydain Cymdeithas o feirdd, cerddorion a chynrychiolwyr eraill y diwylliant Cymreig, a ffurfiwyd gan Iolo Morganwg ym 1972. Mae ei gweithgareddau wedi eu cyfyngu fel rheol i sermonïau'r Eisteddfod Genedlaethol.

Gwely Tir tylwyth, yn cael ei ddal gan gymunedau taeog a rhydd fel ei gilydd, ac fel rheol yn cael ei etifeddu'n gyfrannol ar farwolaeth pennaeth tylwyth.

Gwrogaeth a llw ffyddlondeb Ymostyngiad personol tenant i'w arglwydd, lle mae'r tenant yn ymrwymo i wasanaethu ei arglwydd a'r arglwydd yn ymrwymo i warantu ei denant.

Maenor Cyfundrefn gymdeithasol a daliadol yn cynnwys arglwydd a thenantiaid taeog a rhyddion. Amrywiai maenorau yn fawr iawn yn eu maint a'u trefniadaeth.

Parliamenta Term a ddefnyddid o'r 1240au ymlaen i ddisgrifio cynulliadau pwysig y Brenin a'i bendefigion i drafod materion milwrol, cyllidol, cyfreithiol a domestig neu bolisi tramor.

Taeog Gwladwr caeth yr Oesoedd Canol, a oedd yn gaeth i'w arglwydd ac yn rhoi gwasanaeth a thâl iddo am y tir roedd yn ei ddal, trefniant a awdurdodid gan y gyfraith gwstwm Gymreig. Trigent naill ai mewn maerdref neu dir-cyfrif, a gweithient i dywysog neu arglwydd y cwmwd.

Tariff McKinley Toll a osodwyd gan lywodraeth yr Unol Daleithiau ym 1891 mewn ymdrech i feithrin diwydiant alcam yn y wlad. Achosodd argyfwng yn y diwydiant a diweithdra mawr yng Nghymru.

Tarw Scotch Mintai o weithwyr yng nghymoedd de-ddwyrain Cymru o 1820 hyd 1835 a ymosodai ar rai yr oedd ganddynt gŵynion yn eu herbyn neu yr oeddynt yn benderfynol o'u gorfodi i fod yn unol â'u cydweithwyr. Cyfeirid at faes eu gweithgarwch fel y Diriogaeth Ddu.

Treftadaeth Eiddo a etifeddir oddi wrth dad neu gyndadau, etifeddiaeth.

Trychineb Aberfan Ar 21 Hydref 1966 llithrodd rhan o domen lo i gwm Aberfan ger Merthyr Tudful, gan chwalu tai a chladdu Ysgol Plant Iau Pant-glas; lladdwyd 116 o blant a 28 o oedolion.

Uchelwyr Y dosbarth aristocrataidd brodorol Cymreig.

Undebau Spencer Undebau llafur annibynnol, a oedd yn wreiddiol wedi eu canoli ar y meysydd glo yng Nghanolbarth Lloegr, a oedd y tu hwnt i reolaeth Ffederasiwn Glowyr De Cymru ac yn gyffredinol wrthwynebus i'r Ffederasiwn.

Undodwr Cristion sy'n gwadu athrawiaeth y Drindod a duwdod Iesu Grist. Yng Nghymru bu'r enwad gryfaf yn ne Ceredigion a gogledd Sir Gaerfyrddin. Roedd yr Undodwyr yn nodedig am eu tueddiadau Radicalaidd ar ddiwedd y ddeunawfed ganrif a dechrau'r bedwaredd ganrif ar bymtheg.

Mynegai

196

199

Powys (brenhiniaeth) 9, 11, 13, 14, 16, 18, 20–1, 25–6, 28–30, 44
Poyer, John 74–5
pres, diwydiant 109
Price, Dr Hugh 67
Price, Syr John, Aberhonddu 65–6
Price, Dr Richard 98–100
Prichard, Rhys 70
Prifysgol Cymru 131, 164, 175
Prys, Edmwnd 59, 61, 70
Pryse, Gogerddan, teulu 65, 80
Pryse, Lewis 97
Pumed Frenhiniaeth, gwŷr y 77
Pwyllgor Cynrychioli Llafur 137–8

Reciwsantiaid 61
Redwood, John 184
Rees, Thomas (Twm Carnabwth) 106
Rees, William (Gwilym Hiraethog) 121, 135
Refferendwm (1979) 171
Richard II 44–5
Richard III 50
Richard, Henry 122–3, 130
Robert, Gruffydd 61
Roberts, Eigra Lewis 178
Roberts, Kate 177–8
Roberts, Samuel 107, 124
Roberts, Silyn 139
Roberts, William Owen 178
Rowland, Daniel 87–8
Rowlands, John 178
Rupert, y Tywysog 74
rygbi 173

rheilffyrdd 106–7, 114, 133, 139
Rhiwlas, ystad 122
Rhodri Mawr 13–14, 16, 26
Rhosier o Drefaldwyn 18
Rhuddlan, Statud (1284) 34–6, 52
Rhufeiniaid 6–8
Rhuthun 36, 38, 44, 49, 67
Rhydderch ap Iestyn 16
Rhyfel Saith Mlynedd 109
Rhyfel y Degwm 126
Rhyfeloedd Cartref 73–5
Rhyfeloedd Ffrengig 100–3, 105, 109
Rhys ap Gruffudd 39
Rhys ap Gruffudd (Yr Arglwydd Rhys) 20, 25, 27
Rhys ap Maredudd 40

Rhys ap Tewdwr 18, 24
Rhys, Morgan John 100, 107

S4C 179, 181
Sain Ffagan, brwydr (1648) 74–5
Salesbury, William 58, 61
Sea Serjeants 97
seintiau Celtaidd, y 9–10
Senghennydd 39, 41
Seren Gomer 120
Sesiwn Fawr, Llysoedd y 53–4, 134
Siarl I 73–5, 78
Siarl II 77–8
Siartaeth 117–18, 119
Sieffre o Fynwy 12, 21
Siluriaid 6
Sinclair, Syr John 103
Siopau Tryc 115–16
Sior I 97
Sistersiaid 25, 56
Siwan (gwraig Llywelyn ab Iorwerth) 26–7
Smith, Thomas 63
Society for Promoting Christian Knowledge (SPCK) 83–5
Statud Crefftwyr (1563) 67
Statud Cymru/Rhuddlan (1284) 34–6, 52
Stonehenge 4
Streic Gyffredinol (1926) 157
Streic y Cambrian 139
streiciau'r glowyr 126–8, 143, 151, 157, 159, 163, 172
Sydney, Syr William 63
Symonds, Richard 76

Taliesin 17
Tarw Scotch 115, 119, 195
Telford, Thomas 113–14
Terfysgoedd Beca 105–6, 119, 193
Terfysgoedd Llanelli 139
Terfysgoedd Merthyr 116–17
Terfysgoedd Tonypandy 128, 139
Thatcher, Margaret 172
Thomas, D. A. 137
Thomas, David 139
Thomas, Dylan 179–80
Thomas, George 164
Thomas, R. S. 179
Thurland, Thomas 63
Tinkinswood 3, 4
tir, pwnc y 106–7
Traethodydd, Y 121